北京金代皇陵

北京市文物研究所　编

文物出版社

目　录

序

金陵在中国历代帝王陵墓考古上是一个缺环。致缺之因，主要是历史上遭到人为破坏。金太祖在天辅七年（1123年）死于部堵泺西行宫，葬于上京宫城西南，建宁神殿，无陵号。金太宗在天会十三年（1135年）正月死于明德宫，二月建和陵，将太祖迁和陵，太宗亦于三月下葬和陵。金熙宗皇统四年（1144年）撤和陵称号，以太祖陵为睿陵，以太宗陵为恭陵。这两座陵都在上京附近，太祖陵在宫城西南，今所在的夯土台基，传为宁神殿故基，和陵传在阿城县老母猪顶子山南麓，皆未经考古发掘所证实。另有金始祖以下十帝之陵也在上京附近，亦未见遗迹。它们肯定在海陵王迁陵时都遭到平毁，再求原貌，恐非易事。何况金初草创，制度未备，上京诸陵是否能全面反映金代陵制，尚有疑问。

贞元三年（1155年）三月金海陵王迁都燕京中都，命以大房山云峰寺为山陵，建行宫。五月，营建大房山山陵；自上京迁太祖、太宗梓宫，十月至中都；大房山行宫成，名曰磐宁。十一月改葬太祖、太宗陵寝于中都大房山，太祖仍号睿陵，太宗仍号恭陵。正隆元年（1156年）七月，迁上京金始祖以下梓宫，十月抵中都，改葬始祖以下十帝于大房山。海陵王葬熙宗于大房山蓼香甸，与诸王同兆域。大定初号曰思陵，大定二十八年（1188年）改葬于峨眉谷，仍号思陵，恢复帝陵规制。海陵死于扬州，先葬于大房山鹿门谷诸王兆域中，降为庶人后改葬于山陵西南四十里。世宗于大定二十九年（1189年）葬兴陵。章宗于泰和八年（1208年）葬道陵。北京房山金陵共葬始祖以下十帝、太祖以下五帝，有行宫，有两处诸王兆域，具有相当的规模。但仅从文献上的记载，我们对陵园的布局、行宫的形制等陵寝制度并不清楚，这必须经现代考古学科学勘测和发掘才能获得其真貌。

金朝灭亡（1234年）以后的三百八十七年，即明天启元年（1621年），明朝罢金陵祭祀，天启二年（1622）拆毁山陵，劚断地脉，天启三年（1623年）又在陵上建关帝庙，为厌胜之术。明朝对金陵的破坏是非常彻底的，不但拆毁陵上地面建筑，而且挖开地宫，剖棺弃尸，从已发掘的金太祖迁葬的地宫破坏情况，已见当年毁陵之严重程度。另外，清朝入关后，恢复春秋两季祭陵，修复金陵，重建享殿，现在地面上的许多建筑遗迹多有清朝重建痕迹，从保存金陵遗址的角度说，重建也是一种对原遗址的破坏。所以，北京房山金陵遗址经过明朝的破坏和清朝的重建，原貌顿失，为今后北京房山金陵的考古工作带来了许多困难。我们要从地下叠压的遗迹中，区分出清人的重建、明人的破坏部分，才能厘清金陵的原貌。

中国历代帝陵从秦始皇陵开始，陵园制度在发展过程中大体上经历了三个阶段的变化。秦汉魏晋南北朝为第一阶段，第二阶段是唐宋时期，第三阶段为明清时期。自北宋至明，经历了南宋、辽、金、西夏和元代（960～1368 年）四百余年，它们的陵园制度各有传承，各有特点。北宋帝陵延唐陵之旧，规模缩小。南宋偏安江南，都称"行在"，不建正规陵园，只在绍兴建攒宫藏子，厝灵柩于密闭的石椁内，上建殿堂，以待归葬中原祖陵，所以，攒宫陵制与北宋帝陵制度是两种不同的葬制；蒙元陷临安后，拆皇城宫殿，改建寺塔，平毁绍兴攒宫，遗迹荡然无存；石藏子之制幸有苏州发掘的吴王张士诚母墓，尚用此葬，谨此孤例而已。辽陵多承唐代依山为陵之制，建奉陵邑。西夏陵在仿北宋陵的同时，突出陵前建塔的特色。元人根本不建陵墓。金陵制度正如上述，尚待进一步考古工作的证实，它在唐宋帝陵和明清帝陵之间究竟起了什么传承作用，也亟待澄清。这就是北京房山金陵考古的学术价值所在。

北京房山金陵考古开始于 1986 年，这本报告是自 2001～2003 年之间的阶段性考古报告，它透露给我们许多重要的历史信息。为了做好北京房山金陵的保护工作，更有计划地从事金陵的考古勘测发掘工作，应尽快制定北京房山金陵保护和考古工作的长远规划。我建议：要全面勘测金陵的范围；探明各陵的布局；对部分重要的地面建筑遗存作科学发掘，了解其形制；特别注重蓼香甸和鹿门谷诸王兆域的范围及诸王陵墓的保存状况的勘查，对北京房山金陵实施整体保护。

徐苹芳

2006 年 8 月 24 日

6

插 图 目 录

彩版目录

图 版 目 录

16

3. 透雕折枝花玉锁
4. 透雕折枝花玉饰（2 件）
5. 透雕双鹤卷草纹玉饰
6. 1918 年的金世宗陵碑亭及陵墙

前　　言

北京金代皇陵位于北京市西南房山区大房山麓云峰山下，距离广安门约 41.7 公里，是金朝中都的山陵。

据文献记载，金朝建立之初，定都在上京，即今黑龙江省阿城县，起先并无山陵。金人的祖先都是葬在护国林之东的，仪制十分草率原始。海陵王完颜亮于贞元元年（1153年）迁都到燕京（今北京），改称中都，此时才开始制定陵寝制度。贞元三年（1155 年）三月"乙卯，命以大房山云峰寺为山陵，建行宫其麓"（元·脱脱等撰《金史》卷五《海陵本纪》）。其陵域周长，金大定年间（1161～1189 年）为一百五十六里，大安年间（1209～1211 年）缩为一百二十八里。金朝以中都为首都，统治了大半个中国，历经九位皇帝，为时一百二十年。其山陵中埋葬有金朝追尊的始祖以下十帝、金朝建国后七帝（包括海陵王、卫绍王两代废帝），以及追谥的海陵父德宗、世宗父睿宗。大定二十九年（1189 年）为奉祀山陵设万宁县，明昌二年（1191 年）改奉先县。元代至元二十七年（1290 年）改奉先县为房山县。

晚明之际，女真人后裔满族人在东北崛起，建立后金政权，在与明朝官兵交战中，多次打败明军。明朝统治者听信形家之说，认为是满族人祖陵在大房山"龙脉"太盛。为断女真"龙脉"，明政府于天启二年（1622 年）派兵对金陵进行了毁灭性破坏。清朝入关后，对金陵进行了部分修建。但历经三百余年的风雨，尤其经过"文化大革命"时期人为的破坏和大规模平整土地建设，陵区的地面建筑已荡然无存。

北京金中都皇陵（本书简称金陵）经过金朝海陵王、世宗、章宗、卫绍王、宣宗五世六十年营建，形成一处规模宏大的皇家陵寝，面积约有 60 平方公里。2006 年被公布为第六批全国重点文物保护单位。根据目前调查掌握的材料，结合史书记载，金代帝王陵寝主要分布在大房山东麓的九龙山、凤凰山、连三顶东峪，大房山南侧的长沟峪等处。建陵初期，出于安葬和谒陵、祭陵的需要，在山陵东端的入陵处建造了行宫磐宁宫；章宗时期，又在山陵制高点大房山主峰的茶楼顶上建离宫崇圣宫。

大金国立国前的始祖以下十帝均迁葬大房山陵。大金国有九帝，除宣宗葬汴京（今河南开封），哀宗葬蔡州（今河南汝南），太祖至卫绍王七帝均葬于大房山陵，太祖葬睿陵，太宗葬恭陵，熙宗葬思陵，世宗葬兴陵，章宗葬道陵，海陵王、卫绍王两个皇帝死后削去帝号，故葬所无陵号。大金朝追封四帝，三位葬在大房山陵：海陵父德宗葬顺陵，世宗父睿宗葬景陵，章宗父显宗葬裕陵。熙宗父徽宗葬上京会宁府（今黑龙江省阿城市），没有迁葬大房山的记载。另外，完颜氏许多宗室王侯葬于诸王兆域，二十三位后妃葬于坤厚陵等区域。金陵主陵区所在的九龙山位于北京市房山区周口店镇龙门口村北约1公里，它始营于金海陵王完颜亮贞元三年（1155年），是大房山金陵开始营建的标志。

山陵建成后，完颜亮将其祖父——太祖完颜阿骨打，以及太宗完颜吴乞买、德宗完颜宗干的梓宫，从金上京会宁府（今黑龙江省阿城市）迁葬于大房山的睿陵、恭陵、顺陵。其后金世宗又将其父睿宗完颜宗尧迁葬于太祖陵东侧的景陵，金世宗完颜雍死后葬于太祖陵西侧的兴陵。除了上述五座帝陵，贞元三年（1155年）海陵王还将其叔父梁王宗弼葬在九龙山西侧皋儿沟，于帝陵边缘陪葬。

新中国建国以来，在金陵主陵区内不断发现金代墓葬，并有零散文物出土。20世纪50年代，原河北省文物管理委员会曾对金陵进行初步调查。

1971年初周口店镇坟山村，现为燕山石化总公司东方红炼油厂地界，曾出土6具石棺，石棺中随葬品遗有1件鎏金面具。坟山金代墓群的发现，表明此处确属金陵葬区，应在主陵区范围内①。

1972年12月，长沟峪煤矿在猫耳山断头峪基建施工中发现一组石椁墓，由5具石椁组成十字形，主墓正中石椁东西向，椁内有一具柏木红漆残棺，外壁用银钉嵌鎏精美华丽的火焰云龙纹；棺内瘗葬11件精致的雕花玉佩、花鸟饰件。其埋葬地点亦属金陵兆域内②。

1978年冬，在金陵主陵区内的陪葬墓中出土1件宋代三彩琉璃枕，枕面绘"萧何月下追韩信"的图案③。

1986年北京市文物研究所再次对金陵进行考古调查，这次调查历时三年，发现大量较珍贵的汉白玉、青石、花岗岩等建筑构件，上面浮雕着精美的人物、行龙、走兽、牡丹、忍冬、寿桃等纹饰，其中最重要的是，发现一通盘龙螭首青石碑，高2.1、宽0.86、厚0.25米，单面刻"睿宗文武简肃皇帝之陵"十个大字，为双勾阴刻楷书，内填朱砂，镀金粉。在神道南端发现一处东西宽5.4米、南北残长3米，两侧在石质地栿上竖立四块双面雕刻牡丹、行龙纹的汉白玉栏板和望柱。

2001年春，北京市文物局责成北京市文物研究所对金陵主陵区进行全面考古调查。2002年6月，经国家文物局批准，对主陵区进行考古勘察和试掘。通过一年来的田野考古工作，对主陵区地下遗存的具体位置、形制和结构等有了大致了解，先后发现并清理了主陵区石桥、神道、台址、大殿基址、排水沟等多处遗迹，出土了大量的建筑构件和随葬品等重要文物，为研究金代陵寝制度、金代社会、政治经济、文化等状况，无疑具有极其重

---

① 北京市文物研究所编《图说北京史》，北京燕山出版社，1999年。
② 黄秀纯、张先得：《北京房山县发现石椁墓》，《文物》1977年第6期。
③ 赵福生：《北京房山出土宋三彩枕》，《文物》1981年第1期。

要的意义。

由于 2001 年至 2002 年的田野工作，仅仅是对金陵主陵区进行钻探和部分清理，根据掌握的资料和国家关于保护皇陵的原则，这里仍有三分之二的遗迹未清理发掘。因此，本报告只是这一年多以来田野发掘的阶段性总结。

在发掘清理期间，北京市委、市政府领导，国家文物局和北京市文物局领导，以及国内考古界专家宿白先生、徐苹芳先生、齐心女士和文物保护技术专家詹长发、王亚蓉、蒋忠义等先生，都曾亲临现场指导工作。金陵课题组由北京市文物研究所所长宋大川负责。田野调查、钻探以及清理工作由黄秀纯担任领队。

本报告所用代号，遵循考古惯例，探方为 T，房址为 F，窑为 Y，坑为 K，台址为 t、探沟为 G，排水沟为 P，墓葬为 M。以前在《北京文博》、《考古》等刊物，曾先后发表过《北京金陵遗址第一、第二阶段调查报告》和《北京金陵遗址发掘简报》。金陵的调查发掘情况均以本报告为准。

第一章　金陵的发现与工作概况

第一节　地理环境

房山区位于北京市西南郊，东隔永定河与北京市大兴区相望，南部、西部分别与河北省涿州市、河北省涞水县接壤，北部、东部与门头沟区、丰台区相连，总面积 2019 平方公里。西部、北部为山区丘陵，东部、南部为平原，山地丘陵面积占三分之二，平原面积占三分之一。这里的山脉属燕山山脉，峰峦叠翠，溶洞奇谷颇多，永定河水自西北向东南纵贯全区。辖区内有 30 个乡镇、地区街道办事处，人口 70 余万。

房山区矿产资源较丰富，其中煤炭储量占全市第一位，大石窝村的大理石储量占全市的 44%，特产石材汉白玉。早在公元 560 年的北齐时代，大石窝村北云居寺的静琬大师就开始用这里的汉白玉雕刻工程浩大的石头书——石经。据《元史》载，元大都设有采石局，专门派员从各地采集名贵石料，其中汉白玉都采自房山大石窝。金陵陵区距大石窝村约五华里，陵区建筑所用的汉白玉石料采自大石窝村是最便捷的途径。

金陵位于周口店镇西北十余里的龙门口村北大房山山崎，东南二里许紧邻燕山石化区（图一；彩版一）。大房山主峰茶楼顶俗称猫耳山，海拔 1307 米。金陵陵区所在的大房山主峰连三顶，北亘西接，连山叠嶂，形成西北——东南向的半环形地势，连三顶南矗立着苍翠欲滴的九龙山。九龙山峰峦秀出，林木掩映，分九脉而下，形成开阔的缓坡台地，金代皇陵主陵区就坐落于九龙山，占地约 6.5 万平方米（图二；图版一，1）。

据张棣撰《金房图经·山陵》记载："房人都上京，本无山陵。祖宗以来，止卜葬于护国林之东，仪制极草创，迨亮徙燕，始有置陵寝意，遂令司天台卜地于燕山之四围。年余，方得良乡县西五十余里大洪山曰大洪谷曰龙喊峰，冈峦秀拔，林木森密。"

宇文懋昭撰《大金国志》卷三十三《陵庙制度》称："国初，祖宗止葬于护国林之东，逮海陵徙燕，始令司天台卜地于燕山之四围，岁余，方得良乡县西五十里大洪谷曰龙城寺，峰峦秀出，林木隐映，真筑陵之处。"

《金史》卷五《海陵本纪》记载：贞元三年三月"乙卯，命以大房山云峰寺为山陵，建行宫其麓。"

文献中记载的"大洪山"、"大洪谷"即今天之大房山、大房谷。大房山在北魏时已有

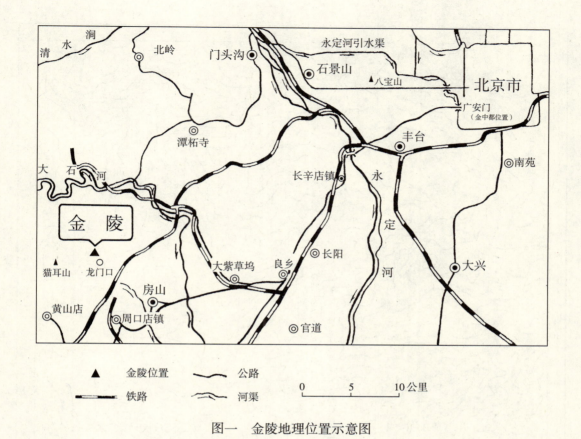

图一　金陵地理位置示意图

此称，金代亦称大房山，而未见大洪山之称。《金虏图经·山陵》载，海陵王完颜亮将其祖父改葬于大洪谷龙衔寺（《大金国志》作"龙城寺"），又将正殿佛像凿穴，以奉安太祖、太宗、德宗。九龙山下的佛寺《金史》作"云峰寺"，以史为正。此地的形势，"西顾郊圻，巍然大房，秀拔混厚，云雨之所出，万民之所瞻"（《金史》卷三十五《礼志》），是一处秀丽壮观的所在。

九龙山北接连三顶，根据古代堪舆学理论，有明显的"行龙"痕迹。追山脉逆推，可见明显的"少宗"、"少祖"、"太宗"、"太祖"等"龙脉"。九龙山低于连三顶，符合堪舆学所谓"玄武垂首"之说。九龙山之东为绵延迤逦的山冈，是明显的皇陵"护砂"，符合堪舆学所谓"青龙入海"的"左辅"之说。九龙山之西为几个凸起的山包，亦是明显的皇陵"护砂"，符合堪舆学所谓"虎踞山林"的"右弼"之说。九龙山西北侧山谷中有泉水涌出，向东南流淌，千年不断，亦是明显的皇陵"水砂"，符合堪舆学所谓"朱雀起舞"之说。九龙山对面的石壁山，是金陵的"影壁山"，又称"朝山"、"彼岸山"。石壁山中央有凹陷，堪舆学将其附会成皇帝批阅公文时休息搁笔之处，故又称"案山"。金陵的主陵——太祖陵，就坐落在九龙山主脉与"影壁山"凹陷处的罗盘子午线上（彩版二）。

27

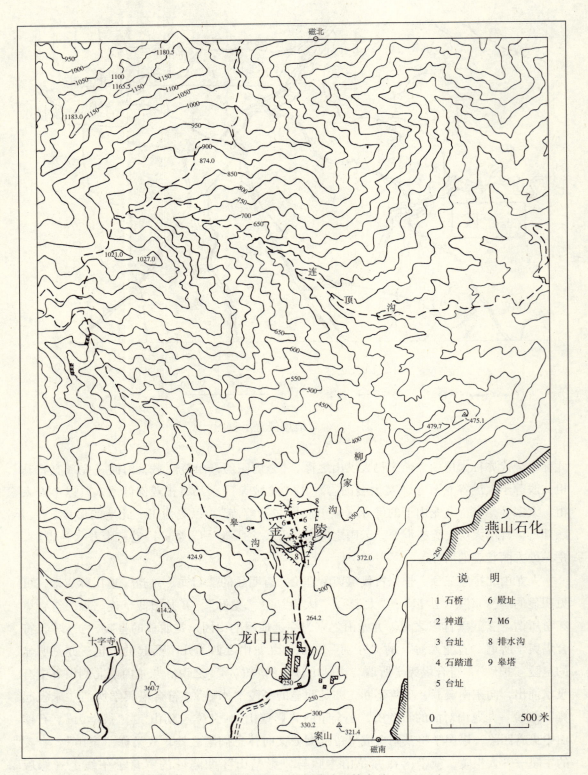

图二　金陵主陵区地理环境图（磁偏角为 -5°08′）

第二节 历史沿革

房山的行政建制始于三千多年前的西周初，周武王十一年（公元前 1045 年）武王伐纣灭商封召公于北燕，其主城遗址在今房山区琉璃河镇董家林一带。春秋战国时期，房山为燕国的中都县。

秦始皇二十六年（公元前 221 年）建立秦国，实行郡县制，房山属广阳县所辖。

西汉，房山境内设广阳、良乡、西乡三县。

东汉，废西乡县，设广阳、良乡两县。良乡县属涿郡，广阳县属广阳郡。

三国魏晋时期，良乡、广阳县隶属幽州燕都。

北齐天宝七年（556 年），良乡、广阳一同并入蓟县。武平二年（571 年），北齐又恢复了良乡县的设置。北周良乡县属幽州燕郡。

隋初，良乡县初隶属幽州总管府，大业三年（607 年），隶属涿郡。

唐初以后，良乡县先后隶属幽州总管府、幽州都督府、幽州大都督府。

五代时期良乡县隶属幽州。

辽会同元年，即五代后晋天福三年（938 年），辽置幽州督府，良乡为属县之一，辽开泰元年（1012 年）以后，良乡县改隶南京道析津府。

金灭辽，一度将燕京及附近六州归宋，宋宣和四年（1122 年）于燕京设燕山府，良乡为属县之一。宣和七年（1125 年）燕京归金。金贞元元年（1153 年），海陵王迁都燕京为中都，置永安府，良乡为属县，二年（1154 年）改大兴府，良乡便隶属大兴府。

金大定二十九年（1189 年），为奉祀山陵，割良乡、范阳（今属河北省涿州市）、宛平（今属北京市门头沟区、丰台区）三县地，于良乡县西设万宁县，明昌二年（1191 年）改奉先县，属中都路涿州。

元初袭金旧制，良乡、奉先两县行政归属未变。至元二十一年（1284 年）四月，良乡县属大都路总管府，奉先县属大都路涿州。至元二十七年（1290 年）二月，因奉先县内有大房山，改奉先县为房山县，仍属涿州。

明初，良乡县隶属北平府，房山县隶属北平府涿州。永乐元年（1403 年）正月始，良乡县直隶属顺天府，房山县隶属顺天府涿州。

清初袭明旧制。康熙二十七年（1688 年），房山、良乡两县隶属顺天府西路厅。雍正间（1723～1735 年），房山县与良乡县直隶属顺天府。

1914 年 10 月，两县同隶京兆地方。1928 年改隶河北省。

中华人民共和国成立以后，房山、良乡两县属河北省通县专区。1958 年 3 月 7 日，房山、良乡两县合并，成立周口店区，划归北京市管辖。1961 年 1 月 7 日，撤销周口店区，设立房山县。1974 年 8 月 1 日，以房山县 34 平方公里的行政区设立石油化工区办事处。

1980 年 10 月 20 日，撤消石油化工区办事处，设立燕山区。1986 年 11 月 11 日，撤销燕山区，与房山县合并成为房山区。

第三节　工作概况

2001 年春，北京市文物研究所金陵考古队进驻金陵主陵区。首先，我们对燕山石化区二果园约 11000 平方米进行钻探，于 2001 年 4 月上旬结束。此处发现 6 处窑址，其包含物均为砖瓦、红烧土及木炭，故此判断为砖窑。因属燕山石化区管辖，协商未妥，故没有发掘。为了较全面地掌握金陵的全貌、地层堆积及陵寝分布情况，我们又选择了房山区周口店镇龙门口村北的金陵主陵区，该陵区南北长 350 米、东西宽 200 米，总面积为 65000 平方米（图三）。

2001 年 4 月 6 日，进入九龙山南脊金陵主陵区，对陵区进行第一、第二阶段重点考古工作。2001 年 7 月中旬，第一阶段钻探工作暂告一段落。2002 年 3 月～2002 年 12 月为第二阶段。为了配合考古钻探，我们在主陵区内选了四处重点：金太祖完颜阿骨打睿陵，金世宗兴陵，金睿宗景陵及主陵区以西的皋塔——传说为梁王宗弼金兀术陵，聘请北京地质大学物探系进行物理探测。探测结果上述四处均有异常，而后又用洛阳铲析证。钻探结果显示，异常点处均为较大型墓葬。

2001 年 4 月，进行第一次发掘。由于我们对金陵主陵区进行考古发掘尚属首次，本年度发掘有清理及试掘性质，其学术目的，是通过发掘初步了解陵寝的分布范围、形制和遗址的地层关系及其内涵。我们首先在清代小宝顶前布 14 个探方（T1～T13，T17），并清理了陵区内西北至东南向排水沟的入水口及出水口；石桥及石桥向北的神道、神道柱；汉白玉石雕踏道；神道两侧的 4 处台址；F1 东大殿遗址；以及神道北端关帝庙遗址散水部分。通过钻探和试掘表明，其主陵区陵园建在早期冲积层上，地层主要成分为灰土和砾石。由于明代毁陵，清代修复，晚期冲积层又覆盖在遗址、墓葬之上，加之大自然和人为的破坏，以及农田改造等因素，使陵区地层构成极为复杂（图版一，2）。

2002 年 7 月～12 月，进行第二次发掘。工作重点主要是清理 20 世纪 80 年代在九龙山主峰南侧调查发现的所谓"祭祀坑"，编号 FJLK1。该坑东西长 13.2、南北宽 9 米，四壁石圹，坑内堆满重达 1 吨左右的 260 余块河光石、岩石。由于当地农民为搞绿化曾将其用作蓄水池，该岩坑被雨水所灌，西北角塌陷，东北隅石壁已开始向内坍塌，急需进行清理和保护，故报请国家文物局批准，进行抢救性发掘。当坑内积石和回填土清理即将结束时，发现坑底瘗葬石椁，两具东西向，两具南北向。因此证明，当初判断为祭祀坑有误，此坑实为墓葬，故将 FJLK1 改为 FJLM6。

2005 年 6 月～10 月，北京市文物局拨专款，在文物保护、古建筑专家王世仁先生指导下，由北京市文物古建工程公司具体施工，对金陵主陵区发掘的神道、台址、踏道等遗

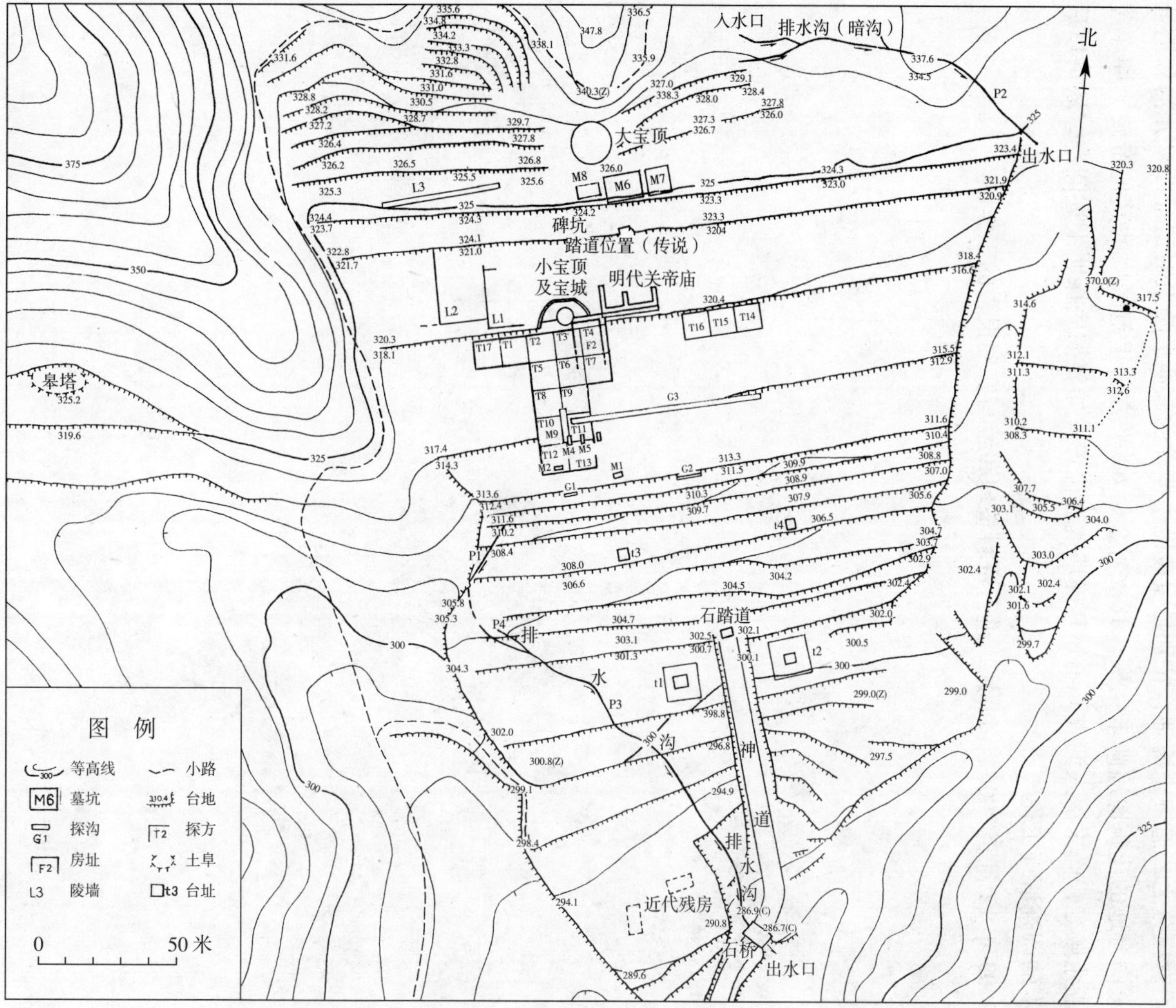

图三 金陵主陵区遗迹分布图

迹进行修复和科学保护。

两年多以来对金陵的调查和清理发掘，给我们的工作带来许多欢乐，同时也留下很多遗憾。首先，金陵陵区范围广，且明代以来破坏严重，地面建筑物已荡然无存。这次工作的重点，仅仅是对金陵主陵区进行钻探和部分清理。根据掌握的资料和保护皇陵原则，陵区内仍有三分之二遗迹未清理，特别是主陵区内瘗葬的其他皇陵及对遗址西皋儿沟和遗址东柳家沟台地的建筑遗迹尚未钻探；其次对金陵 60 平方公里范围内的其他帝陵、坤厚陵和诸王兆域等，尚未深入调查，不知其确切地理位置。如要彻底探明上述问题，还待以后进一步的调查清理工作。

2003 年 12 月至 2005 年 12 月，进行资料整理和编写发掘报告的工作。

第二章　探方分布与地层堆积

第一节　探方分布

金陵主陵区位于房山区周口店镇龙门口村九龙山南侧坡地，陵园建在早期冲积层上，地层主要成分为杂土和砾石。由于明代毁陵，清代修复，晚期冲积层又覆盖其上，加上自然和人为的破坏、农田改造等因素，陵区地层构成非常复杂混乱，给我们的钻探和清理工作带来极大困难。为了探明地层关系，我们在主陵区内清代为金世宗修建的陵寝（俗称小宝顶）前较开阔的台地上，布南北正方向探方 14 个，编号为 T1～T13 和 T17，其中在 T1～T4、T7 北侧金代地层中发现两处建筑遗迹（编号为 F2、F4）。在 T5、T6（图四）、T8、T9 发现清代碑楼及享殿遗址。在 T4 发现 M4、M5，M4 西北角下还叠压一条南北向石质台阶式墓道（编号 2001FJLM9），疑是金世宗陵寝墓道。为了探寻金睿宗陵寝，在该台地东侧布探方 T14～T16（图五）。该处探方土层较薄，在耕土层下即发现金代建筑遗迹两处（编号为 F1、F5），又在 T15 内发现砖铺地面残道，因损毁太甚未编号。

由于金陵地处山坡地，地层较贫薄，大都采用钻探方式，特别是石踏道以北及神道东西两侧的台址均未布方。对陵区主要遗存进行了重点钻探，初步掌握了金陵主陵区的平面布局。

第二节　地层堆积

钻探资料表明，金陵主陵区的陵园建在早期冲积层上。地层堆积主要为杂土和砾石。由于明代中晚期对金代陵寝进行过毁灭性的破坏，虽经清代修建，但晚期和近现代冲积层又覆盖在遗址及墓葬等遗迹之上，加上大自然和人为的破坏、农林垦荒等因素，使陵区地层构成极为复杂混乱，大多数遗迹直接暴露在地表或耕土层下。

以下举两个例子说明。

一、1 号台址（t1）西壁地层：

① 耕土层　厚 0.1～0.2 米，土质松软，呈黑灰色，内含杂质较多。

② 扰乱层　厚 0.2～0.6 米，土质略硬，黄褐色，含黑灰及烧土块。

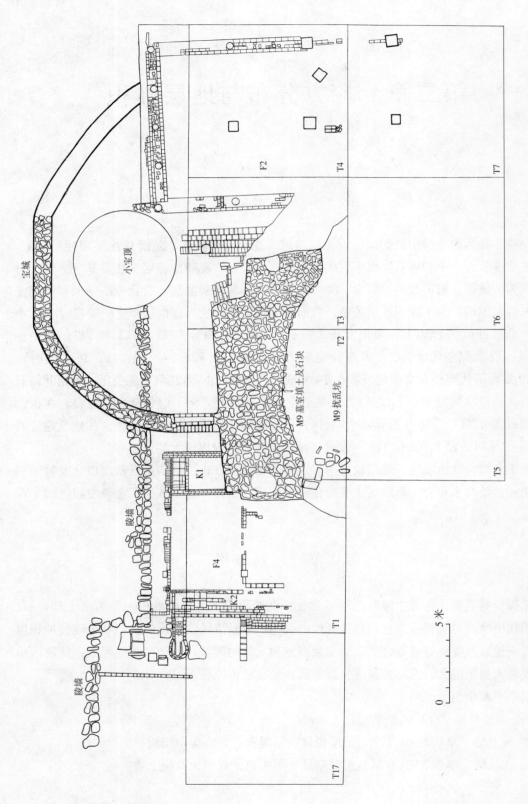

宝城

小宝顶

陂墙

陂墙

K1

F4

K2

M9墓室填土及石块

M9扰乱坑

F2

T4

T7

T3

T6

T2

T5

T1

T17

图四　T1～T7、T17 探方遗迹图

0

5 米

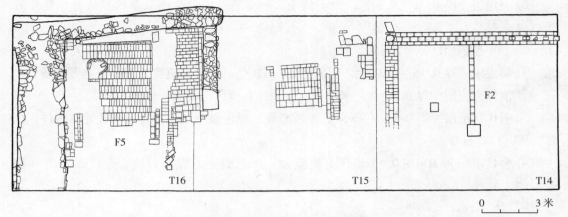

图五　T14～T16探方遗迹图

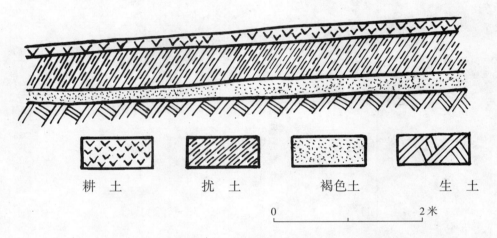

耕　土　　　扰　土　　　褐色土　　　生　土

图六　1号台址西壁地层图

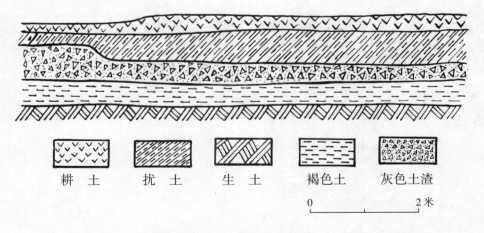

耕　土　　扰　土　　生　土　　褐色土　　灰色土渣

图七　T4东壁地层图

35

③ 金代层　厚 0.12 ~ 0.3 米，土质较硬，灰褐色，内含杂质及金代残砖瓦、瓷片等（图六）。

二、T4 东壁地层：

① 耕土层　厚 0.15 ~ 0.3 米，土质松软，黑灰色，内含有机物、植物根茎等杂质。

② 清代夯土层　厚 0.2 ~ 0.7 米，土质坚硬，灰黄色三合土，包含物较少。

③ 明代扰乱层　厚 0.2 ~ 0.45 米，土质略硬，黑色杂土，包含物有金代建筑构件，如石栏板、柱础石等。

④ 金代层　厚 0.4 ~ 0.55 米，土质坚硬，灰色渣土，内含石块、金代砖瓦等（图七）。

第三章　金陵主陵区平面布局及遗迹

第一节　平面布局

金陵主陵区是金代皇室陵寝的重要组成部分，平面布局采用中国传统的建筑模式，以神道为中心轴，两侧对称布局。由石桥、神道、石踏道、东西台址、东西大殿、陵墙及地下陵寝等组成。因其建在九龙山下的缓坡台地上，依山而下，北高南低，故称"山陵"。

山陵入口处修建一座南北走向的石桥，石桥北是一条南北长约百米、稍呈弧形的土筑神道。在神道南端东西两侧各有一神道柱础石。神道北端接近石踏道的东西两侧各有一座砖石结构的高大建筑（碑亭），现仅存柱础和砖石台基。石踏道应该是金陵主陵区中心部位，用雕刻精美的汉白玉石铺设台阶及栏板；踏道南端两侧各有一只石雕瑞兽。因地势偏高，该踏道仅残留一段。由踏道拾级而上的台地上，又发现两处东西对称、形制略小的台址。在第五台地的西侧发现5座石椁墓，其中M4下西北角叠压着南北向的石圹阶梯式墓道一处，疑是金世宗的陵寝墓道（M9）。在与之对称的东侧，经钻探及中国地震局地震信息中心勘测，也存在类似地下陵寝建筑的异常现象，南北长6、东西宽5、深4～6.5米，疑是金世宗之父金睿宗完颜宗尧之陵。

据文献记载，满清入关后，曾多次到金陵祭祖。特别是清康熙二年（1663年），重新修缮了金太祖和金世宗陵。现在地面仍然保留着一大一小两个圆形"宝顶"。调查资料表明，20世纪70年代，"小宝顶"四周仍有宝城、享殿、碑楼及康熙御制碑。1975年当地农民修筑梯田，将其捣毁并夷为平地，现在仅见砖砌小宝顶。该遗迹之南30米处正对着石圹阶梯式墓道。本次发掘在小宝顶南侧T4金代地层中发现大殿遗址（F2），与其对称的东侧，也发现一座大殿遗址（F1）。

关帝庙遗址在东北侧，应是明代天启年间明朝政府捣毁金陵后修建的，以镇"龙脉"。关帝庙以北的台地上即是金太祖陵，石圹竖穴陵寝（M6）。在其东西两侧各有一处形制略小的石圹竖穴墓（M7、M8），据分析是金太宗吴乞买和海陵王之父金德宗完颜宗干的陵寝。

金太祖陵之北遗有砖砌大宝顶，当年在大宝顶前也有享殿和一通御制碑，20世纪70

年代也被当地农民捣毁。

太祖陵西侧发现有宽大的东西向和南北向两道陵墙。为了防洪，在修建山陵时，在陵园东西两侧山谷处用花岗岩建有两条排水泄洪沟。为了迎合堪舆学之说，西侧排水沟有意从西北引向东南，然后从入陵口的石桥下穿过，即陵寝南端的"朱雀"方位。

另外，在主陵区西陵墙外，西南侧皋塔下，钻探有长 30、宽 20 米的纯净黄色夯土，疑为金太祖之子梁王弼之墓。

第二节　遗　迹

一、石桥

石桥位于神道南端，南北向，平面为长方形，花岗岩石质，由桥面及涵洞构成。桥面由两层长方形花岗岩石板错缝顺铺而成，由于长期裸露在外，大多数残缺，仅保留北部 32 块大小不等的长方形或方形石板。石桥东西宽 10、南北长 5.8 米（图八；彩版三；图版二，1、2）。

石桥东西两侧有装饰栏板及望柱，现仅遗存望柱下地栿石。西侧地栿长 3.6 米，由两块长条形地栿石组成，每块上均有一个望柱榫及两个地栿槽。第一块地栿石长 185、宽 50、厚 26 厘米，其望柱榫长 25、宽 20、厚 10 厘米；一个地栿槽长 58、宽 30、深 5.5 厘米；另一个长 63、宽 28、深 10 厘米。第二块地栿石长 185、宽 50、厚 25 厘米；望柱榫长 30、宽 20、深 10 厘米；一个地栿槽长 67、宽 30、深 10 厘米；另一个长 46、宽 30、深 10 厘米。

东侧地栿石总长 5.8 米，由三块花岗岩石组成。第一块地栿石长 180、宽 53、厚 36 厘米；望柱榫长 20、宽 18、深 10 厘米；一个地栿槽长 53、宽 28、深 10 厘米，另一个长 46、宽 32、深 10 厘米。第二块地栿石长 120、宽 55、厚 30 厘米，没有望柱榫，仅两个地栿槽；其一长 50、宽 25、深 10 厘米，其二长 55、宽 30、深 10 厘米。第三块地栿石长 90、宽 60、厚 30 厘米；望柱榫长 20、宽 18、深 10 厘米；地栿槽长 50、宽 25、深 10 厘米。

石桥西侧与一条西北向东南的暗排水沟相接，东侧为排水沟的出水口，做法讲究，由粗花岗岩石筑成。出水口端立面呈梯形，上宽 1.1、下宽 1.2、高 1.5 米。两壁用长 1.7、宽 0.5~0.6、厚 0.4~0.5 米的花岗岩长条石平铺错缝垒砌为 4 层。沟底铺青石板，最前端一块石板长 3、宽 1.3、厚 0.12 米，其前端正中凿直径 14、深 15 厘米的圆孔，穿透石板，上粗下细，孔径 12~10 厘米，深 10 厘米。出水口外端是一片阔 6.5 平方米的小开阔地。在桥下出水口南侧有四层台阶，用不规则青石搭建而成。第一层台阶长 1.25、宽 0.4、高 0.27 米，第二层台阶长 1、宽 0.27、高 0.18 米，第三层台阶长 1.1、宽 0.45、高 0.22 米，第四层台阶长 0.78、宽 0.27、高 0.28 米。暗沟盖用花岗岩石覆盖，其上应该承托着

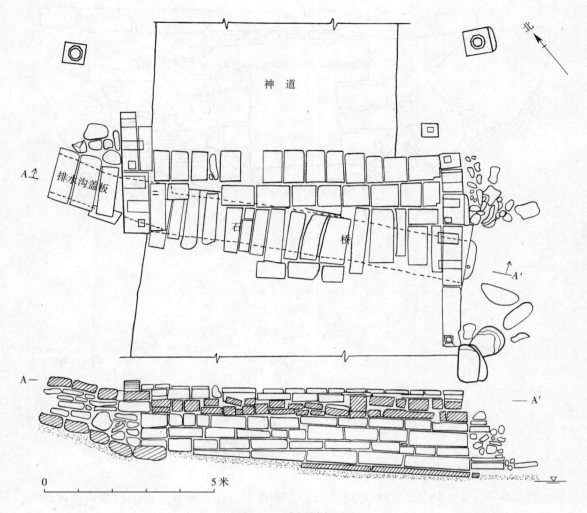

图八　石桥平剖面图

石桥桥面。两件铜质坐龙均出土于石桥下暗沟内淤土中（图九）。

二、神道

位于石桥北端，由南向北顺地形而上，中南部分略有弯曲呈弧形，其北则正对金太祖陵，全长 200 余米，方向 170°。神道中部遗存有一段石踏道，由石桥至石踏道一段长 107 米。此段神道下面是路土。其南段长 49 米的路面均已破坏。49 米以上至石踏道一段路面长 58 米，保存情况尚好，宽约 7 米。路土厚约 3~7 厘米，路面铺一层汉白玉碎石渣，厚 1~2 厘米，其下为踩踏面，质地坚硬（图一〇；图版二，3、4）。

神道南端与石桥连接处东西两侧各有一神道柱础。东侧柱础为近方形花岗岩石，长 0.75、宽 0.7、厚 0.35 米；中心凿八棱式凹槽，直径 0.4、边长 0.15、深 0.1 米；内槽圆

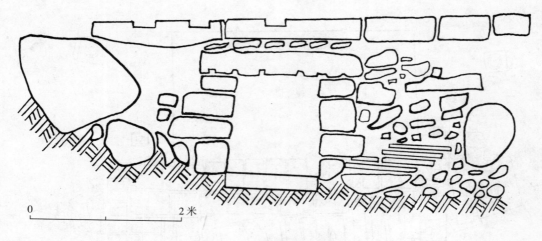

图九　P2排水沟出水口立面图

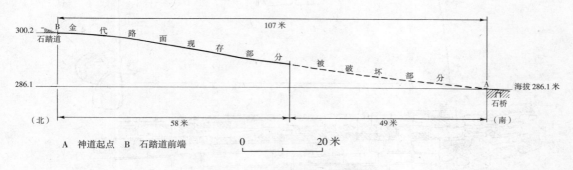

A　神道起点　B　石踏道前端

图一〇　神道南段纵剖面图

形，直径0.3、深0.18米。西侧柱础为方形青石凿刻，边长0.6米；中心凿八棱式凹槽，直径0.4、边长0.15、深0.12米；内槽圆形，直径0.3、深0.16米。西侧柱础石选材和凿刻较为精致，加工细致，可能是清代修复金陵时补配的（图一一；图版三，1、2）。

　　石踏道位于神道中部，残留长3、宽5.4、通高1米。该踏道遗存有8级台阶（图一二；彩版四），每级台阶由3~4块汉白玉石条组成，长4.4、宽0.3米，逐次向上错缝砌筑，每层高约13厘米（图一五；图版三，3）。台阶两侧立汉白玉石雕栏板，西侧仅保留一块，东侧两块，栏板向内雕刻双龙追逐图案（图一三，1、2；彩版五，1），外侧为牡丹花纹（图一四，1、2；彩版五，2）。石栏板高0.6、长1.4、厚约0.2米，栏板正中上面有束腰痕，栏板底部坐落在汉白玉地栿上，地栿中有一栿槽，宽20、深10厘米，与栏板底部榫相接。东侧的两块栏板形制及雕刻花纹与西侧大体相同，所不同的是在东侧两栏板之间有一长0.24、宽0.16米的望柱，内外两侧雕刻花纹，已模糊不清，前后两侧各有一榫槽，宽6厘米，与前后两栏板的榫头相接合。在栏板南侧各有一长0.5、宽0.44米的覆盆式柱础。正中有边长10厘米的础坑，深10厘米。在柱础前发现两件残高67厘米的石坐龙（图版三，4）。

在石踏道以北 55 米处挖一条长 10、宽 2 米的东西向探沟（G2），未见有台阶遗迹，证明北侧神道已被破坏无存。但由于又向北 24 米处挖探沟 G3，发现一处"凸"字形台基（编号 2005FJLF7），东西面阔 17.5、南北进深（残）1.5 米，其北侧正中砖铺慢道亦应是神道组成部分。由此向北可以通往太祖陵，只是略偏离中轴线（图版四，1、2）。

三、1 号台址

1 号台址（t1）位于石踏道西南侧，与 2 号台址相对称，疑是碑亭。两台址相距 35 米（图一六；彩版六；图版四，3）。地面建筑已无存，仅遗存地基部分。基址为素夯筑成，夯土厚 1.8 米，夯土上部覆盖着 0.2 米左右的耕土层和 0.3～0.6 米的明代扰乱层。

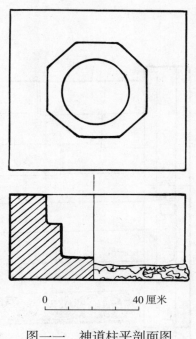

图一一　神道柱平剖面图

基址平面呈"凸"字形，由夯土台基及土衬石组成，台基四面设门。东西通长 23、南北宽 19 米。其做法如下：先在基址中部挖南北长 13、东西宽 13.4、深 1.8 米的基槽，基槽内填土可分两部分，基础部分填素土和碎石、砖、瓦片等，夯筑四层，厚 0.8 米；其上再填素土，夯筑五层，每层厚 0.15～0.2 米。同时在台基四角 0.5～1.5 米处各有一矩形护角，长 1.8、宽 0.4～0.36 米。该护角夯土坚实，夯层明显。每层厚 0.1 米，夹杂厚 0.1 米的碎砖瓦，可分六层，总厚 1.2 米。台基正中在夯土中铺土衬石（图版四，4），夯土顶层高于土衬石 0.28 米，平面呈长方形。东西长 5.15、南北宽 3.7 米。由 23 块长 80～140、宽 60～80、厚 30 厘米的巨型花岗岩石铺砌。前三排为平铺顺缝，最后一排为平铺错缝。其中第一排东第二块大石块曾被明代扰乱斜放在外面，略南正中侧立一块汉白玉石，长 300、宽 40～110、厚 35 厘米，疑为凿去文字的残碑。整个台基做工讲究，夯筑坚实。在夯土台基南端东西两角各放置一块正方形柱础石（50×50×10 厘米），础石上凿出的础槽痕迹约 40 厘米见方。

基址四面设门，其东、西、北三面门遗迹保存较完好，南门破坏较严重。各门均位于夯土台基的外侧，门与台基之间用黄土与石块连接而形成慢坡。

北门：平面呈"凸"字形，门宽 4.7 米，两侧遗有柱础，柱础洞直径 0.6～0.7、深 0.5 米。清理时柱洞内有朽木痕迹。两柱之间设地栿，长 4.7、宽 0.4、深 0.2 米。东柱础南侧遗有砖砌坎墙，仅残留一层基础，用长 38、宽 16、厚 6 厘米的长方形沟纹砖平铺错缝砌，墙残长 1、宽 0.4 米。西柱础南侧亦遗有一段东西向坎墙。坎墙外用方砖平铺散水。在地栿前用双层立砖砌东西向牙砖，然后向南拐，围着散水垒砌而形成"凸"字形。然后

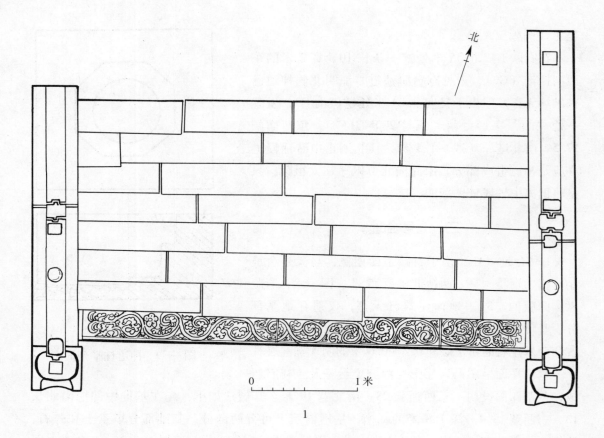

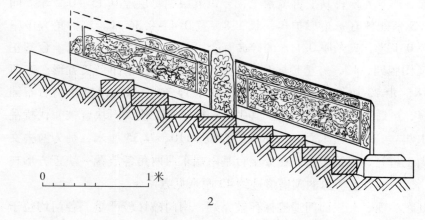

图一二
1. 石踏道平面图　2. 石踏道剖面图

与东西两侧的"凸"字形牙砖相接（图版五，1）。

　　门内缓坡上横放一件汉白玉雕的残兽，长280、宽40、高60厘米，残留下半部，双腿跪卧，应是石龟趺砸毁后放置在此的（图版五，2）。

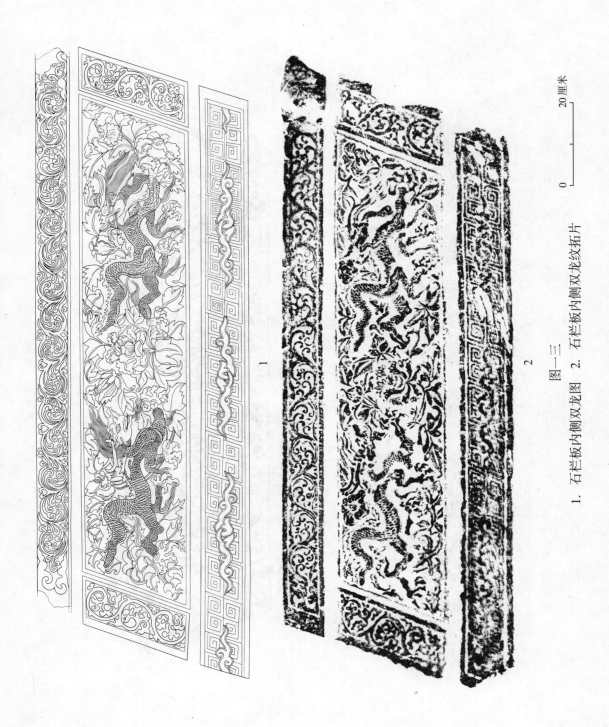

图一三

1. 石栏板内侧双龙图　2. 石栏板内侧双龙纹拓片

0 _____ 20厘米

43

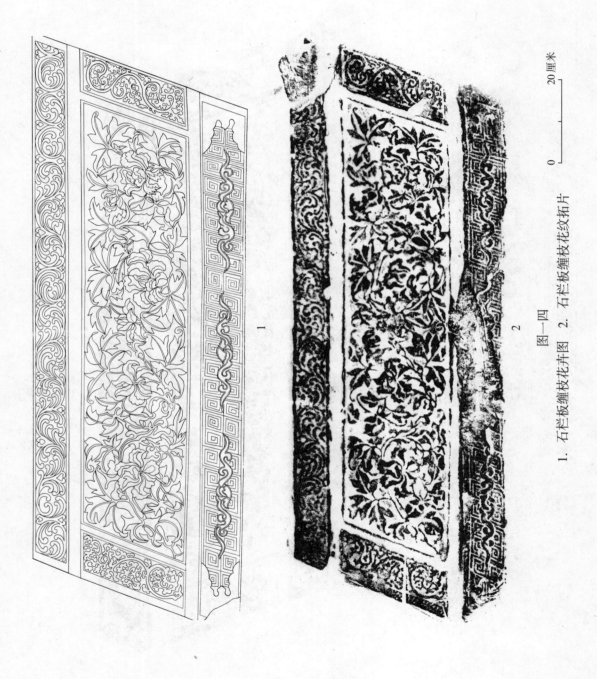

20厘米

0

图一四
1. 石栏板缠枝花卉图 2. 石栏板缠枝花纹拓片

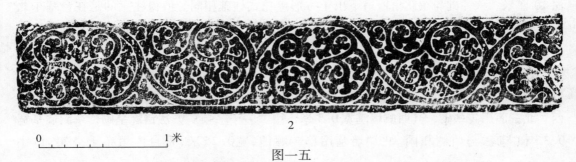

0   1 米

图一五

1. 石台阶缠枝花卉图　2. 石台阶缠枝花纹拓片

东门：平面亦呈"凸"字形，门宽4.7米，地栿槽宽40、深20米，地栿南北两侧放置方形柱础石，长宽均为50、厚25厘米。柱础洞直径50、深30厘米。北柱础遗有东西向坎墙，长2、宽0.4米。仅留一层基砖，向北残长1米，坎墙外铺散水，残长30米。散水外也铺砌牙砖，与北门牙砖相接。该门与台基相接处也用黄土与石块夯筑后形成缓坡。东门外南侧有路面，北高南低，地表面遗有厚0.02～0.06米的路土面，层次清晰，土质坚硬，路土上铺一层汉白玉石渣，其做法及坡度与神道相同（图版五，3）。

西门：西门与东门对称，形状相同，但破坏严重。仅保留门两侧柱础石，亦为50厘米见方，厚25厘米，柱洞直径60、深50厘米。柱础之间设地栿长4.7米，槽宽0.4、深0.2米，槽内遗有白灰痕迹。门内亦用黄土与石块夯筑缓坡，长1.5米，坡高0.06～0.24米。门北侧尚遗存部分砖铺散水及牙砖。

南门：破坏严重，仅保留与夯土台基相连的缓坡，高0.2米。其上路土面层次清晰且质地坚硬。其上铺碎石渣缓坡而下，坡度与神道相同。

四、2号台址

2号台址（t2）位于石踏道东南侧，平面呈"十"字形，由夯土台基和土衬石组成，并且台基四面设小月台。台基正中土衬石距离现在地表0.5～0.7米，平面呈长方形。东西长4.9、南北宽3.9、厚0.3米。由15块大花岗石组成，先是南北两排纵铺四块巨石，中间一排横铺四块巨石，然后在西侧边缘纵铺三块，其规格与东侧12块巨石明显不同，似为碑亭（图一七；图版六，1、2）。发掘资料表明，该台基分两部分组成。其主体台基平面呈长方形，东西长13.6、南北宽10.6、厚1.6米，由素土和碎石夯筑。可分为五层，每层厚0.25～0.3米，即一层素土一层碎石。夯土略高于土衬石10厘米，同时在台基四角各有一矩形护角，长4、宽1.8～3.5米。护角夯土坚实，夯层明显，每层厚0.1米，夹杂厚0.1米的碎砖瓦，可分6层，共厚1.2米。整个台基做工讲究，夯筑坚实，在夯土台基四角均放置础石。其中东南和西北角为正方形柱础（边长50、厚20厘米），础石凿出础槽痕迹约40厘米见方。西南角柱础为覆莲式（47×48×40厘米），正中础洞宽7.58、深10厘米。该柱础与东北角慢道下出土方形莲花式柱础相同。值得注意的是在台基东北角处的耕土层中曾发现一块大型覆盆式柱础，边长75、盆径40厘米，怀疑该柱础应该在护角夯土的位置（图版六，3）。

台基第二部分建筑是在台基四面正中部位砌小月台，与大台基形成"十"字形。其中以北端小月台保存较好，东西长5.8、南北宽4、残高0.3米（图版六，4、5）。月台东、西、北三面用砖垒砌，其西侧墙基宽0.5米，用"一丁一顺"方法错缝垒砌；东侧墙基宽0.35米，砌法与西侧相同。北端墙基用单砖顺铺，宽0.25米，月台内填杂土夯实。该小

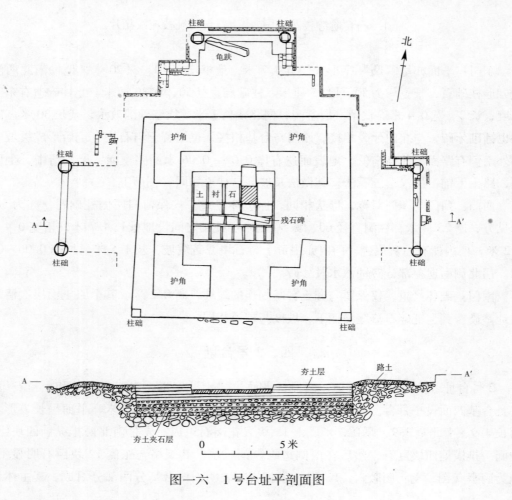

图一六　1号台址平剖面图

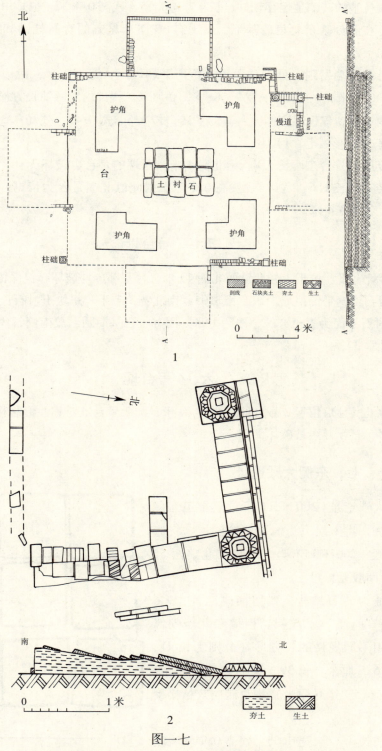

图一七

1. 2号台址平剖面图　2. 2号台址局部慢道平剖面图

月台东侧大台基的砖墙也保存较好，长4、宽0.55、残高0.4米。也是用"一丁一顺"的方法铺砌。在此台基东北角墙基下，发现有50厘米见方的青石柱础和方砖铺砌的散水（图版七，1、2）。

在小月台北端发现一处慢坡甬道，甬道下端设门，宽1.3米，两边各一覆莲式础石（47×48×40厘米），正中础洞宽7.58、深10厘米。柱础内侧顺铺长方形砖，外侧立砌双排牙砖。南端月台仅保存南侧大台基的基砖，长3.5、宽0.45、残高0.3米，及小月台东侧的数块基砖（彩版七，1）。

以上复原其月台东西长5.7、南北宽4米。西端的月台也破坏无存，仅在其东北角残留一段基砖。残长1.6、宽0.4、残高0.2米。据此以北端月台为依据，也将其复原，南北长5.5、东西宽4米。

五、3号台址

3号台址（t3）位于1号台址西北侧40米。台基部分均破坏，仅保留土衬石部分，由9块花岗岩石错缝平铺组成。东西长3.05、南北宽3.1米。每块土衬石长105～110、厚30厘米，土衬石下面为素土夯筑，厚约1米。因夯土台基简陋，故南侧石块略有滑坡（图一八；图版七，3）。

六、4号台址

4号台址（t4）位于2号台址东北侧40米，与3号台址对称并形制相同。清理时仅存2块花岗岩青石，其余被破坏无存。

七、东侧大殿遗址

东侧大殿遗址（2001FJLF1）位于神道东侧的T14东侧，耕土层下为泥石流冲刷层，将遗址墙基冲毁。2001FJLF1坐北朝南，北偏西5°（图一九；图版七，4）。

该遗址为砖石结构，残留面阔两间，9.6米；进深一间，5米。仅保留西墙和北墙的墙基，墙体用不同规格的长方形（分别为长41、宽20、厚6.5厘米，长39、宽17、厚6厘米，长35、宽16.5、厚6厘米）沟纹砖白灰粘接砌筑而成。

西墙残长4.12、宽0.66、残高0.7米。基础用素土夯实，先用砖砌"隔减"高0.5、宽

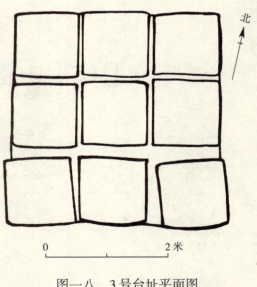

北

0   2米

图一八　3号台址平面图

0.66米，向上略有收分，收分率1.2%。"隔减"向上为主体墙，宽0.63、残高0.2米，仅保留三层，用长方形砖内填土坯残块垒砌，墙体外涂抹草拌泥后刷白灰，厚约1.5厘米。北墙做法与西墙相同，残高0.7米。隔减以上用长方砖垒砌，内填土坯块，外抹草拌泥及白灰，厚1.5~2厘米。西北角转角柱直径0.3米，此处砖墙斜抹角。北侧用一长条石顶在外侧以护柱，隔断墙处设间柱，直径0.22、深0.7米。下面用方形石块作柱础，在墙外有一长方形莲瓣状壁龛，高0.24、宽0.15、深0.16米，可能是木柱通风孔（图版七，4~5；图版八）。东侧间柱已暴露，为长方形柱础，长0.6、宽0.4、厚0.25米。据此判断原大殿可能是面阔三间或五间，当心间西侧遗有单砖隔断墙，长4.5、宽0.17、残高0.22米，错缝平铺垒砌。其南端顶部在一块方形柱础石上。

八、西侧大殿遗址

西侧大殿遗址（2001JLF2）位于神道西侧、清代小宝顶东南侧T3、T4、T6、T7内。这是一处坐东朝西的面阔五间、进深三间的砖石结构建筑。现仅存北侧两间半，面阔9.85、进深10.5米，保留前檐墙及地墁砖，西墙北段及北墙保存较好，残高1.2~1.8、宽

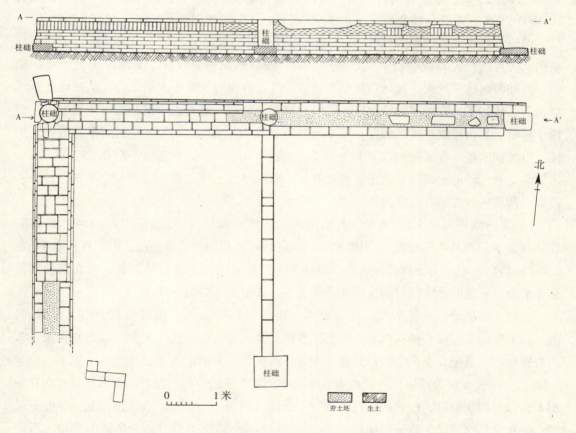

图一九　F1东大殿遗址平剖面图

0.8 米，墙内遗有中心柱、间柱及转角柱等五个柱础。该遗迹南段被金世宗陵打破（图二〇；图版九，1）。

北墙：长 10.5、厚 0.9、残高 1.25 ~ 1.8 米。地基用素土夯实，再用长方形沟纹砖错缝平铺隔减，高 0.5 米。墙内留有收分，隔减以上用砖平铺垒砌，内填土坯块和素土夯实，外抹草拌泥及白灰，墙面用墨线涂四框，朱红色铺底，再用墨线绘各种花卉，厚约 3 厘米。由于房屋倒塌，灰皮已掉落埋入土中，我们只提取了保存较好的壁画残片（彩版七，2）。北墙内有中心柱、间柱和转角柱等五个柱洞。其中中心柱柱洞直径 0.2、残深 0.9 米。东侧暗柱直径 0.42、残高 1.25 米。西暗柱直径 0.45、残高 1.2 米。东北角及西北角的柱洞直径 0.3 ~ 0.4、残深 1.5 米。除中心柱较细，其他各柱洞内均用长方形板瓦围砌成筒状，用以保护木柱（图二一；图版九，3、4）。

前檐墙（东墙）：南北向，残存面阔 9.85、进深 10.5、厚 0.8 米，残高 1.1 ~ 0.2 米，隔减部分与北墙同，隔减以上用砖平铺砌。墙里外抹白灰，然后用墨涂四框。墙面绘朱红色底墨线绘彩绘花卉。墙内间柱直径 0.35、高 0.4 米。柱洞的外墙皮设有透气孔，形制为云头龛状，高 0.23、进深 0.2 米（图版九，2）。东墙南端有当心间柱础，长 0.7、宽 0.65、厚 0.25 米，素面花岗岩石质。柱础之南有地栿，地栿由长方形砖平铺而成，残长 2、宽 0.28 米。东北角转角柱直径 0.4、残高 1.5 米，周围用残瓦护柱（图版九，4）。

西墙（后山墙）：残高 0.28 ~ 0.8 米，用长条形沟纹砖（38 × 16 × 6 厘米）平铺错缝垒砌，砖与砖白灰勾缝粘合。隔减高 0.5 米，隔减两侧均有收分。隔减以上为土坯砖垒砌，内外两侧抹草拌泥，再抹白灰厚 3 厘米，然后再在白灰墙面上绘彩画。从残留壁画观察，其绘法如下：先用墨色绘边框，然后涂赭石红色，再用黑色绘以花卉。该墙内保存有两个柱础，其南柱础被扰乱无存，正中间柱直径 0.26、深 0.42 米。柱洞周围立残板瓦护柱，以保护木桩。在木桩洞的外墙皮下端作透气气孔，形制为龛状，高 0.13、宽 0.13、进深 0.2 米。转角柱础（西北角）直径 0.3、深 1.25 米，其上部用瓦护柱，下部在柱外砌砖墩。西墙内外皮均有壁画残迹（图版一〇，1）。

在 F2 西墙外偏北 1.86 米处，有一南北向砖墙建筑结构遗迹。南北长 4.4、宽 0.8、残高 0.2 米。在其西侧相距 11 米的地方，也发现样式相同的砖墙遗迹，南北残长 2.4、宽 0.8、残高 0.3 米。由于该建筑遗迹南侧被金世宗陵寝的夯土和石块打破，其北又被清代修建的金世宗陵的小宝顶打破，因此毁坏较甚，其形制与结构不详。

东墙即前檐墙，残长 9.85、厚 0.8 米，残高 1.1 ~ 0.2 米，隔减墙部分与北山墙同，隔减以上用砖平铺砌，外抹白灰，然后绘壁画。墙内设间柱，直径 0.35、残高 0.4 米。东北角转角柱，直径 0.4、残高 1.5 米，转角砖斜抹角。东墙南端有砖铺地面，残长 2、宽 0.28 米。用长方形砖平铺，外侧两边立砌陡砖，室内平铺方砖，仅存西侧数块，其余在地面上有白灰砖块痕迹，南北向十行，每行十余块（图版一〇，2）。在室内发现三块方石柱础，除东北角有移动，其余两块位于正中，应该是次间和当心间柱础的位置。两块方石柱

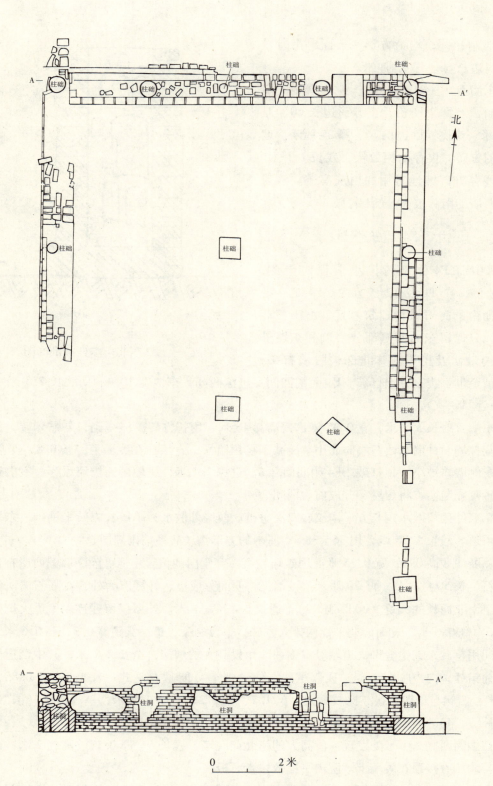

柱础
柱础
柱础
柱础
A —
柱础
— A'

北

柱础

柱础

柱础

柱础
柱础

柱础

A —
柱洞
柱洞
柱洞
柱洞
柱洞
— A'

0   2米

图二〇   F2西大殿遗址平剖面图

础的形制相同，均为方形，素面，花岗岩石质，边长60、厚25厘米。

东墙南端柱础边长68、厚20厘米。室内地面留有两个明桩，正方形边长60、厚25厘米。南侧柱础边长70、厚25厘米。地面平铺方砖，仅存西侧数块，残长1.1米，其余残存方砖铺地时用的白灰痕迹。该遗址东西墙的南侧被M9夯土打破。

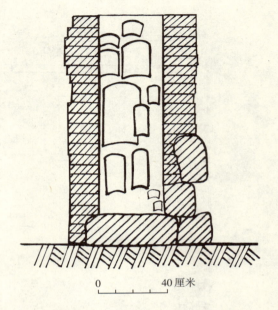

图二一　F2东北角木柱洞剖面图

九、F4建筑遗址

2001FJLF4位于清代小宝顶西南侧，T17北侧，在T1及T2探方内。F4是一处坐北朝南的砖石结构建筑基址，由于破坏较甚，只保留东西两侧部分残墙和东墙外的砖铺散水及甬道。其北部被陵墙打破，南侧被金世宗陵寝夯土打破。F4面阔四间、进深两间，东西宽10.4、南北长7.5米（图二二；图版一〇，3）。

东墙：残长3.2米，宽0.35米，残高0.46米，用长方砖单坯垒砌，外贴牙砖，室内用白灰抹墙。外墙东西两端向北用单砖垒砌拐角墙垛，直接顶在陵墙上，长0.8、厚0.17米。东侧墙体被小宝顶打破。F4明间面阔8、进深7.5米，房屋的前檐墙无存。室内正中用单砖砌隔断墙，将房屋又分成前后两间。

东墙外残留散水用长方形沟纹砖双层叠砌。西墙外散水为单层长方砖平铺砌。东墙外残留甬道。残长5.25米，用36×36×6厘米的方形沟纹砖平铺砌双层。

隔断墙残高0.1、宽0.25米。因破坏较甚，穿堂门的位置不清。隔断墙偏西遗有青石柱础石，长50、宽45、厚20厘米。该墙又将明间分成里、外屋。另外，在隔断墙西侧发现一组南北通长的火炕（2002FJLK2），通长6.4、宽1米。外屋仅留残迹。里屋火炕残存长3.5、高0.6米，炕面南北平铺两排大方砖，下设两条火道。火道宽0.3、高0.6米，火道之间用单砖平铺错缝砌火道墙。室内西北角设高大的烟囱，全长2.7米；其中烟道用单砖平铺错缝，向内收缩垒砌，顶部虽残，估计烟道可能是卷篷式，长1.5、宽0.85、高0.6米。西侧与烟囱相接亦比较高大，长1.2、宽1.2、残高1.2米，呈马蹄形（图二三；图版一〇，4）。

在烟囱西侧1.1米处发现一段高大的南北向院墙，残长6、厚0.17、高约2米，南侧残断，北侧直接顶在陵墙上。院内平铺数块青石板。

次间面阔2.8、进深残3.9米。其南部被金世宗陵寝内夯土及石块打破。室内残存南

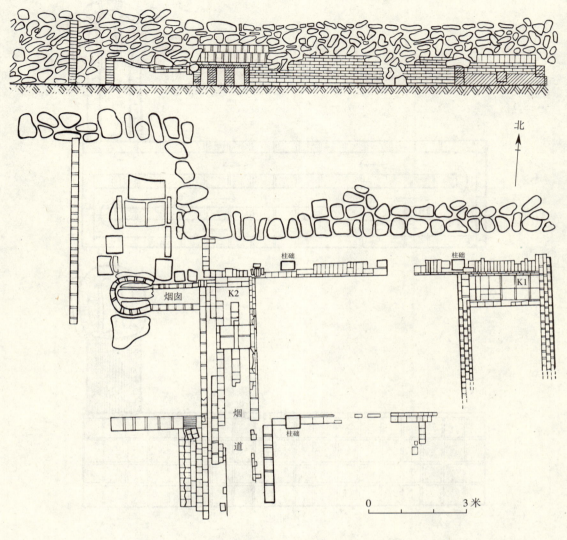

图二二　F4平剖面图

北隔断墙，残长 3.9、宽 0.35、残高 0.46 米。单砖平铺错缝砌，两侧立砌牙砖。室内北侧砖砌坐炕（2002FJLK1），东西长 2.15、南北宽 1.12、高 0.33 米。炕面南北向平铺长方砖，炕沿东西向平铺错缝砌长方砖，然后在炕沿外抹 0.5 厘米厚的白灰。由于隔断墙残毁，故推测其门应设在该墙的南侧（图版一〇，5）。

西墙：残长 7.5、宽 0.8、残高 0.6 米，用长方形沟纹砖（长 40、宽 17、厚 6 厘米）平铺错缝垒砌 6 层。墙内填土坯块和素土夯实。西墙北端转角处有青石柱础，柱洞直径 0.2、深 0.4 米。

后檐墙即北墙，东西残长 10.4、宽 0.4、残高 1～1.3 米，用与西墙相同的砖平铺错

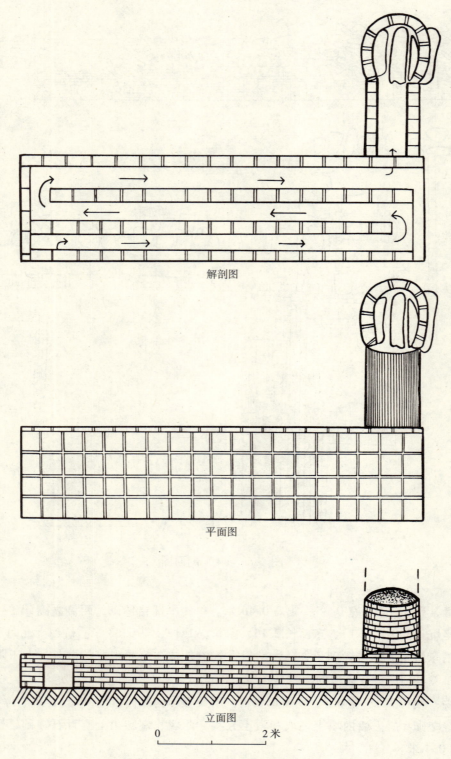

解剖图

平面图

立面图

0　　　　　　　　　　　2米

图二三　F4 内 K2 平剖面复原图

缝垒砌隔减高 0.8 米，隔减以上砌"一卧一立"长方形砖。室内墙涂白灰。檐墙内遗有四块柱础石，由角柱、间柱组成，间隔 2.5 米，每块柱础长 40～50、厚 25 厘米左右。

十、F5 建筑遗址

探方 T16 内有两组建筑遗迹相互叠压打破，一组为宽厚的石墙，一组为砖铺地面建筑遗迹，石墙打破砖铺遗迹。砖铺建筑遗迹即 2002FJLF5，根据四角铺垫柱础石判断，应是亭式建筑，坐北朝南，方向 181°。面阔 4.2、进深 6 米。四角有不规则柱础，分别为长 60、宽 40、厚 20 和长 35、宽 30、厚 15 厘米不等。亭内用长 37、宽 18、厚 6 厘米的长方形沟纹砖南北向错缝平铺。除西南角破坏无存，其余地面铺砌较为整齐精致。砖铺地面的北部地面砖高出地面 2～3 层。但被石头墙叠压，无法判断其用途。亭外东侧也有砖铺地面，疑是另外一组建筑遗迹，也被南北向石头墙打破，故其形制不清楚（图二四，1；图版——，1）。

该探方内东侧及北端均有高大的石墙，西侧另有宽阔的马道。北墙东西长 11.3、宽 0.5、残高 0.7 米，为不规则的石块垒砌而成，内填杂土夯实。东墙南北残长 4.8、宽 0.7、残高 0.8 米。此墙是顶在南北墙上的，在东墙南端有一段素土夯筑的土坯墙。

马道位于西侧，南北长 9、东西宽 2 米，两侧用石块垒砌，内填杂土和石渣夯实，缓坡而上，顶在北墙上（彩版八，1；图版——，2）。

清理亭式建筑遗址时，在西北侧的砖铺地面下，发现一灶坑，呈圆形，直径 1、深 0.5 米。灶坑的边沿及火膛内立砌长方形砖，已经烧成暗红色。灶坑内遗有大量草木灰（图二四，2；图版——，3）。

发掘资料表明，该探方内遗迹最早的应该是灶坑，其次是亭式建筑遗址，再次为石头墙，应该是东侧陵墙位置。

十一、2003FJLF6、2005FJLF7、2005FJLF8 建筑遗址

F6、F7、F8 三组建筑组成一个建筑群，位于神道北端 G3 内，清代棂星门遗址夯土堆积层下。2003 年夏在金陵陵区调查时发现 F6 建筑遗址，东西长约 30 米，其南侧破坏较甚，未见任何遗迹。2005 年 6 月由北京市文物古建工程公司进行神道保护工程时，在其西侧发现了两处建筑遗址，分别编号 2005FJLF7 和 2005FJLF8。其中 F7 为这组建筑遗址的主建筑。

发掘资料表明，这三组建筑破坏较甚，均保留北半部。从平面布局观察，F7 应是一组大殿遗址，F6、F8 应是廊庑建筑，F6 东侧被现代洪沟破坏。F8 西侧被 M9 金世宗墓道打破。而且，F8 台基向西逐渐倾斜，为斜坡式，落差达 0.4 米。现将发掘资料报告如下。

（一）2003FJLF6 位于主陵区神道北端东侧，由南往北第四级台地上，南临 2001FJLt4，北临第三台地棂星门遗迹。F6 平面略呈长方形，东西长 40、南北宽 1.5～3、

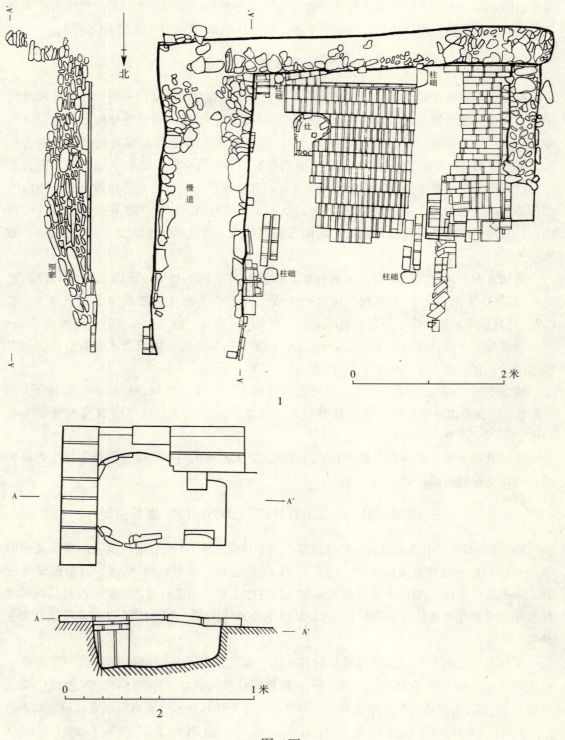

图二四

1. F5平剖面图　2. F5灶平剖面图

深0.5～1米，东西走向，方向北偏东5°。在此范围内发现的铺砖建筑遗迹可以分为东、西两段，其西段主要为用条形沟纹砖错缝铺筑的砖铺台基面，长10.2、宽0.75～1.3米；东段有方形沟纹砖铺地面，残长29.25、宽2.2米，现仅存四个柱础石，除了西端柱础有扰乱，其余三个柱础均原地保留，础石为粗糙的花岗岩凿刻而成，长50、宽40、厚25厘米。每个柱础间距4.7米，第二、三个柱础之间有门，用立砖砌成地栿，门宽4.2米，门正中有长100、宽70、厚2厘米的青石板。

F6台基前铺散水，先用立砖铺牙砖两层，然后铺丁砖。由于该遗迹南侧破坏较甚而北端堆积大量晚期夯土，因此其进深不详（图二五；图版一一，4、5）。

（二）2005FJLF7 位于主陵区神道北端，清代棂星门遗址夯土下。东侧与F6相接，西侧接F8。其南距石踏道80米。平面呈"凸"字形，面阔17.5米。仅保留北壁台基和台明部分，其南侧台基及柱础均遭破坏。台基总高0.52米，用长39、宽18、厚6厘米的长方形沟纹砖平铺错缝垒砌。地面以上砌六层高0.4米，地面以下砌两层基砖。台基内填土夯实。台明残宽1.3米，最外一层横铺长方砖，压栏内侧用长方砖或半头砖平铺且没有规律，推测在此层砖的上面还应该有一层较大而规整的压栏砖。在台基上没有发现柱础和柱础痕迹。台基北侧平铺散水宽0.45米，先用长39、宽18、厚6厘米的长方砖平铺砌，其外再立砌牙砖，厚6厘米。

台基北端正中顺山势向上用方砖沟纹朝上平铺坡道，暴露长1.5、宽5.3米。做法如下：坡道两侧单砖砌地基三层，然后填素土夯实；坡道两侧横铺长方砖宽39厘米，内铺方砖，为了达到防滑作用，方砖的沟纹向上。坡道北侧即清代夯土堆积，因土方量太大，没有向北清理（图版一二）。

（三）2005FJLF8 位于主陵区神道西侧，东侧与F7紧邻，西端被M9墓道打破。平面呈长方形，方向北偏东6°，东西残长24.1、宽1.9米。面阔五间，残留进深1.1米。砖砌台基高0.22、残高1.7米。台基前铺散水。其做法与F6基本相同。台基外砌单砖五层，地面暴露三层，高0.22米，地面以下二层。台基内填土夯实。台明砖大都残毁，仅西部保存较好。用长52、宽25、厚6厘米的大长方砖压栏。台基面铺边长37、厚6厘米的方砖，压栏砖内用方砖铺地。台基上遗留五个柱础，每个柱础间距亦为4.75米。即每间面阔4.75米。每个柱础大小不等，最大者长75、宽60、厚15厘米，最小柱础长60、宽55、厚15厘米。仅东侧第一个柱础两侧保留有一层砖墙痕迹，墙残长5.2、宽0.5米。第四个柱础与第五个柱础之间，遗有地栿砖，残长2.8、宽0.25米，是用长方砖立砌，两排之间平铺长方砖，其余柱础间墙砖和地栿砖均残毁破坏较甚（图版一三，1）。

台基北侧铺散水宽0.5米，用长方砖纵铺，再立砌牙砖。值得注意的是在每一间房子中间正对的散水上均用大长方砖或方砖铺台阶。东端第一个台阶砖长52、宽25、厚6厘米，在其西侧又铺一块经加工的缺角方砖。第二个台阶即正对第二间房平铺两块方形砖。第三间房的散水上未见台阶，第四间房散水上横铺两块小长方砖，第五间房散水上并排铺两块方砖（图版一三，2）。

该房基遗址与F6、F7遗址相同，其南遗址全部破坏无存，但仅存的北侧地基明显向西倾斜，高差约40厘米，其西端向西延伸被M9金世宗陵的墓道打破。故推测连同F6、F8两组建筑可能是廊庑的形式。即在金太祖阿骨打陵前享殿两侧原建有回廊，修建金世宗陵时此建筑已被拆毁。

灶（2005FJLZ1），位于F6西侧与F7之间向北约0.5米处发现略偏东西向的大灶台，已残破。灶台用废弃的沟纹砖垒砌。东西全长2.4米，呈椭圆形，火膛内径1.35~1.8、深0.4米，火膛口宽0.6米。火膛底部偏北原有一块巨石。灶台口南侧用碎砖砌小平台高15厘米。

十二、陵墙

经过钻探和试掘，我们在遗址西侧发现三处用青石块垒砌而成的陵墙（编号2001FJLL1~L3），分别简述如下。

1. L3，在九龙山主峰山坡下，M6西侧约38米发现一处东西向陵墙。东西残长43.5、宽2、残高1.5米。全部用不规则石块砌成虎皮墙。该墙较宽厚，其用途一方面标志陵寝范围，另一方面应起阻挡山洪的作用（图版一三，3）。

2. L1、L2位于T1、T2、T17的北侧，小宝顶西侧也发现两处东西向陵墙，而且小宝顶西侧宝城打破该陵墙。第一道陵墙：由小宝顶西侧向西，全长21.5、宽1.2米，然后向北延伸，至北侧田坎，残长26.5、宽1米。该墙为用自然石块垒砌成的虎皮墙，比较规矩整齐，残高2.5~3米。第二道陵墙：在第一道陵墙拐角3.5米处，向西又砌一道东西向陵墙，长19.5、宽1.2、残高2米。该墙也向北拐进，全长23米，到北侧田坎。上述两道向北拐进的陵墙，因有北侧的田坎而没有继续清理。根据其走向看，应与M6的大陵墙相交。推测这两道南北向陵墙全长应在42米以上（彩版八，2；图版一三，4~6）。

十三、排水系统

由于金陵主陵区内的陵寝建筑在九龙山山脚下缓坡的沟谷内，为了保护主陵区不被山洪、雨水冲刷破坏，在修建陵寝时就考虑了排水和防洪问题，即在主陵区M6以北的东西两侧构筑两条大型的排水暗沟，将沟谷内的雨水和山洪通过数个入水口疏导在排水沟中，确保山陵安全。

1. 东侧排水沟

东侧排水沟（2001FJLP2）位于金太祖陵地宫（M6）东北60米，东西向，全部用巨形花岗岩垒砌，结构清楚，保存完好，全长120米。三个入水口汇总在一个主干沟内，依照山形地势由西北向东南排出陵区。第一处入水口已残毁，沟长22、高约0.5米，内径宽0.75~0.8米。沟底横铺花岗岩巨石，沟壁也用花岗岩石垒砌，石块长80~160、宽26~40、厚20~35厘米不等。沟壁石块错缝垒砌，不加灰泥。沟深0.8米。顶端用花岗岩条

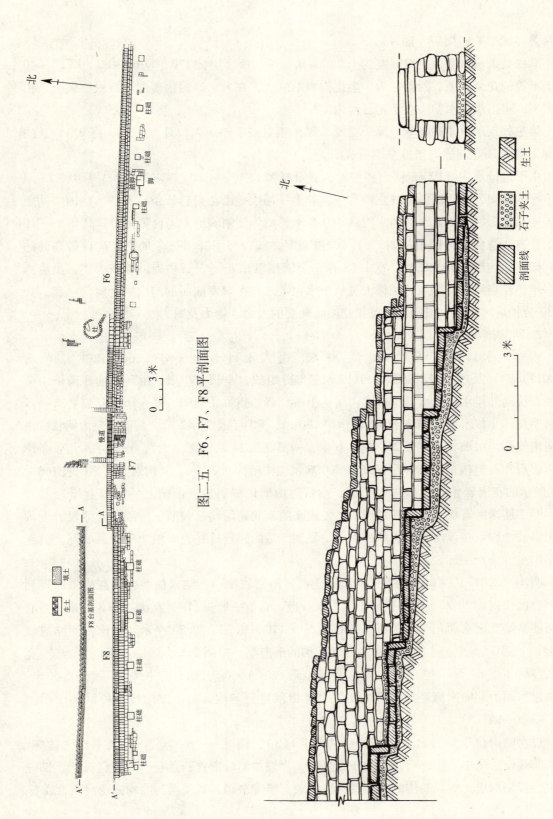

图二五 F6、F7、F8 平剖面图

图二六 P2 部分剖面及出水口立面图

石封盖（图二六；图版一四，1）。

第二处入水口紧贴山壁，宽约1.2、高0.6米。顶端用长170、宽60～80、厚20～40厘米不等的花岗岩条石封盖。为了阻拦沟谷的洪水，在入水口的西南侧用石块堆砌一条拦洪石坝，将山洪雨水归入主干排水沟内。

第三处入水口紧贴山壁，属于支流沟渠，相对较窄小。入口处宽1.8、高0.4，长约16米。也是用花岗岩石错缝垒砌而成的。

主干道排水沟（P2），依山势挖槽，底部横铺长160～180、宽40～60、厚40～25厘米不等的花岗岩石。两侧错缝立砌沟壁，其上平铺顺缝砌花岗岩长条石封盖。沟内空间随山势逐渐加深扩大，入水口的水沟高约0.5米，山势陡峭的地方砌台阶，台阶高0.4～0.6米，共有八道台阶（图版一四，2）。沟内高度亦随山势下降而逐渐加高，沟顶最高处约1.6米左右。出水口高1.25、宽1.38米，全部用巨型花岗岩石垒砌，整齐牢固，虽逾八百多年仍相当完好。勘探时工作人员从出水口进入，在弯弯曲曲的沟内顺台阶向上爬，大约30分钟后才从入水口爬出。可见建陵时耗费的人力、物力及财力（彩版九）。

2. 西侧排水沟

该沟入水口距石踏道西北约90米，由入水口小排水沟（2001FJLP1）、明沟（2001FJLP4）及过水暗沟（2001FJLP3）三部分组成，全长150米，由西北向东南依山势流经石桥向外排水。入水口小排水沟居沟上游，当地俗称龙须沟。其东南部岔口处有一西北向明沟。小排水沟北端位于M6西南侧120米，东距西台址42米。其形制呈沟槽状，由北向南倾斜呈缓坡状，残长25、宽0.6米，沟槽深0.25米（图二七）。该排水沟用长条形花岗岩石和石板构筑而成，残长25、宽0.6米，沟槽深0.25米。其构筑方法系用长160～200厘米的花岗岩条石中部凿成凹槽，然后随山形地势码放。沟槽上平铺盖上长25、宽60、厚7厘米的石板。在清理过程中，发现沟的南北两端均已残断，特别是北端没有发现入水口的结构。在该沟上面的堆积土层中发现大量的建筑砖瓦，绿釉迦陵频伽和瓦当就在其中出土（图版一四，3、4）。

明沟（2001FJLP4）为西北——东南走向，形制较窄小，结构简单，北端尚未清理到头，目前仅揭露20米。沟底平铺花岗岩素石板，石板一般长110、宽65、厚8厘米。在底板两侧平铺立砌素面花岗岩条石，条石长50～110、宽30、厚30厘米。沟槽剖面略成倒梯形，上宽0.35、下宽0.28、深0.3米。沟的最南端，横铺一长方形巨石板，长110、宽650、厚30厘米。石盖板下面的沟底板悬空形成一个小竖井，井口长0.35、宽0.28米。明沟过水面由北向南流经的水就是从这个井口落排到暗沟，再由暗沟排出陵区的（图二八；图版一四，5）。

过水暗沟位于第五台地上（编号2001FJLP3），西北——东南向，其入水口已破坏。沟的前端砌法简单，用碎石块及鹅卵石垒砌，顶端加不规则青石盖板。因年代久远，部分盖板已掉到沟里。后段暗沟的两侧用花岗岩条石错缝垒砌，底及盖沟面均铺花岗条石或石

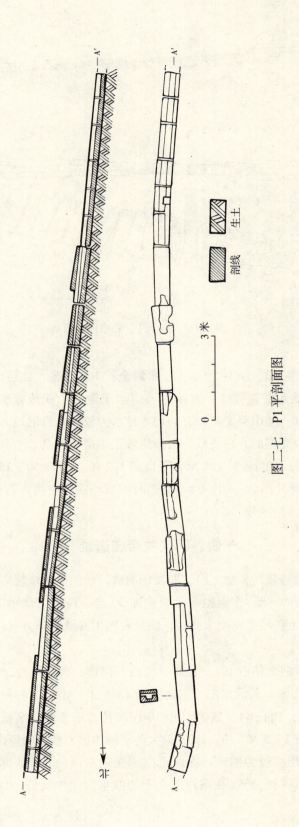

图二七 P1 平剖面图

生土

剖线

3 米

北

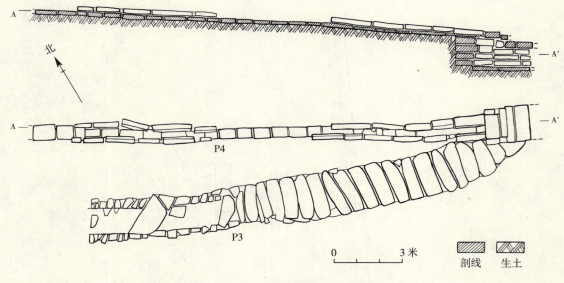

图二八　P4 与 P3 关系图

板。最大石板长 210、宽 40、厚 10 厘米。该水沟全长 160 余米，在已清理的长 26 米的西北段暗沟中出土有"乾元重宝"、"天禧通宝"、"崇宁重宝"铜钱等遗物。暗沟东南端用花岗岩石平铺错缝垒砌。随山势走向，有的地方排水沟较矮，有的地方较高。底铺花岗岩条石，出口处铺一块较完整的青白石板，石板前端正中凿一圆孔，直径 0.1~0.12 米，深 0.1 米。沟口高 1.5 米，上端较窄 1.1 米，下口宽 1.2 米。用长 60~150、宽 80、厚 25~42 厘米的花岗岩石垒砌（图版一四，6）。清理时沟口外横卧一块青石板，长 160、宽 80、厚 10 厘米，可能是当时的闸板。

十四、明代关帝庙遗址

明代关帝庙遗址地势较高，耕土层下即发现明清时代的琉璃建筑构件及金代砖瓦。

遗址位于太祖陵南 40 米，东南距东大殿遗址 50 米，西距清代小宝顶 10 米。编号为 2001FJLF3。由于遗址上种植果树尚未砍伐，故只发掘出其散水部分（图二九；图版一五，1）。

遗址坐北朝南，方向北偏西 10°。平面呈"凸"字形，砖石结构，东西长 31、南北宽 28 米，距地表最深处 1 米。其散水部分东西面阔 13.5 米，由甬道和散水沟组成。正中甬道残长 2.4、宽 2.2 米，用长 44、宽 22、厚 10 厘米长方形素面砖平铺。甬道前亦用长方形素面砖砌散水沟，长 17.5 米。先用长方形大砖平铺沟底，然后两侧砌立砖，沟宽 0.45、深 0.08 米。该散水沟砌法较为别致，在甬道南端先砌东西向长 3.5 米，再向南拐长 0.5 米，而后再分别向东西两侧分流。在东西向主干的散水沟途中又分出四条南北向水沟，向

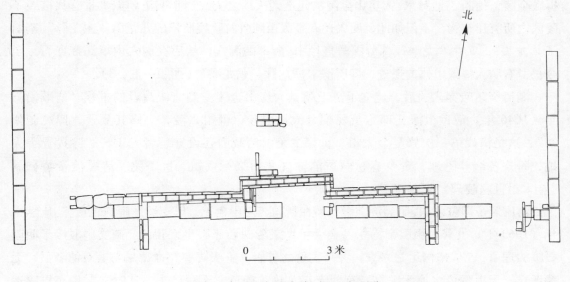

北

0 3米

图二九 明代关帝庙遗址平面图

南排水。其中东侧的第一条小水沟保存较好，南北残长2.7、宽0.45、深0.08米。第二条小水沟仅残留1.1米（图版一五，2）。

西侧的南北向小水沟仅保留一条残长2.1米，但在东西向小水沟西端遗留两块不规则石板覆盖在小水沟上，形成一段暗沟。值得注意的是小排水沟下叠压着一排东西向花岗岩大条石，用残长14.6、宽0.5、厚0.3米不等的石条铺砌，而且在东西两侧也发现用花岗岩质地的石条铺砌而成的南北向条石地基。东侧条石总长7.25、宽0.35米，由六块花岗岩条石组成；西侧总长8.9、宽0.4米，由八块花岗岩石组成。根据关帝庙遗址散水沟与花岗岩条石的叠压关系分析，此处可能有金代建筑。

据清人于敏中等编纂《日下旧闻考》卷一三二引清康熙二年《圣祖仁皇帝御制金太祖世宗陵碑文》："惟金朝房山二陵，当我师克取辽阳，故明惑形家之说，谓我朝发祥渤海，气脉相关。天启元年，罢金陵祭祀。二年，拆毁山陵，劚断地脉，三年，又建关庙于其地，为厌胜之术。"（《日下旧闻考》卷一三二，北京古籍出版社，1981年）明天启三年（1623年），十分崇拜"武圣"关公的明王朝，在金陵原址上修了多处关帝庙。我们这次调查金陵主陵区，在太祖陵南侧正中40米处发现明代修建的关帝庙遗址，与史书记载相吻合。

十五、清代小宝顶遗址

明代末期，女真人后裔满族人在东北迅速崛起，建立了后金政权。在与明政府官兵交战中，满族人多次打败明军。明朝统治者听信形家之说，认为是满族人祖陵在大房山"龙脉太盛"的缘故。所以明天启元年（1621年）下诏，罢金陵祭祀；天启二年（1622年）

拆毁金陵，挖断"地脉"，大房山金陵从此遭到灭顶之灾。当年明王朝派大批官兵摧毁了陵区内所有建筑物。不但如此，明人还在金太祖阿骨打陵寝所依的九龙山"主龙脉"割断了"龙头"，又在"龙喉"部分深凿直径10余米的洞穴，然后在洞穴内填满鹅卵石，至今仍留有明人捣毁山体的遗迹，即所谓"断龙脉、刺龙喉"（图版一五，3）。

满清努尔哈赤入关后，建立了清王朝，大房山金陵受到清统治者的重视。清顺治三年（1646年）清世祖派礼部官员视察金太祖睿陵、世祖兴陵，"修其颓毁，俾规制如初"，这是清代第一次修复金太祖、世宗二陵。清政府还设守陵者五十户，除拨置香火地，每户各给养赡地，责令春秋两季前往九龙山祭祀太祖、世宗陵。清顺治帝特御制《金太祖世宗陵碑》记其事。

清康熙帝即位之初，"缅溯前徽，特命所司，虔申禋祀，以昭继述阐扬之意。"康熙二年（1663年）九月，康熙帝特立《金太祖世宗陵碑》于金世宗陵前。碑文中驳斥了明朝毁陵的理由："从来国运之兴衰，关乎主德之善否。上天降鉴，惟德是与。有德者昌，无德者亡。于山陵风水原无关涉。有明末造，政乱国危，天命已去。其时之君臣，昏庸迷谬，罔知改图，不思修德勤民，挽回天意，乃轻信虚诞之言，移咎于异代陵寝，肆行摧毁。迨其后，流寇猖獗，人心离叛，国祚以倾。既与风水无与，而前此之厌胜摧毁又何救于乱亡乎？"（《日下旧闻考》卷一三二）

第二次重修金太祖、世宗陵是清乾隆十六年至十七年（1751~1752年）。十六年，首先修葺金太祖、世宗二陵的享殿及围墙。第二年二月，乾隆帝又命直隶总督方观前往金陵，"金太祖陵前地基稍宽，应增修享殿一，缭以围墙，立正门，其原有祭台、甬路、阶砌等项，并加修治。金世宗陵前地隘，应增修享殿一，并祭台、围墙、甬路等项，不能立正门，今就碑亭接连栅栏，立两角门，足符体制。并将自房山北门至金陵山路二十里一并修治"（清周家楣、缪荃孙《光绪顺天府志》第二十六《地理志八·冢墓》，北京古籍出版社，1987年）。

另据《鸿雪因缘图记》记载，道光二十五年（1845年）八月，完颜勉斋的曾孙完颜麟庆带领二子到大房山九龙山下拜谒金太祖、世宗二陵。并绘《房山拜陵图》，描绘当年拜陵的情景，展现了经清代修复后太祖陵、世宗陵的原貌。画面中陵寝北依九龙山，东、西、南三面是高大的围墙，墙内有享殿、碑亭，陵寝最上端是高大的石砌祭台，祭台两侧有汉白玉栏杆，中央有石级向下，直通陵寝神道，陵区内林木丰茂，二水合流，非常壮观。清末民初，金陵虽屡遭劫难，已破烂不堪，直到上世纪70年代中期，仍保留有清代重修太祖陵、世宗陵的享殿、碑楼，以及正对神道的高大石阶，特别是清世祖顺治帝御制碑和康熙二年九月立在金世宗陵前的御制碑。1975年该村平整土地修造梯田，将享殿、碑楼拆毁，并将两通御制碑炸毁埋在泄洪沟内，清道光时期所见的高大台阶也夷为平地。2001年调查清理金陵时，在梯田耕土内找到清代修复后的金世宗陵——小宝顶，大宝顶也倾倒，只留残基址。

所谓"小宝顶"应是清初修筑的金世宗陵地面的建筑，位于太祖陵西南侧，T2、T3、T4 的北侧，由宝城、宝顶、享殿、碑楼等遗迹组成（图三〇；彩版一〇，1）。

宝城：在宝顶外围 7 米处，平面呈圆形。残留宝城为砖石混砌而成，南北残长 32、东西宽 20.5 米。墙体残高 0.7～0.95、厚约 1 米。先用鹅卵石垒砌虎皮墙，然后立砌花岗岩石板，隔减是用长 29、宽 16、厚 5 厘米的长条砖"三顺一丁"砌成牙砖。隔减以上的墙砖已经破坏无存。宝城内地势呈缓坡状，北高南低，坡度为 10°。

宝顶：位于宝城南端，距宝城北墙 1.2 米，距西墙 7 米。宝顶平面呈圆形，直径 6.5、高 1.6 米。其外侧用长 44、宽 22.5、厚 10 厘米的长方形大砖沿圆周平铺错缝垒砌，内填三合土夯实。顶部已被削平。

享殿：位于小宝顶南侧 10.8 米，仅保留地基部分，平面呈方形。大殿地基部分全部用三合土夯实，厚 0.3 米，在地基上仅遗存一层碎砖，尚能观察墙基面阔 13.1、进深 7.4 米，墙基宽 1 米。

碑楼：该遗迹位于享殿南 5 米，破坏较甚，仅保留地基部分，东西面阔 10.6、进深残长 10 米。西侧墙基保存较好，先用长 44、宽 22.5、厚 10 厘米的长方砖平铺错缝砌墙皮，内填土夯实。墙基正中部位砌凸字形散水，散水先用长方砖立砌牙砖，牙砖内再顺缝平铺长方砖，转角处也用长方砖立砌 45°角。由于其他三面墙基破坏较甚，其散水部分亦无存。据当地老人口述，20 世纪 60 年代遗址仍保存完好，大殿及碑楼全部为红墙黄瓦，碑楼四面设拱券门，外有砖铺甬道，楼内有清康熙二年（1663 年）九月御制碑《金太祖、世宗陵

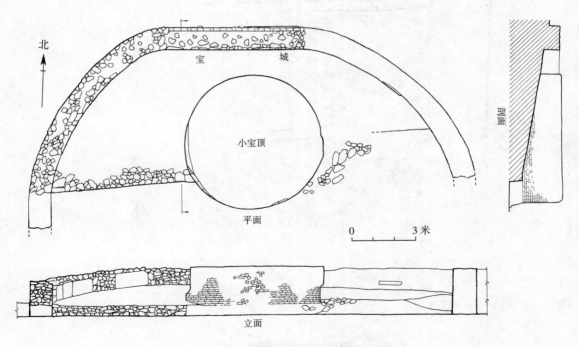

图三〇　清代小宝顶遗址平剖面图

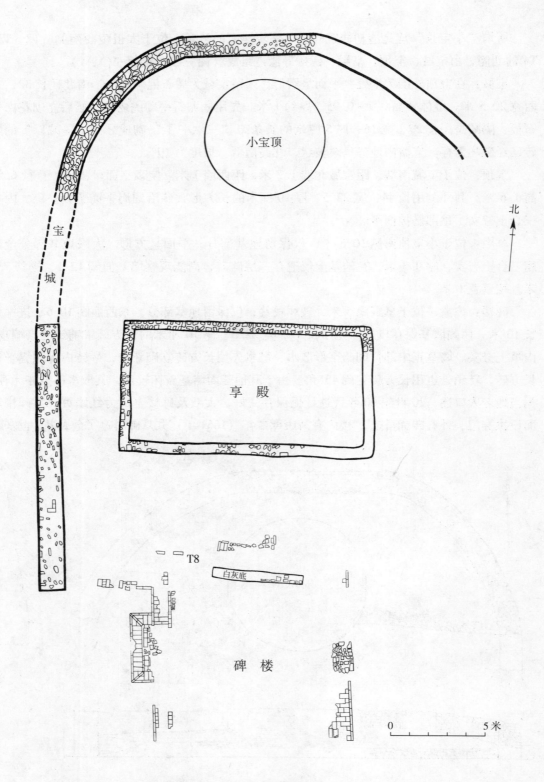

小宝顶

北

宝城

享殿

T8

白灰底

碑楼

0   5 米

图三一　清代小宝顶前享殿及碑亭遗迹图

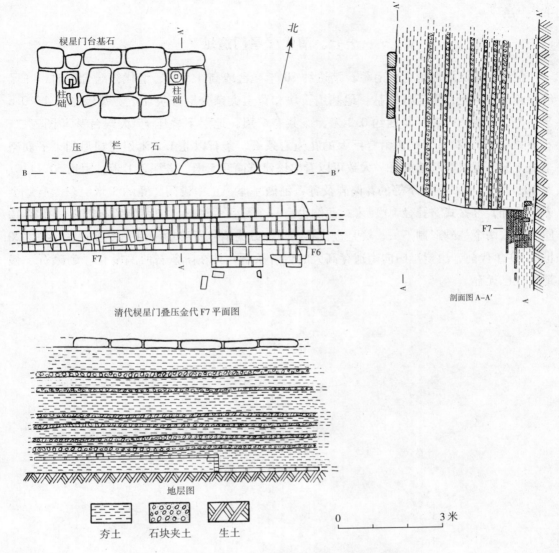

图三二　清代棂星门遗址平面及地层图

碑》，刻满汉文对照碑文，可惜 1975 年平整土地用炸药炸成碎块，而后夷为平地。其宝顶部分周围堰垒在麦田内得以保留至今（图三一）。

十六、清代大宝顶遗址

该遗址位于太祖陵西北侧 10 余米。早期破坏，仅留土丘，直径 15 米，周边有散乱的三合土和地基砖（彩版一○，2）。

上述两个"宝顶"均偏离此次调查金太祖阿骨打、金世宗陵的位置。大宝顶位于金太祖陵寝西北 15 米，小宝顶位于金世宗陵稍东北，均不是居中位置，证明金太祖、世宗陵在清代修复时，早已被明朝官兵夷为平地，地貌特征似是而非，故修复二陵时也很难找到准确位置了。

十七、清代棂星门遗址

　　位于神道北端台地上，南距石踏道约 80 米。台地高 4.5 米，清代修缮金陵时，在已经毁坏的神道上，重新打地基。地基用石块和黄土夹杂分层夯筑而成。每层厚 0.4～0.6 米不等，石块和碎砖瓦厚度约 0.2 米，一共有 7 层，地层下叠压 F7 大殿台基（图三二；彩版——，1、2）。台地边沿有巨大的花岗岩条石，条石以北 1.2 米始建棂星门，平面略呈长方形，现仅存基础部分。大致可以看出该建筑面阔 5 米、进深 2.1 米。用长 50～110、宽 60、厚 25～30 厘米不等的花岗岩及青石铺做基座，正中设门，宽约 3 米。东侧有一个方形柱础，覆盆式，孔径 10 厘米；西侧也有一个覆盆式柱础，但南侧留有凹口，孔径 10 厘米。因两个柱础形制不一，疑是金代石踏道柱础为清代所移动利用（图版一五，4）。20 世纪 70 年代前，由棂星门向南遗存高大的台阶条石，并在阶条石两侧墁有"礓磜石"慢道，现已无存。

第四章 墓 葬

第一节 陵 寝

按照金朝礼制，皇帝或有帝号者的墓葬称"陵"，其他完颜氏家族的王爵葬所只能称"墓"。据考古勘探和清理，房山金陵主陵区内，至少有金代五位帝王的陵寝。分述如下。

一、金太祖睿陵

金太祖阿骨打陵寝位于北京市房山区周口店镇龙门口村九龙山下清代大宝顶前约 15 米处，早在 20 世纪 80 年代末调查金陵时即已发现，当时推测可能是祭祀坑（编号 2002FJLK1）。岩坑东西长 13、南北宽 9.5 米，当地村民曾将此坑用作蓄水池。本次考古过程中，发现此岩坑已被雨水所灌，西北角已下陷，东北隅石壁也开始向内坍塌，急需进行清理和保护。2002 年报经国家文物局批准，北京市文物研究所金陵考古队于 2002 年 8 月 31 日开始，对此坑进行正式清理（图版一六，1、2）。

（一）发掘经过

2002FJLK1 在 20 世纪 80 年代末已被向下挖 2 米。由于长年雨水浸灌，在石壁上遗有明显的水碱。清理前坑口东、西、南三面种植十余棵果树，坑口裂缝长满树根，并随时有坍塌下坠的可能。清理时发现，石坑内以填巨石为主，并填土夯实。坑的东北角发现一处东西长 2、南北宽 1.5、深 4.5 米的盗洞。盗洞内填土中上半部出土大量残损的神道栏板及明清建筑构件等遗物，下半部土质松软纯净，由于坑内回填巨石，使盗洞无法向西延伸。原计划一个月左右将坑内填土清理完毕，实际工作中却由于起吊巨石工作量大，发掘计划一再向后顺延（图三三、图三四；图版一六，3）。

10 月上旬我们请北京市文物古建工程公司来工地支援，至 10 月中旬才将坑内巨石基本吊走。巨石堆积层下是 30 厘米厚的夯土，夯土下发现四具石椁，其中两具南北向素面石椁，两具东西向汉白玉雕花纹石椁。两具雕花纹石椁中，一具是龙纹石椁，但部分椁板已被砸碎，堆放在石椁底部，仅保留东侧椁板；另一具雕凤纹石椁完整地放在墓坑的北部，因此判断这是皇陵的地宫，故将祭祀坑编号改为 2002FJLM6。

由于坑内瘗葬汉白玉雕龙、雕凤石椁的出现，考《金史》卷二《太祖本纪》，太祖于

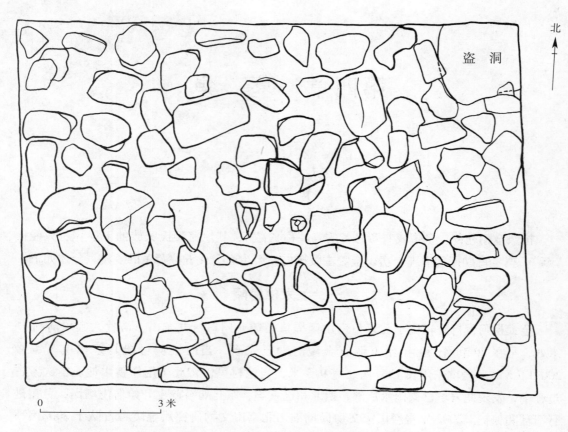

图三三　M6地宫内回填巨石平面图

"贞元三年十一月，改葬于大房山，仍号睿陵"。《金史》卷五《海陵本纪》也记载，贞元三年三月，"乙卯，命以大房山云峰寺为山陵，建行宫其麓。""五月……奉迁太祖、太宗梓宫。丙寅，如大房山，营山陵"。据此判断，此处应为金太祖阿骨打之陵。

（二）地层情况

M6地层早在20世纪80年代末就已经破坏。据当地村民口述以及上世纪80年代调查金陵时的记录，此处原有大殿基址，地面有柱础和压栏石，现在坑口已裸露在外，仅保留四壁上面的耕土层和部分夯土。

1. 北壁地层：耕土层厚0.3～0.5米，黑灰色，土质松软，在东北隅耕土层中遗有汉白玉长条石，长135、宽40、厚15厘米，应是原大殿基址的压栏石。

2. 西壁地层：西壁北侧耕土层厚1.2米，南侧耕土层下压着一段厚1米的夯土，夯土结构可分三层：第一层厚0.5米，上面是三合土，下面是石块及碎砖瓦；第二层厚0.45米，其上亦为三合土，下面是碎石块、砖瓦等；第三层厚0.3米，其上亦为三合土和碎石块、砖瓦等。由于南侧被梯田破坏，此段夯土仅保留约5米长。

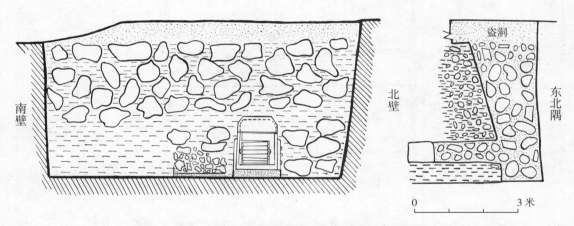

图三四　M6回填巨石及盗洞剖面图

3. 东壁地层：耕土层，黑灰色，厚 0.3~0.4 米，耕土下为扰乱土。

4. 南壁地层：南壁地势较低，耕土层厚约 0.2~0.3 米，

其下为扰乱层（图三五）。

（三）墓葬形制

1. 地宫形制

M6 地宫形制为石圹竖穴，平面呈长方形，四壁为麻岩石凿穴而成。方向为 356°。口大底小，东壁略向内倾斜，坑壁其他三面向外略有缓坡。坑口东西长 13、南北宽 9~9.5米；坑底长 12.1~12.4、宽 8.3~9.4、深 3.6~5.2 米。坑底较平，坑口北部高、南部偏低，呈缓坡状，南北落差 1.3 米（彩版一二，1）。发掘时在坑东北隅发现一个盗洞。口大底小，上口南北最大径 2 米，东西长 2 米，平面呈不规则圆形；底径 0.81、深 4.5 米。盗洞底部向西南进深 2 米。由于四壁为巨形石块，盗洞不能继续延伸。盗坑上部出土有残损

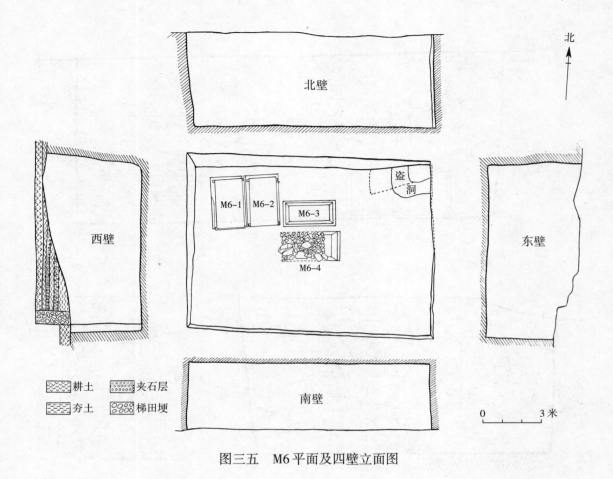

图三五 M6平面及四壁立面图

的汉白玉雕龙石栏板、雕花纹石台阶及明清建筑构件、乱石块等（图版一六，4）。

M6回填时先用黄土从墓底夯筑，夯层总厚2.5米，每层夯土约0.2米；夯窝直径6～8、深3厘米（图版一七，1）。以椁顶板为准，两具素面石椁上面的夯土夯至距离顶板以上0.2～0.3米；凤椁则夯至距离椁盖以上0.6米左右。然后在上面平铺巨型石块，第一层即最接近石椁盖的一层，巨型石块放置得比较有规律，南北向成排码放，排列有序；每块石块长80～120、宽60～80、厚40～60厘米不等。在龙椁和凤椁顶部没有直接码放石块，因此夯土较厚。由此向上均交错平铺码放，至墓口大约四层，每层石块之间也用素黄土夯实，共计200余块，石质大多为花岗岩石和巨型鹅卵石（图版一七，2）。清理时发现，回填第一层夯土以后，在夯土上普遍铺一层朱砂，色泽鲜艳（彩版一二，2），其上再铺以巨石。另外，在编号30的青石上有用朱砂写的行书体"定州"、"傢"三字；编号78青石，大字行书"定州"二字；编号120，青石正面写行书"定"字，侧面行书"张家"二字。推测当时可能是从定州曲阳县房来的石匠（彩版一二，3）。

2. 葬具

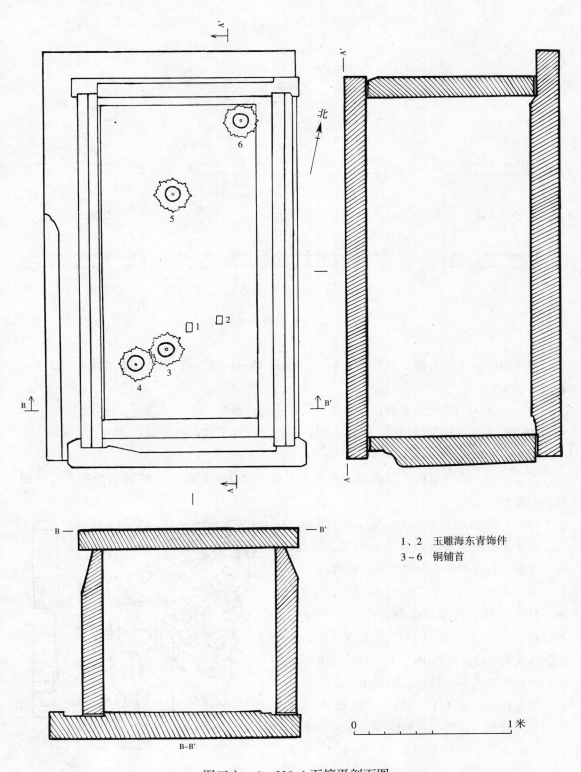

北

1、2 玉雕海东青饰件
3~6 铜铺首

0 ———————— 1米

图三六 1. M6-1 石椁平剖面图

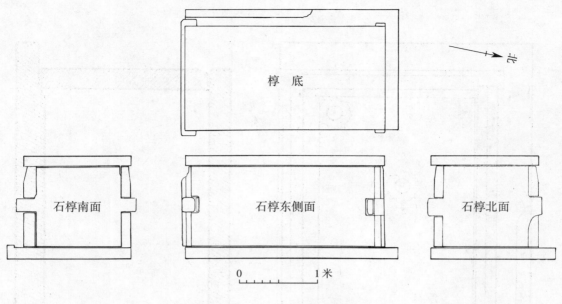

图三六　2. M6-1石椁榫卯结构图

地宫内瘗葬4具石椁，依发现先后次序编号 M6-1、M6-2、M6-3、M6-4（图版一七，3）。

M6-1、2 为两具青石素面椁，南北向放置于地宫西侧。

M6-3、4 为汉白玉雕凤纹、龙纹石椁，东西向放置于地宫中部偏北。

（1）M6-1

石椁：由六块青石板拼合而成，通高1.4米，椁身南北通长2.63米，分椁盖、四面椁壁和椁底。

椁盖：长方形，长2.6、宽1.4、厚0.14米，由于椁顶有大量巨石及夯土积压，清理时椁盖碎裂，椁盖的中心部位已掉入椁内。

南壁椁板：高1.1、宽1.08、厚0.1~0.18米，打磨规整。在腰间两侧各凸出一个榫头，西侧榫头长0.25、高0.18、厚0.18~0.2米；东侧榫头长0.2、高0.18~0.2、厚0.18~0.2米。两侧榫头与东西椁板的卯相扣合。

北壁椁板：高1.1、宽1.1、厚0.1~0.13米，打磨规整。在腰间两侧同样出现两个榫头，长0.18~0.2、宽0.12~0.13、厚0.2~0.24米。这两个榫头也与东西两椁板的卯相结合。

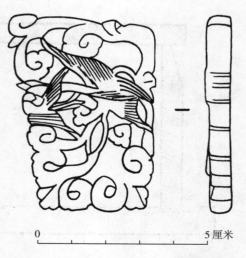

图三七　M6-1∶1玉雕海东青饰件

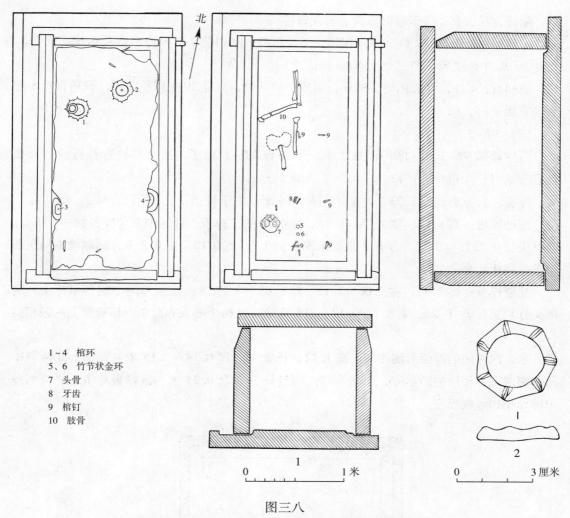

1~4 棺环
5、6 竹节状金环
7 头骨
8 牙齿
9 棺钉
10 肢骨

图三八
1. M6-2石椁平剖面图 2. M6-2出土竹节状金环

东椁板：长2.38、高1.1、厚0.1～0.14米。南北两头的腰部各有卯。南侧卯向内凹
0.1、高0.22米；北侧卯向内凹0.12、高0.2米，与南北两头的榫相结合。

西椁板：打磨规整，长2.38、高1.1、厚0.1～0.14米，与东椁壁相同，在南北两头
的腰间亦有两个凹形卯，均向内凹0.1、高0.2米。

椁底板：长2.78、宽1.6、厚0.16米，椁底板凸起高约4厘米的平台做棺床，长
2.1、宽1.0、高0.04米。

木棺（M6-1）：椁内放置木棺1具。清理时木棺已坍塌，根据棺钉位置推测，棺长2、
宽0.9米，棺内遗有大量漆片，可知木棺外表髹棕褐色大漆。棺外装饰四件八角形铜环铺
首，已散落在棺内。漆棺底部有一层极薄的浅灰色板灰。棺内正中遗有骨灰（图三六；彩
版一三，1）。

随葬物品仅有 2 件玉雕海东青、梅花饰件。

玉雕海东青饰件，2 件，样式相同，玉质粗糙，灰白色，雕刻海东青及梅花。长 5.5、宽 4.2、厚 0.8 厘米（图三七；彩版一三，2）。

铜铺首，4 件，样式相同，棺环，铜质，柿蒂纹，直径 20、高 8 厘米，铜环直径 8 厘米（彩版一三，1）。

（2）M6-2

石椁紧邻 M6-1，两椁相距 0.5 米，形制与 M6-1 相同，也由六块青石板拼合而成（图三八，1；图版一七，4）。

椁盖：长方形，长 2.73、宽 1.4、厚 0.14 米。由于椁顶受巨石所压已碎裂。

南壁椁板：高 1.12、宽 1.06～1.12、厚 0.14 米。椁板东西两侧在腰间各做一个榫头。西榫头长 0.25、宽 0.13、厚 0.2 米；东榫头长 0.2、宽 0.13、厚 0.2 米，两侧榫头与东西椁壁的卯相结合。

北壁椁板：高 1.12、宽 1.06～1.12、厚 0.07～0.17 米，东西两侧中间各出榫头。两榫头分别长 0.2～0.22、宽 0.1～0.17、厚 0.2 米。这两个榫头亦与东西椁板壁上的卯相结合。

东、西两侧的椁板形制相同，高 1.12、长 2.48、厚 0.14～0.15 米。在南、北两侧中间分别凿大小相同的凹形卯，二卯均向内凹进 0.14、高 0.23 米。该椁板与南、北两侧椁板榫卯相扣形成椁室。

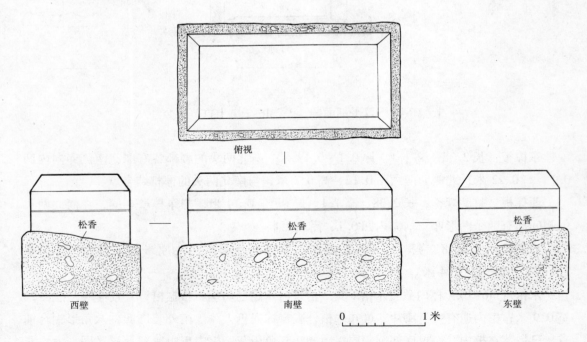

图三九　M6-3 雕刻凤纹石椁外壁贴敷松香图

椁底板：长 2.85、宽 1.72、厚 0.14 米，西侧边缘有凸起的边墙，椁内底凸起形成高 5 厘米的棺床，长 2.16、宽 0.93 米。

木棺：M6-2 椁室内放置木棺一具，清理时木棺已坍塌。根据棺钉散落位置推断，棺长 2、宽 0.8 米。棺内遗有大量漆片，应是木棺腐朽后脱落的漆皮。木棺东、西两壁各有两个铜质棺环。样式与 M6-1 的铜环铺首相同。木棺内西南角遗有人头骨和残缺的下颌骨，棺北侧发现有肢骨。在头骨东侧发现两件环形竹节状金饰件。

随葬器物：竹节状金环，2 件，样式相同，六棱竹节形，环状，直径 4 厘米（图三八，2；彩版一三，3）。

（3）M6-3

汉白玉雕凤纹石椁，椁盖、椁身均为整石雕凿而成。石椁平面呈长方形，通长 2.48、高 1.52、宽 1.2 米。东西向 56°。

椁盖：长方形盝顶式，东西长 2.48、南北宽 1.2、厚 0.46 米，内凿凹槽，外壁陡直。雕刻缠枝忍冬纹。顶部平面呈长方形，长 2.16、宽 0.92、坡厚 9 厘米。四角雕刻卷云纹，中间雕刻双凤纹，盝顶四坡刻云纹。然后在椁盖上贴一层薄金箔，出土时已经斑驳脱落（图四〇、四一；图版一八，1）。

椁身：东西长 2.48、南北宽 1.2、高 1.06 米。内壁高 0.92 米，壁厚 7~8 厘米。椁外四周均以松香匝敷，松香高 0.7 米，厚 0.1~0.15 米。松香的成形是在椁壁的四周等距离地围上 3~4 块横木板，然后在空间处灌以熔融的松香（图三九；彩版一四，1）。松香内夹杂着小石粒或细沙。上部松香质密坚硬，下半部松香内由于填塞大小不等的石块，故略显松散。松香凝固后去掉夹板，其坚固耐腐加之石块填充起防腐防盗作用。由于松香将外椁壁花纹遮挡，仅从椁壁暴露部分观察，椁壁四框以雕刻缠枝忍冬纹圈边；东、西两端的挡板正中雕刻团凤纹及卷云纹；南、北两侧的椁壁中间雕刻双凤纹及卷云纹（图四〇~四五；图版一八，2；图版一九，1）。石椁周边雕刻手法均采用"剔地起华"并描金线。椁内壁均有墨线勾绘纹饰，然后阴线刻并描金粉。前、后两挡板雕刻团凤纹和卷云纹，南北两壁皆为双凤纹、卷云纹，部分纹饰尚能看见金线的痕迹（图四六、四七；图版一九，2、3）。

木棺：石椁内放置木棺一具，保存基本完好。平面呈长方形，长 2.1、宽 0.75~0.78、高 0.68 米。上有棺盖残落在棺内，棺底亦残，与木棺四壁脱开，仅木棺四壁尚立在椁内。木棺摆放位置偏于东南，根据木棺及石椁内积水痕迹观察，石椁内可能由于椁壁渗水过多，使椁室内木棺漂浮而偏于一侧（图四八；图版二〇，1）。

根据中国林业科学研究院木材树种鉴定结果认定，木棺是用柏木板拼接而成的，现已腐朽，仅保存厚 3 厘米。其结构为：东端木棺挡板由四块横向木板拼成，四块横板之间以套榫将其咬合。榫分左右两行，竖向排列，每行 3 榫。榫高 10、宽 5、厚 1.5 厘米。西端木棺挡板拼接由 7 块木板拼成，板与板之间亦用套榫，分左、右两行，每行 5 榫，拼接法

图四二　M6-3雕刻凤纹石椁东壁拓片

同东端挡板相同。北侧棺板由6块木板拼成，套榫分左、中、右三行，每行五榫；南侧棺板由7块木板拼接而成，套榫分左、中、右三行，每行六个套榫。棺底板已腐朽，仅遗留前、中、后三条横向穿带，每根穿带宽5、厚3厘米。还遗有细小铁钉。

四侧棺板，每块棺板左、右两边均凿有方形齿槽，与相邻两帮交接处齿槽交错，彼此咬合（图四九，1、2）。

木棺外壁髹红漆，漆外饰银片鎏金錾刻凤鸟纹（图五〇，1）。其中南、北两侧的银饰件上对称铆两个铁质棺环。

按，战国时期在个别墓葬中已出现铁棺钉，但直到西汉时，讲究的棺仍不用铁棺钉。据《释名·释丧制》："古者棺不钉也。旁际曰小要，其要约小也。又谓之衽。衽，任也。"南朝梁江淹《江文通集》三《铜剑赞·序》曰："又往古之事，棺皆不用钉，悉用

78

图四三　M6-3 雕刻凤纹石椁东壁凤纹图　　　0 ⊢——————┤ 20厘米

细腰。……状如木枰，两头大而中央小。""细腰"即棺板之间合缝用的套榫，就是上文所谓"小要"。《续汉书·礼仪志》记载，东汉时皇帝之棺要"下钉衽"，将棺钉与细腰并用。安徽天长西汉晚期至东汉早期墓中之棺，木棺盖和棺体扣合处，凹凸的槽口增为三道，且在棺盖与棺体接缝处楔入"细腰"（见安徽省文物工作队《安徽天长县汉墓的发掘》，《考古》1979 年第 4 期）。金陵 M6-3 出土红漆木棺遵循汉代木棺制法，棺盖与棺体扣合处有槽口，而且棺盖与棺体接缝处楔入套榫即"细腰"，棺底用铁钉加固。

棺内出土头骨及散乱的肢骨。除头盖骨在东端保存较完整，下肢骨在原位置保留，其他肢骨随水漂流已零乱不堪。

随葬器物：在头骨处发现 1 件金丝凤冠，3 件雕凤鸟纹玉饰件，以及 10 枚金丝花饰。

金丝帽盛子，1 件。标本 M6-3:1，金丝编制，顶部编成海棠花饰，四周成网络形。高 10、直径 14 厘米（彩版一四，2）。

1

2   0   20厘米

图四六

1. M6–3 雕刻凤纹石椁内壁描金凤纹图（东壁） 2. M6–3 雕刻凤纹石椁内壁描金凤纹图（西壁）

1

2

0   40 厘米

图四七

1. M6-3 雕刻凤纹石椁内壁描金凤纹图（北壁） 2. M6-3 雕刻凤纹石椁内壁描金凤纹图（南壁）

　　玉雕凤鸟纹饰件，3 件。标本 M6-3:2，白玉雕刻，长尾凤鸟纹，长 7 厘米（图五〇，2；彩版一四，3）。标本 M6-3:3，白玉雕刻，形制略小，长 5.5 厘米（图五〇，3；彩版一四，4）。

　　金丝花饰，20 件。分二式。

　　Ⅰ式，14 件。标本 M6-3:3，用极细的金丝编制成海棠花式，高 0.4、直径 0.6 厘米（彩版一四，5 上）。

　　Ⅱ式，6 件。标本 M6-3:4，用薄金箔錾刻，顶部梅花式，内有竖鼻系，直径 0.4 厘米（彩版一四，5 下）。

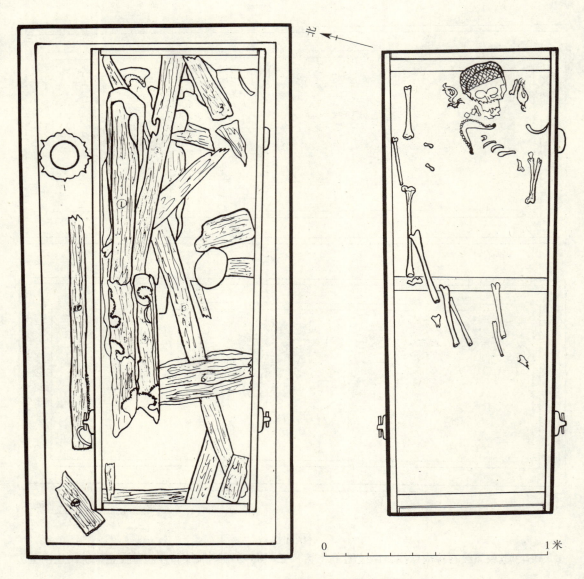

图四八　M6-3木棺及出土器物位置图

出土时，这些金丝饰品均在墓主头部附近，推测应是帽上的装饰品。

（4）M6-4

位于 M6-3 稍南，汉白玉雕龙纹石椁。残留底部及部分椁盖和东椁板。椁底长 3.12、宽 1.35 米（图五一；彩版一五，1；图版二一，1、2）。

椁盖：盝顶式长方形，残存东部约三分之二，残长 1.1、宽 1.55、厚 0.6 米。椁盖内部呈凹槽状。外部剔刻团龙纹。盝顶坡面剔刻缠枝花纹（图五二；图版二二，1）。

东椁板：东壁椁板高 1.22、宽 1.52～1.54、厚 0.22 米。椁板外壁亦敷松香，并有火

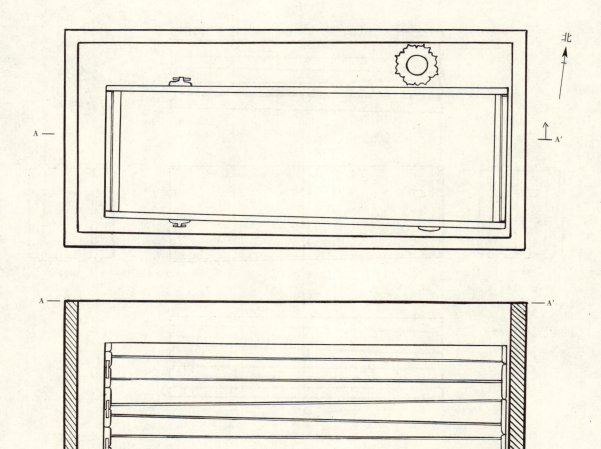

北

0   1 米

图四九　1. M6-3 木棺平剖面图

烧痕迹。椁壁正面剔刻团龙流云纹，描金，其内壁有墨线朱红地彩画，惜已模糊难辨（图五三、五四；彩版一五，2；图版二二，2）。

其余三面椁板已无存，但是从椁底板边缘痕迹可以看出，南椁板厚约 8 厘米，北椁板厚约 11 厘米，西椁板厚约 22 厘米。同时还可以看出，此石椁的椁身与椁盖也是分别用一整块汉白玉石雕凿而成的（图五五）。

椁内木棺已被毁，残留木棺痕迹长 2.1、宽 1 米。石椁底残留墨地朱纹金线勾双龙戏珠纹，但模糊不清（图五六）。

石椁被人为砸毁，碎片堆积在石椁周围，未见任何随葬器物，仅仅在石椁上层东南角填土内发现被扰乱的残头骨 1 件（图版二二，3）。

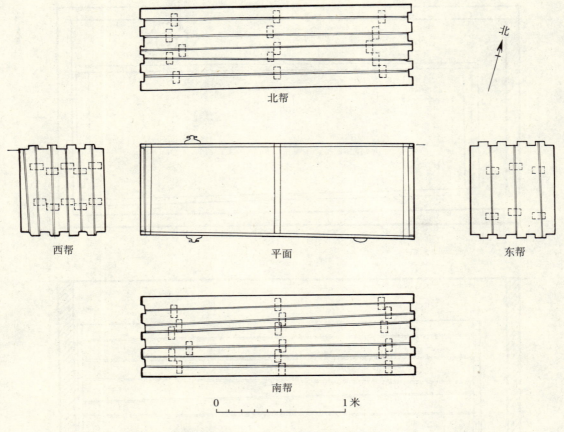

北帮

西帮　　　　　　　平面　　　　　　东帮

南帮

0　　　　　　　　　1 米

图四九　2. M6-3 木棺结构展示图

二、金太宗恭陵

金太宗名晟，本名吴乞买，世祖第四子，其母为翼简皇后拏懒氏，太祖同母弟。《金史》卷三《太宗本纪》记载，太宗"贞元三年十一月戊申，改葬于大房山，仍号恭陵"。

考古资料表明，金太宗吴乞买陵寝位于太祖陵（M6）东侧1.5米处，九龙山主峰下，方向170°。2002年11月20日，在太祖陵东侧钻探时发现东西长9.5、南北宽9米的岩石坑，其形制与M6相同，故编号2002FJLM7。经钻探，该墓为四壁石圹凿穴而成，用纯黄土回填夯实，夯层厚0.18～0.2米，夯窝直径0.06～0.08、深0.15米。每层夯土之间夹杂着碎石块。其南部发现一个扰乱坑，直径约4米，口大底小。由于未得到国家文物局批准，我们只清理了盗洞部分。在盗洞内还发现有石龟趺残件和刻有"皇"、"帝"等字样的残石碑。推测应该是太宗吴乞买的陵寝（图五七，1、2；图版二二，4）。

按《金史》卷五《海陵本纪》：贞元三年五月"乙卯，命判大宗正事京等如上京，奉迁太祖、太宗梓宫。"据此推测，太祖陵东侧凿地为穴的陵寝应该就是太宗吴乞买恭陵的地宫。

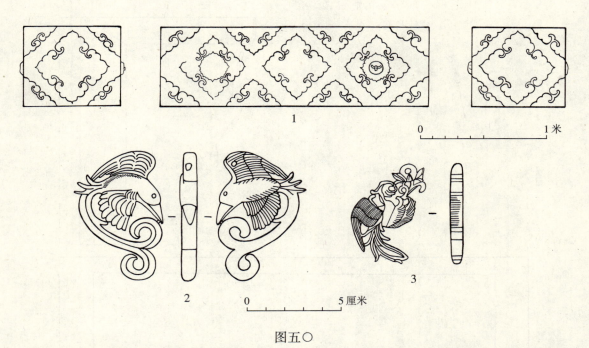

图五〇

1. M6-3 木棺外壁装饰银片鎏金錾刻菱形纹饰 2. M6-3：16 玉雕凤鸟纹饰件 3. M6-3：18 玉雕凤鸟纹饰件

三、金德宗顺陵

据《金史·宗干传》记载："宗干本名斡本，太祖庶长子，……海陵篡立，追谥宪古弘道文昭武烈章孝睿明皇帝，庙号德宗。"另载，贞元三年"九月，太祖、太宗、德宗梓宫至中都。"据《金房图经·山陵》载："迨亮徙燕，始有置陵寝意，遂令司天台卜地于燕山之四围。年余，方得良乡县西五十余里大洪山曰大洪谷曰龙喊峰……至筑陵之处，亮寻毁其寺，遂迁祖宗、父、叔改葬于寺基之上，又将正殿元位佛像处凿穴，以奉安太祖旻、太宗晟、父德宗宗干，其余各随昭穆序焉。"由此可知，海陵王在贞元三年奉迁太祖、太祖陵寝时，也将其父宗干墓迁到中都，且同时葬在大房山山麓九龙山下。考古资料表明，在太祖陵（M6）西侧 1.5 米，发现一处东西长 9、南北宽 5 米的石圹竖穴墓，只暴露墓口，其深度不详。墓室内填土夯实，顶部西南角残留东西长 1.16、宽 0.46 米的铺地砖。砖长 47.5、宽 23、厚 9 厘米，两顺一丁铺砌。墓葬没有盗洞等扰动痕迹。此墓疑是海陵王之父——德宗完颜宗干的顺陵，编号 2002FJLM8。据《大金集礼》卷四《追加谥号下》云："大定二十一年正月，诏贬海陵庶人。"二十二年四月"十一日，拟奏，'海陵既废为庶人，其父母尚存帝后之号，委是名分僭差。今拟改封皇伯太师辽王，据衍庆宫旧容拟改画服色，迁出顺陵，改名为墓。'从之。十五日，昭天下。"可知，德宗顺陵虽然葬在太祖陵西侧，但是由于海陵王废为庶人后，其父德宗也随之削去帝号而迁出顺陵，故推测 M8 可

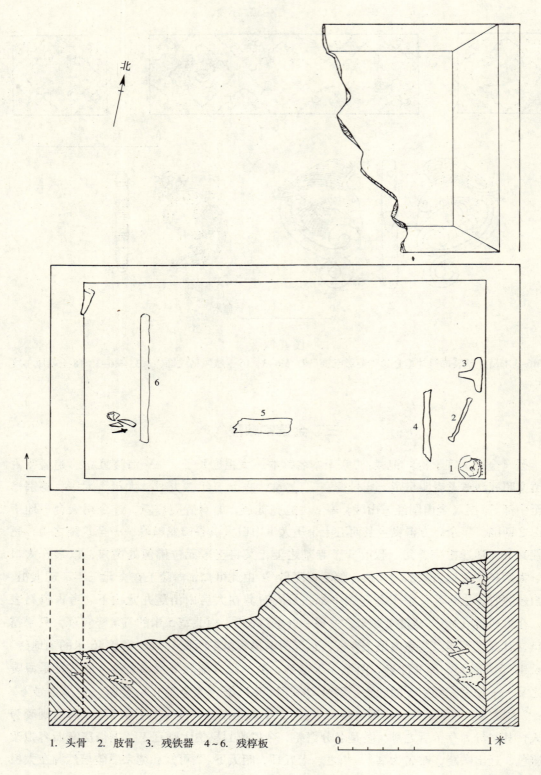

1. 头骨　2. 肢骨　3. 残铁器　4~6. 残椁板

图五一　M6-4平剖面图

图五二　M6-4 雕刻龙纹石椁椁盖拓片

87

图五五　M6-4雕刻龙纹石椁椁盖及四壁展示图

能是空墓（图版三二，2）。

　　根据《大金集礼》记载，大房山金陵所葬者，只有皇帝或有帝号者称"陵"，其他完颜氏家族的王爵葬所只能称"墓"。完颜宗干被迁出九龙山太祖陵区的顺陵后，并未记载迁往何处，但是，他被削去帝号后，以王爵的身份，可能迁往鹿门谷诸王兆域。1986年在该陵前4米左右发现一通汉白玉碑，高2.1、宽0.86、厚0.24米。碑首雕刻双龙戏珠，雕刻精练，碑阳雕刻双行楷书"睿宗文武简肃皇帝之陵"。

四、金世宗兴陵

　　金世宗兴陵（M9）位于太祖陵（M6）西南约70米处，在探方T2、T3、T5、T6、T8、T9、T10、T11、T13中。2001年钻探时，发现有墓室护墙痕迹，由夯土夹杂木炭筑成；并在明代扰乱层下发现有墓室内的夯土，上层为一层素土夯实，厚约0.2米，其下铺

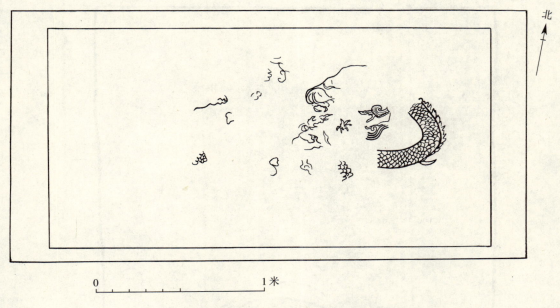

图五六　M6-4雕刻龙纹石椁底部描金龙纹

一层乱石块，乱石块之下铺素土和木炭。依据探铲提取的土样，共发现8层素夯土，8层木炭层，至7.8～8米深时，见石条层面。该层面深度水平基本一致，并有一定的规律，初步分析应是人为铺设，是筑墓用的石料（图版二三，1）。

清理T2、T3、F2、F4房基址时，于探方南侧深1.4米处F2、F4房基下发现一片鹅卵石和废弃的乱石层，应该为墓室上的堆积层。乱石南部发现一个直径13米的扰乱坑。考虑到此墓北侧是清代小宝顶，推测可能是清代修缮金世宗墓时，将宝顶向北移动，其下应是金世宗陵寝。因此，清理工作到此结束，仍保留T5、T6、T8、T9探方上平面的清代大殿和碑楼基址遗迹（图五八）。

在清理T11南侧M4时，发现M4墓底偏北叠压着东西向的青白石条（图版二三，2）。为了探明M4与青白石之间的叠压关系，我们向下进行了清理，发现这是一条南北向石条构筑的台阶墓道，编号2001FJLM9（图五九）。通过墓道东西边沿的清理发现，墓道的构筑方法是先在墓道两侧挖土坑，残长17.5、宽5米（在探沟G1内仍见土筑墓道残迹），墓道上口两侧横卧木板和石板护墙以防塌方（图版二三，3、4）；然后在偏北部用青白石垒砌墓道两壁和下部台阶。墓道全长12.8米，方向350°。墓道内口宽2.9、深3.3米。墓道东西两壁用长85～94、宽60、厚25厘米的青白石平铺错缝垒砌，最深处3.3米，共15层。台面石接口处先凿出元宝形石槽，然后浇铸铁水，即元宝形铁锭（腰铁），长18、宽8厘米。台阶石长65、宽23～25厘米。每层台阶錾刻菱形花纹图案。台阶共19层，往北最底部紧接墓门处，则用青石铺砌一段长3.3米的平底。墓门为仿木建筑结构，青白石雕刻门楼，现仅残留三分之一，通高4.5米，屋顶雕刻瓦垄、屋檐、椽

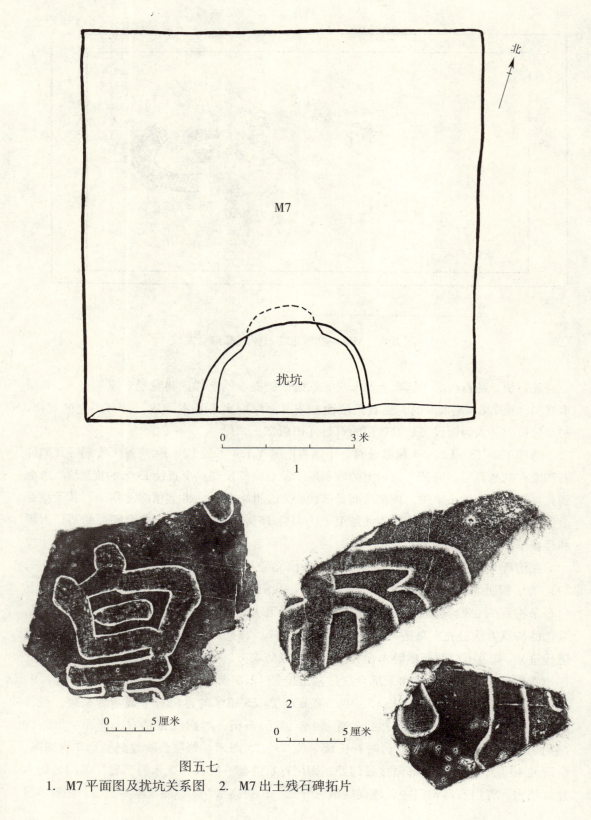

图五七

1. M7 平面图及扰坑关系图　2. M7 出土残石碑拓片

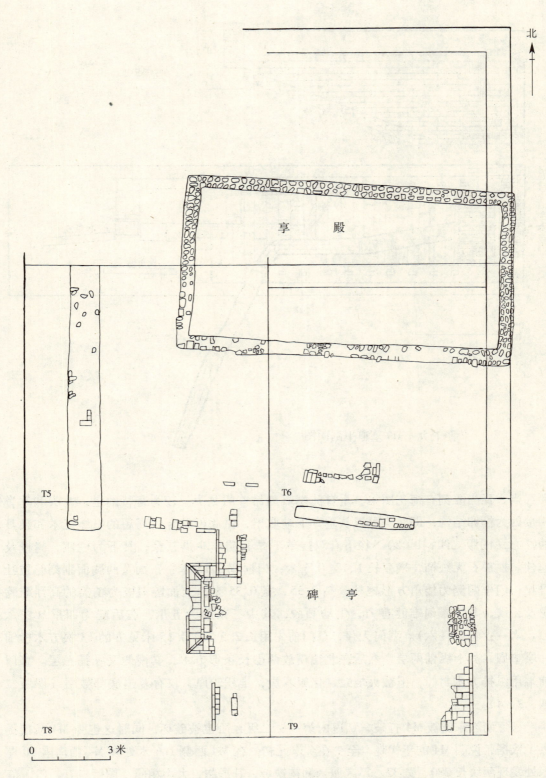

北

享　殿

T5

T6

碑　亭

T8

T9

0　　　　　3米

图五八　T5、T6、T8、T9遗存清代享殿及碑亭遗迹

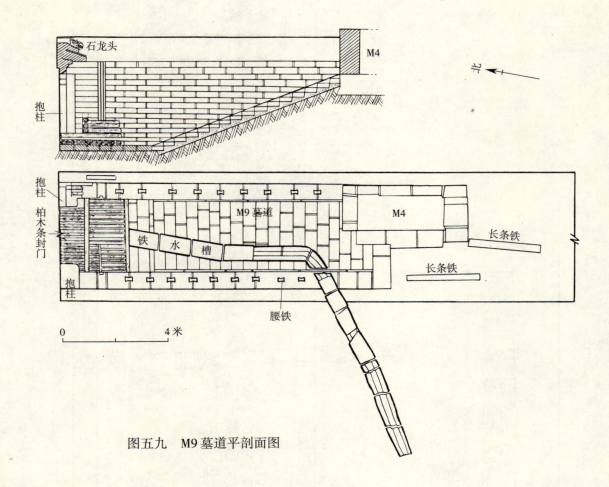

图五九 M9墓道平剖面图

和瓦当，瓦当雕刻有梅花图案。垂脊前端雕刻昂首的龙头。较为奇特的是，龙头和垂脊相接处为榫卯结构，即龙头可以从垂脊下端取出，由此可见金代高超的石雕艺术和独具的匠心（图版二四，1、2）。橑下有双抄单下昂五铺作斗拱三朵；其下为栏额、门框及抱柱。栏额石无纹饰，残存长1、宽0.3米；门框宽0.15米，正面及两侧面剔刻缠枝牡丹纹；门框两侧为倭角方形抱柱，高2.35、宽0.35米，上面雕刻极为精美的高浮雕腾龙及云纹，龙纹雕刻雄健有力，生动洒脱，其中三条腿为五爪，右后腿为四爪（图六○、六一；彩版一六）。墓门无存，墓门前先用长2.5米、0.15米见方的18根方木横铺一层垫底，其上纵铺两层，然后在北端横放两层长条形方木，其南侧又纵铺三层。墓门前端用纵排方木封门，但被火烧毁，化成木炭，堆积较厚，仅存墓道底部数层（图版二四，3、4）。

墓道南端东侧被M4打破，墓道内第一、二级台阶也被破坏，同时这也为M4断代提供了依据，说明M4的年代晚，至少在金末元初。在M4西侧1.6米处和M4西南隅10厘米处发现两块长280、宽32、厚8厘米的铸铁板，其形制、大小相同（图版二五，1）。值

0   50厘米

图六〇　M9墓门西侧抱柱云龙图　　　　　图六一　M9墓门东侧抱柱云龙图

得注意的是，发掘时在墓道外西南侧发现一条西南向东北并向下倾斜的石槽，石槽总长约9米，是用花岗岩石凿刻成的单体石槽拼接而成的。每个石槽长约1.8、宽0.5、厚0.4米，中心凿刻成宽0.2～0.3、深0.15米左右的沟槽（图版二五，2），然后将每个石槽首尾顺接至石墓道上口。在墓道内仍然遗留有石槽，顺接到墓门位置（图版二五，3）。其中个别石槽上面还盖有石盖板。掀开墓门外的石槽盖板，发现石槽内遗有铁水浇铸凝成的铁锭，可见石槽是灌注铁水的通道。铁水一直灌注到墓门最后一节石槽，直至墓门（图版二五，4、5）。

据《金史·世宗本纪》记载，世宗"讳雍，本讳乌禄，太祖孙，睿宗子也。母曰贞懿皇后李氏。天辅七年癸卯岁，生于上京。"又载，大定"二十九年正月壬辰朔，上大渐，不能视朝。……癸巳，上崩于福安殿，寿六十七。……己亥，殡于大安殿。三月辛卯朔，上尊谥曰光天兴运文德武功圣明仁孝皇帝，庙号世宗。"《金史·世宗本纪》还记载，大定二十五年四月甲戌，"上谓群臣曰：'……祖宗旧邦，不忍舍去，万岁之后，当置朕于太祖之侧……'"。世宗去世后，大定二十九年（1189年）四月乙酉，章宗尊照世宗生前的遗嘱，葬世宗于大房山九龙山太祖陵西南侧，号兴陵。

另据《日下旧闻考》卷一三二记载："云峰山金帝陵，本朝顺治初，特设守陵五十户，每岁春秋致祭享，殿前碑亭恭勒世祖章皇帝御制碑文、圣祖仁皇帝御制碑文。乾隆十六年皇上命葺金太祖、世宗二陵享殿及缭垣。"今遗址内尚存清代修葺的金太祖陵大宝顶和金世宗陵小宝顶及宝城。大宝顶前约15米是金太祖阿骨打睿陵地宫，由此推断，金世宗兴陵地宫应在清代小宝顶附近。

五、金睿宗景陵

该陵位于太祖陵东南侧。20世纪80年代中期，北京市文物研究所对金陵主陵区进行了历时三年的考古调查，在太祖陵西南侧10余米左右发现一通金代石碑。该碑用青石雕凿而成，盘龙螭首，高2.1、宽0.86、厚0.25米，单面双勾阴刻"睿宗文武简肃皇帝之陵"楷书大字，内填朱砂，镀金粉。碑首雕刻四条团龙，尾部托起火焰球（彩版一七）。

《金史》卷十九记载，睿宗，"讳宗尧，初讳宗辅，本讳讹里朵，大定上尊谥，追上今讳"。天会"十三年（1135年），行次妳州薨，年四十，陪葬睿陵，追封潞王，谥襄穆。皇统六年（1146年），进冀国王。正隆二年（1157年），追封太师、上柱国，改封许王。世宗即位，追上尊谥立德显仁启圣广运文武简肃皇帝，庙号睿宗。二年，改葬于大房山，号景陵"。

大定二年（1162年），世宗在九龙山太祖陵东南侧为其父营建山陵，以太保、都元帅完颜昂为敕葬使，于上京奉迁睿宗梓宫于大房山，九月辛酉到达大房山陵，奉安梓宫于山陵行宫——磐宁宫中。十月戊辰，世宗亲自到山陵，于磐宁宫拜谒睿宗梓宫。戊子，葬睿宗于九龙山，号景陵。睿宗墓碑的出土，证明金睿宗（世宗父完颜宗尧）景陵也应在此主陵区之内。根据实地勘查，景陵在太祖陵东南侧的可能性似乎更大。理由有这样几点：其一，睿宗石碑出土位置北侧有石圹墓坑，该墓坑是德宗顺陵位置，其南不远处是世宗兴陵陵寝。若按古代昭穆制度，景陵位置应在兴陵东侧。其二，2003 年 7 月，我们请国家地震局地球物理研究所用三维电阻率观测法在太祖陵东南侧约 50 米处的第四台地进行观测，将 120 个电极按照每行 12 个布设成 12×10 的观察网格。其结果表明，在台地的东西长 7～22、南北宽 7～13、深 4～6.5 米区域内，观察数据异常，故推断此处有可能是另外一个由大型花岗岩石与夯土覆盖的石椁墓坑。结合其他已经发现并证实的墓葬，我们认为此处可能即是金睿宗景陵所在。但从睿宗石碑出土位置解释，另外一种可能，海陵王被废为庶人后，其父德宗从顺陵迁出，该墓坑已空。金世宗在位时又将睿宗完颜宗尧葬在太祖陵西侧，并立石碑，也符合昭穆制度。

上述资料显示，在房山金陵主陵区内，至少有金代五位帝王的陵寝，即：太祖阿骨打睿陵（M6）、太宗吴乞买恭陵（M7）、海陵王之父德宗顺陵（M8）、世宗兴陵（M9）及世宗之父睿宗景陵。

第二节 墓 葬

在金陵主陵区内还发现有 5 座其他墓葬（M1～M5），均位于神道西侧、太祖陵西南第四台地上。墓葬形制相同，埋葬形式不同。其中 M1、M2 位置稍南，东西向；M3、M4、M5 位其北，南北向。5 座墓皆为长方形竖穴石圹墓。其中 M1、M2、M3 在 20 世纪 70 年代平整土地时遭到破坏和扰乱，墓内随葬品遗失，仅从当地村民手中追回一件"萧何月下追韩信"三彩瓷枕，不知出于何墓。M4、M5 保留较好（图版二六，1）。

2001FJLM1，长方形竖穴石圹墓，东西向。用 6 层花岗岩条石砌筑墓圹四壁；墓口距地表深 0.2 米，东西长 3.5、南北宽 1.72 米；墓底长 3.28、宽 1.76 米；墓深 1.72 米。由于被多次扰乱破坏，未见任何葬具、人骨及随葬品（图六二，1；图版二六，2）。

2001FJLM2，长方形竖穴石圹墓，东西向。用数层花岗岩条石砌筑墓圹四壁；墓口距地表深 0.4 米，东西长 3.35、南北宽 1.7 米；墓底长 3.5、宽 1.8 米；墓深 1.6 米。由于早年扰乱严重，葬具、人骨及随葬品无存（图六二，2；图版二六，3）。

2001FJLM3，长方形竖穴石圹墓，方向 350°。用 2～3 层花岗岩条石砌筑墓圹四壁。墓口距地表深 0.2 米，南北长 3.1、东西宽 1.52 米；墓底长 3.12、宽 1.6 米；墓底南北两端各放置一块"凹"形花岗岩石作棺台，棺台凹形槽内填长条形小薄砖，砖缝及石棺台外面均抹白灰。棺床南北长 0.78、东西宽 0.4、高 0.38 米。墓坑深 0.4 米。由于早年扰乱严重，葬具、人骨及随葬品无存（图六三，1；图版二六，4）。

2001FJLM4，位于 T11、T13 之间，其东紧邻 M5，两墓相距 2.1 米。该墓为长方形石

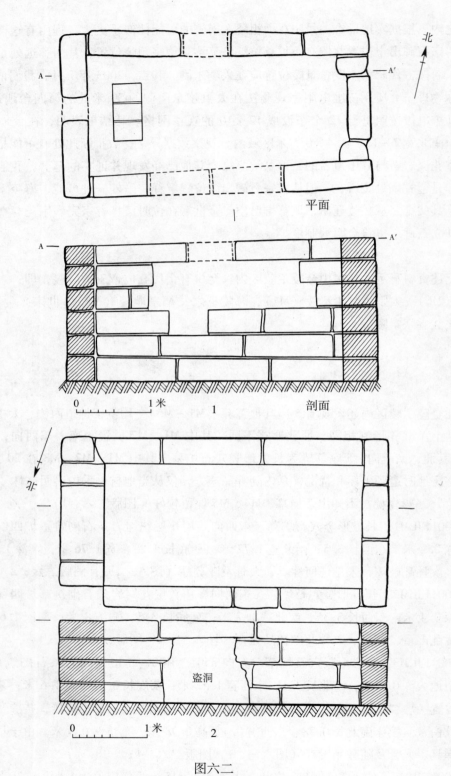

北

A ─   ─ A′

平面

A   A′

剖面

0   1米   1

北

盗洞

0   1米   2

图六二

1. 2001FJLM1 平剖面图   2. 2001FJLM2 平剖面图

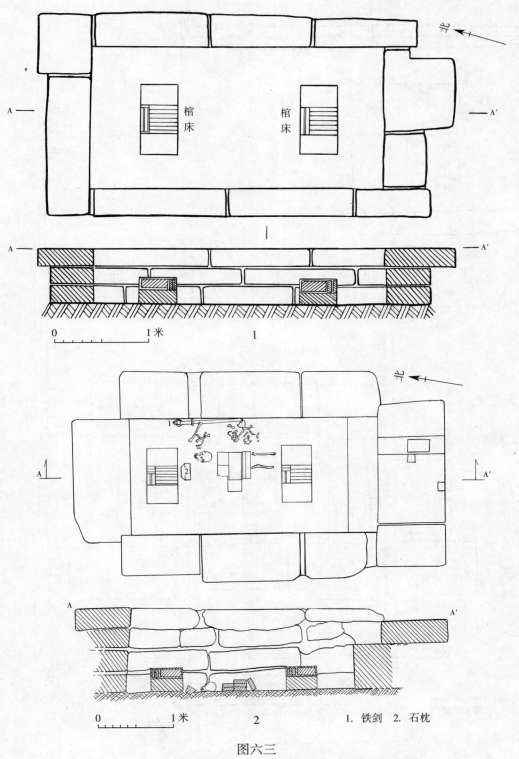

图六三

1. 2001FJLM3平剖面图　2. 2001FJLM4平剖面图

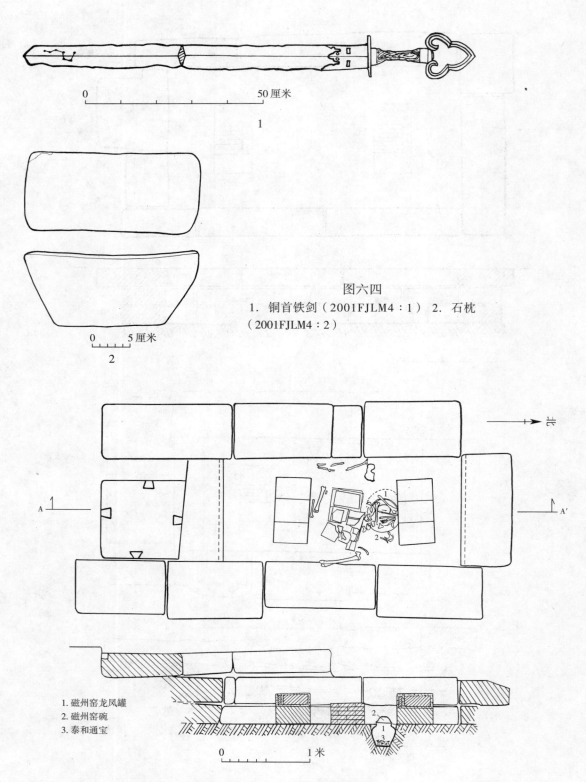

图六四

1. 铜首铁剑（2001FJLM4：1） 2. 石枕
（2001FJLM4：2）

0   50厘米

1

0 5厘米

2

1. 磁州窑龙凤罐
2. 磁州窑碗
3. 泰和通宝

0   1米

图六五　2001FJLM5平剖面图

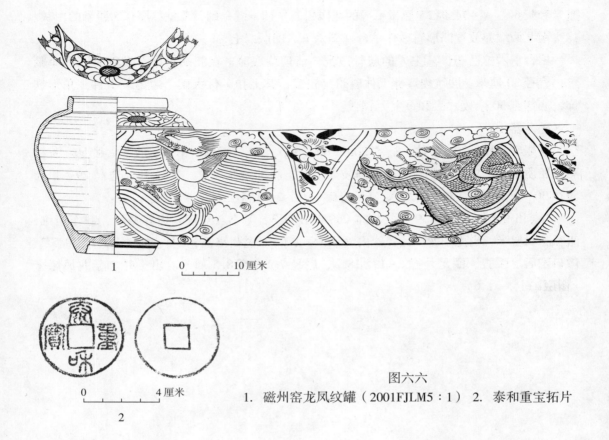

图六六

1. 磁州窑龙凤纹罐（2001FJLM5：1） 2. 泰和重宝拓片

圹竖穴墓，坐北朝南，方向352°。南北长2.95、东西宽1.35、深1.15米；四壁用长130、宽60、厚22厘米和长58、宽50、厚22厘米不等的花岗岩石平铺错缝垒砌，墓壁抹一层厚约0.5厘米的白灰。墓底在靠近南北两端处安放凹形石礅作棺台，北端石礅长79、宽41、高36厘米，南端石礅长78、宽41、高38厘米；石礅凹形槽内填长30、宽14、厚4厘米的素面青色小薄砖，砖缝及石棺台外面均抹白灰。石椁室内木棺已朽，人骨架散乱，上肢骨及骨盆在东侧，头骨在两石礅棺台之间（图六三，2；图版二七，1）。

随葬器物2件。

铜首铁剑，1件。标本2001FJLM4：1，长125厘米，云头状铜质剑首，铁质剑茎贴附木柄，剑身为铁质，经X光测试，剑脊饰银线，前端镶嵌北斗七星（图六四，1；彩版一八，1）。

石枕，1件。标本2001FJLM4：2，青石质，长21、宽12、高10厘米（图六四，2；图版二七，2）。

2001FJLM5，位于T11、T13之间，其西侧与M4并排，长方形石圹竖穴墓，坐北朝南，方向 355°。该墓南北长 2.65、东西宽 1.2、深 0.76 米。四壁用长 115、宽 44、厚 23 厘米和长 62、宽 40、厚 25 厘米不等的花岗岩石平铺错缝垒砌，墓壁抹厚 0.5 厘米的白灰。椁室南北两端亦放置凹形石礅作棺台（图六五；图版二七，3）。

棺台上木棺已朽，墓主人的肢骨散乱，清理墓底时，在北端棺床下发现有圆形小腰坑，直径 30 厘米。腰坑内瘗葬 1 件磁州窑瓷罐，其上扣 1 件大碗。罐内装 1 件三角形铁饰，底部有 30 余枚"泰和重宝"铜钱。

随葬器物：

磁州窑龙凤纹罐，1 件。标本 2001FJLM5:1，直口、短颈、丰肩、收腹、卧足。灰白胎，胎质坚硬。白釉黑花，肩部绘缠枝菊瓣纹，腹部绘龙凤纹。口径 18、通高 29、最大腹径 30、底径 13 厘米（图六六，1；彩版一八，2；图版二七，4）。

"泰和重宝"铜钱，39 枚。标本 2001FJLM5:3，篆书、对读、边郭略窄，制作精细，直径 4.6 厘米，出土于龙凤纹瓷罐内（图六六，2）。磁州窑碗，1 件。标本 2001FJLM5:2，敞口圆唇、弧腹、圈足外撇。口径 18.3、底径 7.1、高 8.5 厘米。出土时扣于龙凤罐上（图版二七，5，6）。

第五章　出土遗物

金陵是中国历史上为数不多的少数民族皇陵，也是北京地区最早且规模最大的帝王陵，至今已有数百年历史。几经沧桑，陵区的地面建筑早已破坏殆尽。许多建筑构件或散乱于沟坎田间，或埋于土中，或垒砌在梯田堰上。在调查清理中出土并收集了大量的石质建筑构件、铜器、铁器及瓷器等。

第一节　生活用品

一、铜器

14件，有坐龙、人像、簋及饰件。

1. 坐龙，3件，其中1件残存腿部，另2件完整，可分两式。

Ⅰ式，1件。标本2001FJLP3:2，石桥下排水沟淤土中出土。模制，造型别致端庄。龙首前伸，飘发，团身，前腿微曲，后腿屈坐，尾部上卷呈火焰状，高24.5厘米（图六七，1；彩版一九）。

Ⅱ式，1件。标本2001FJLP3:3，石桥下排水沟淤土中出土。模制，昂首飘发，前腿直立，后腿屈坐，尾上卷曲，通体刻龙鳞片及火焰纹，高18厘米（图六七，2；图版二八，1）。

2. 铜簋1件，标本2001FJLT13③:1，宋仿西周礼器，侈口，双耳，腹下垂，大圈足，腹部饰方格乳丁纹。高13.5、口径12、底径15厘米（图六七，3；彩版二〇，1）。

3. 小铜人像，1件。2001FJLF1:1，东大殿夯土中出土。模制。人像呈立姿，头上有鼻系，上身穿钱纹坎肩，下身赤裸，双手抱元宝。高5厘米（彩版二〇，2）。

4. 铜饰件，1件。2001FJL:80，2001FJLM9墓道夯土中出土。模制，平面呈三角形，薄片状，边缘有7个穿孔。长9、宽6.8、厚0.1厘米（图六八，1）。

5. 铜饰件，1件。2001FJL:81，模制。细长稍弯曲，截面呈圆形。残长35、直径0.5~1厘米（图六八，2；图版二八，2）。

6. 铜饰件把手，2件。标本2001FJL:77，2001FJLM9墓道夯土中出土。模制，桥形凸起，两端呈云头状，顶端有3个小圆孔。长14、宽7厘米（图六八，3；图版二八，3）。

7. 火焰纹饰件，2件。标本2001FJL:75，2001FJLM9墓道夯土中出土。模制，平面如

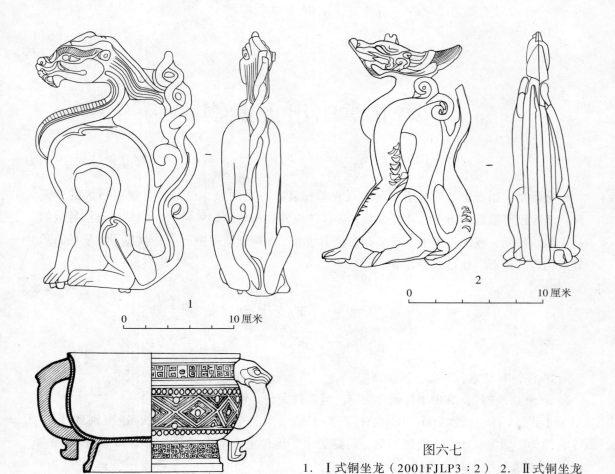

图六七

1. Ⅰ式铜坐龙（2001FJLP3：2） 2. Ⅱ式铜坐龙
（2001FJLP3：3） 3. 铜簋（2001FJLT13③：1）

象头，昂首卷鼻，前足站立，下端分开；后足外卷如跪，下端有插榫；尾部似火焰纹。残存铁锈斑。长21.5、高19厘米（图六八，4；图版二九，1）。

8. 铜门钉，6件。分二式。

Ⅰ式，2件。标本2001FJL:74，2001FJLM9墓道夯土中出土。模制，乳凸式钉帽，锥形截面。帽径1.5、通长4厘米（图六八，5；图版二九，2）。

Ⅱ式，4件。标本2001FJL:76，模制梅花形钉帽，内空，中心饰铁质钉。钉帽高2、直径4.5厘米，铁质钉长4厘米（图六八，5；图版二九，2）。

9. 鎏金铜门钹，1件。标本2001FJL:79，2001FJLM9墓道夯土中出土。黄铜鎏金，形如僧帽，穿形鼻纽，高4.5、直径3.4厘米（图六八，6；图版二九，3）。

二、瓷器

瓷器类的生活用品数量不多，以盘、碗为主，分别属于定窑、霍窑、龙泉务窑、钧窑、

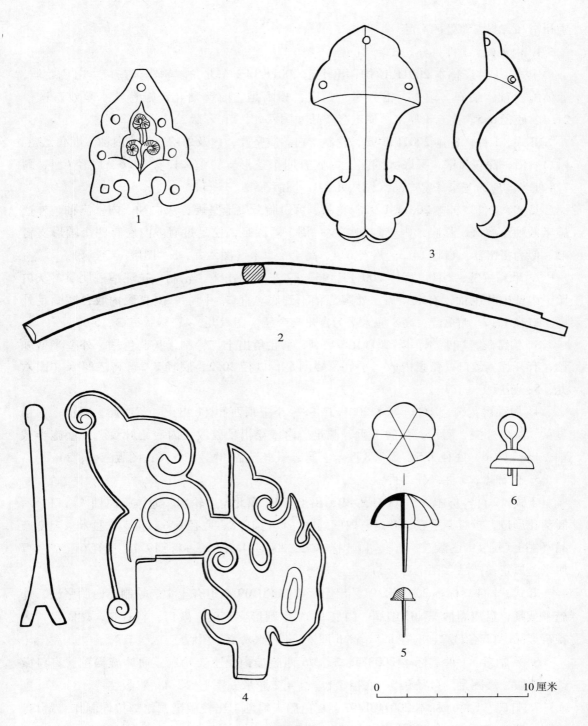

图六八

1. 铜饰件（2001FJL：80） 2. 铜饰件（2001FJL：81） 3. 铜饰件把手（2001FJL：77） 4. 火焰纹铜饰件（2001FJL：75） 5. Ⅰ式铜门钉（2001FJL：74）；Ⅱ式铜门钉（2001FJL：76） 6. 鎏金铜门铍（2001FJL：79）

磁州窑和吉州窑等处的产品。

1. 白釉碗，3件，分三式。

Ⅰ式，1件。标本2001FJL:90，出土于2001FJLF2东北角。轮制，芒口。白色胎质，通体施白釉，细润。敞口，沿外撇，弧腹，矮圈足。内壁划花，施卷叶水草纹。口径21.4、底径6.5、高6.1厘米。属定窑产品（图六九，1；彩版二一，1、2）。

Ⅱ式，1件。标本2001FJL:93，轮制，白胎质坚硬，内及外壁上部施白釉，细润光亮。敞口唇沿，深腹弧壁，平底大圈足。内底有四个条形支钉痕。口径17.6、底径6.4、高7.4厘米。应为龙泉务窑产品（图六九，2；图版三〇，1~3）。

Ⅲ式，1件。标本2001FJL:92，轮制。黄白胎，质地坚硬，灰白釉。内壁满釉，外壁施半截釉。敞口，弧腹，内壁划凹弦纹一周，矮圈足，挖足过肩。内底有四个圆形支钉痕。似为霍窑器。口径14.3、底径6.4、高4.6厘米（图六九，3；图版三〇，4）。

2. 玳瑁纹碗，2件。标本2001FJL:96，F2东北角出土，轮制，拉坯痕迹明显。灰白胎，内壁施黄色釉，有玳瑁斑。外腹部釉不到底。直口，圆唇，斜直腹内收，矮圈足外撇。口径17.2、底径7、高8厘米。为吉州窑产品（图六九，4；图版三〇，5）。

3. 钧窑碗，1件，标本2001FJL:94，F2东北角出土，轮制，灰蓝色釉，外壁半截施釉，有开片。敛口，弧腹内收，平底，矮圈足。口径20.2、底径7.2、高7厘米（图六九，5；图版三一，1）。

4. 白釉褐花碗，1件。标本2001FJL:98，小宝顶西侧T1出土。黄白胎，粗糙，白釉显黄。敞口外撇，唇沿，弧腹下垂，圈足。内壁绘褐釉弦纹，内底绘叶纹。外壁施半截釉。口径19.6、底径7.5、高7.8厘米。属磁州窑产品（图六九，6；图版三一，2）。

5. 白釉盘，3件，分二式。

Ⅰ式，2件。标本一，2001FJL:89，出土于F2东北角。轮制，通体施白釉。敞口，六瓣葵花形口，折腹，平底，圈足。内壁划花。口径19.8、底径6.6、高5.2厘米。定窑产品（图七〇，1；图版三一，3、4）。标本二，2001FJL:73-2，口径19.7、底径61、高4.7厘米。属定窑产品（图七〇，2）。

Ⅱ式，1件。标本2001FJL:91，出土于2001FJLM9墓道夯土中。轮制，白胎坚硬，外施半截釉，盘内满釉，釉质细润。内底有10个圆形支钉痕。敞口，斜直腹，矮圈足，属霍窑产品。口径23.2、底径8.5、高5厘米（图七〇，3；图版三二，1、2）。

6. 褐釉盏，1件。标本2003FJL:2，M6西陵墙内出土。轮制，通体施褐釉。直口微敛，弧腹，矮圈足。口径9.5、底径3.8、高4.2厘米（图七〇，4；彩版二一，3）。

7. 灯碟，1件。标本2001FJL:97，灰白胎，褐釉，比较粗糙，轮制拉坯制作。敞口，浅腹，胎壁较厚，内施褐釉，外壁素胎，饼形足。口径9.5、底径4、高3厘米（图七〇，5；图版四五，4）。

8. 钧窑蓝釉钵，1件。标本2001FJL:95，轮制，灰白胎，质坚硬。蓝釉，内外均施半

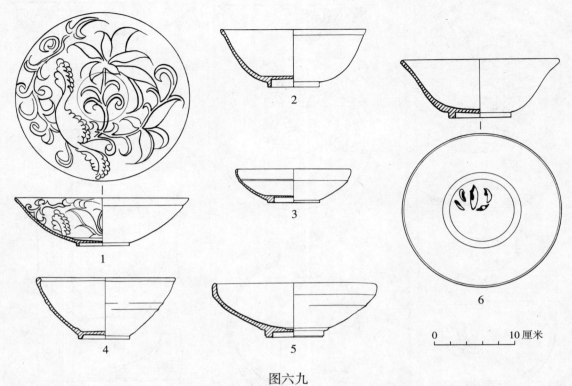

图六九

1. Ⅰ式白釉碗（2001FJL：90） 2. Ⅱ式白釉碗（2001FJL：93） 3. Ⅲ式白釉碗（2001FJL：92） 4. 吉州窑玳瑁纹碗（2001FJL：96） 5. 钧窑碗（2001FJL：94） 6. 白釉褐花碗（2001FJL：98）

釉。直口，折腹，矮圈足，素面。口径8.6、底径4.6、高4.2厘米（图七〇，6；彩版二一，4）。

9. 白釉褐彩钵，1件。标本2001FJL:99，黄白胎，粗糙。白釉细腻，略有光泽，釉下施化妆土。直口，微敛，平折沿，弧腹下垂，矮足，挖足过肩。腹部绘褐色花卉。口径22、底径7.8、高12厘米。属磁州窑产品（图七〇，7；图版三二，4）。

10. 黑釉双耳罐，1件。标本2001FJL:100，出土于小宝顶附近。轮制，拉坯成型。灰褐胎，外施黑釉，釉质细润，腹部以下无釉。小口较直，卷沿，短颈，圆肩，颈肩部对称两系耳。腹部下垂内收，平底。口径4.7、底径10、通高19.4厘米（图七〇，8；图版三二，5）。

三、石器

出土石质生活用品共4件。

1. 石笔洗，1件。标本2003FJLF6:8，花岗石制，打磨光滑，敞口，八棱形，内凹平底卧足，直径19、高6.5厘米（图七〇，9；图版三三，1）。

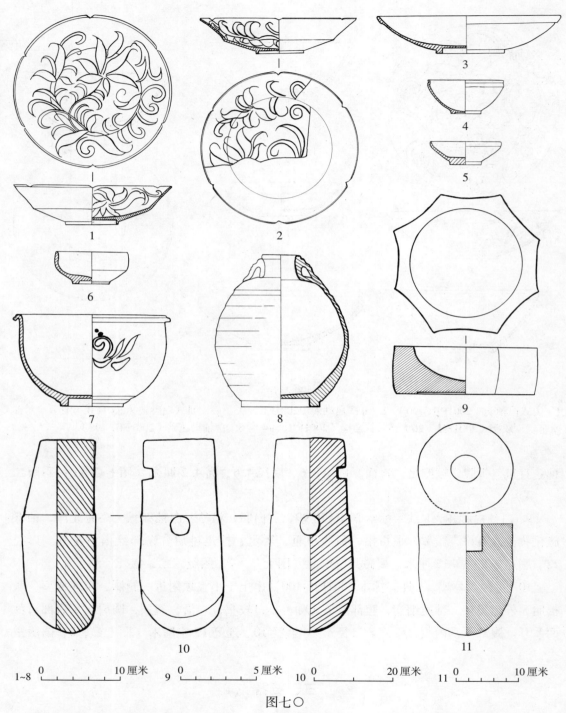

图七〇

1. Ⅰ式白釉盘（2001FJL：89） 2. Ⅰ式白釉盘（2001FJL：73-2） 3. Ⅱ式白釉盘（2001FJL：91） 4. 褐釉盏（2003FJL：2） 5. 灯碟（2001FJL：97） 6. 钧窑蓝釉钵（2001FJL：95） 7. 白釉褐彩钵（2001FJL：99） 8. 黑釉双耳罐（2001FJL：100） 9. 石笔洗（2003FJLF6：8） 10. Ⅰ式石杵（2001FJL：26-1） 11. Ⅱ式石杵（2001FJL：26-2）

106

2. 石杵，3件，分二式。

Ⅰ式，1件。标本2001FJL:26-1，花岗石制，长方形，平顶，侧面有凹槽，中部有圆孔，下部圜凸状，高50厘米（图七〇，10；图版三三，2）。

Ⅱ式，2件。标本2001FJL:26-2，青石制，平顶，中心凿凹槽，下部圜凸状，直径15、高16厘米（图七〇，11；图版三三，3）。

第二节　建筑构件

按质地分有石质、陶质和琉璃制品。种类有坐龙、鸱吻、柱础、栏板、斗拱残件，其次是砖、瓦、迦陵频伽、妙音鸟、脊兽、瓦当等。

一、石质构件

1. 石坐龙，9件，分两型。

A型，3件，分两式。

Ⅰ式，1件。标本2001FJL石:16，M9墓道出土。汉白玉石雕，龙蹲坐在长方形石台上，昂首屈蹲，头部残毁，飘发，团身，前腿直立，后腿屈坐，雕刻鳞片及火焰纹，精美华丽，高92厘米（图七一；图版三四，1）。

Ⅱ式，2件。标本2001FJL石:3，汉白玉石雕，蹲坐在长方形石台上。上部残毁，团身屈坐，残高66厘米（图版三四，2）。

B型，6件，样式相同。出土时龙首均已砸毁，使得石龙身首异处，经过修复有两件完整。标本2001FJL石:22，青石雕刻，龙首平视，通体雕刻鳞片及火焰纹。前腿直立，后腿屈蹲在圆柱形云台上，云台下有榫，应是用于插在望柱上。通高37厘米（图七二，1；彩版二二）。标本2001FJL石:18，青石雕刻，昂首，飘发，前腿直立，后腿蹲坐在圆形云台上，云台下有榫，插在望柱上。龙体略显粗壮，满身雕刻鳞片及火焰纹，精美华丽。通高38厘米（图七二，2；图版三四，3）。其余石坐龙仅残存头部，长16、宽6~9厘米（图七二，3）。

2. 鸱吻，3件。分二式。

Ⅰ式，2件，形制相同。标本2001FJL石:1，主陵区东侧柳家沟采集。青石雕刻，鸱尾上翘，下刻张嘴龙头，口内凿方形卯，脊背刻小龙头。通高92厘米（图七三，1；图版三五，1）。

Ⅱ式，1件，形制小巧精致。标本2002FLJ石:134，汉白玉雕刻，鸱尾上翘，下部龙头残缺。高30、宽20厘米（图七三，2；图版三五，2）。

3. 栏板，7件。分两式。

Ⅰ式，6件，大多为采集品，个别出土于M6扰乱坑填土中。标本2002FJL石:112，平

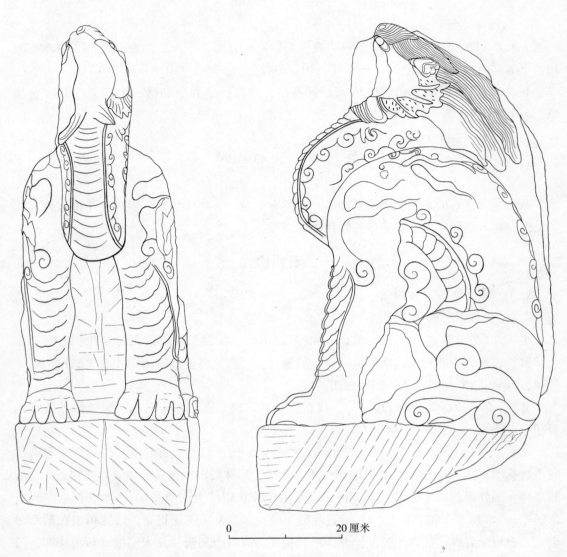

图七一　A型Ⅰ式石坐龙（2001FJL石：16）

面呈平行四边形。汉白玉石双面雕刻。一面刻双龙追逐图案，云纹衬底，边框减地雕刻云雷纹；另一面则刻牡丹纹。通长1.37、宽0.56、厚0.17米（图版三五，3、4）。

　　Ⅱ式，2件。标本2001FJL石：4，平面呈长方形。页岩石质，风化较甚。单面雕刻双龙追逐图案，云纹衬底。通长0.96、宽0.39、厚0.12米（图七四，1；图版三六，1）。标本2002FJL石：4-2，平面呈长方形，汉白玉，雕牡丹纹图案。残长1.2、宽0.54、厚0.17米（图七四，2）。

　　4. 望柱，1件。标本2001FJL石：17，青石雕刻。正面及两侧面雕刻缠枝牡丹花卉，背面凿出栏板槽；上顶面雕刻覆莲，正中留出榫眼，底部凿榫。通高1.07、宽0.23米（图

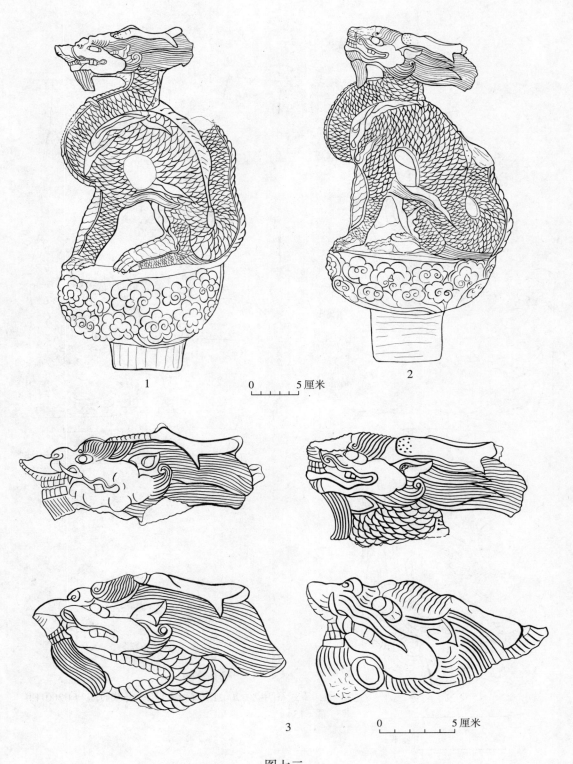

1   0 ⌊⌊⌊⌊⌊ 5 厘米

                                    2

                    3   0 ⌊⌊⌊⌊⌊ 5 厘米

图七二
1. B型石坐龙（2001FJL 石：22） 2. 小石坐龙（2001FJL 石：18） 3. 石坐龙残头（2001FJL：23~26）

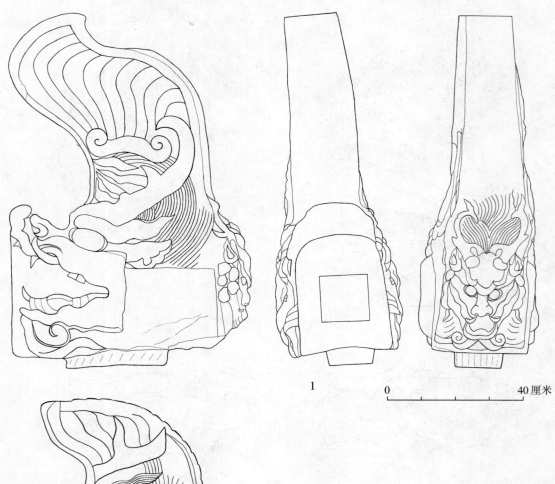

1

0   40 厘米

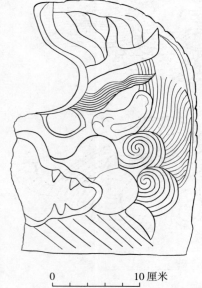

0   10 厘米

2

图七三

1. Ⅰ式石鸱吻（2001FJL石：1） 2. Ⅱ式石鸱吻（2001FJL石：134）

1

2   0 _____ 20厘米

图七四

1. 单面雕龙纹栏板（2001FJL 石：4） 2. 雕牡丹纹栏板（2001FJL 石：4-2）

七五；图版三六，2）。

5. 汉白玉雕龙抱柱，1 件。标本 2001FJL 石:5，汉白玉雕刻，高浮雕，残缺头部。残高 0.97、直径 0.2 米。

6. 小龙头兽，1 件。长方形，青石雕刻，M6 扰乱坑内出土。标本 2001FJL 石:28，头

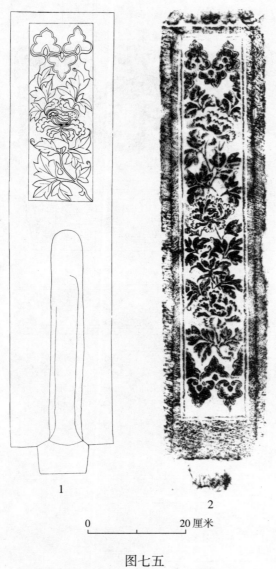

图七五
1. 望柱（2001FJL 石：17） 2. 望柱纹饰拓片

微上翘，双目圆睁；两侧及顶面两犄角间浅浮雕海水纹。长0.4、高0.2米（图七六，1、2；图版三六，3）。

7. 龙头螭首，2件。样式相同。凤凰亭燕山石化橡胶厂出土。标本2001FJL石：29，青石雕刻。长方形，前端龙首微翘，中间凿压栏榫卯；后尾平台上亦凿刻圆形卯眼。通长1.05、高0.3米（图七六，3、4；图版三七，1）。

8. 栏板构件，9件。形制相同，大小稍有别。标本一，2001FJL 石：15，石桥南出水口出土。平面呈长方形。汉白玉雕刻。侧面刻流云纹图案。长0.32、高0.17米（图七七，1；图版三七，2）。标本二，2002FJL 石：139，长0.78、高0.17米（图七七，2；图版三七，3）。

9. 水箅子，1件。标本2001FJL 石：125，平面呈扁方形，青石制成。中间凿出两个长方形云头状流水孔。边长45、厚9厘米（图七七，3；图版三七，4）。

10. 柱础，32件，大多采集自田间地坎中，分9型。

A 型，2件。分二式。

I 式，1件。1986年金陵主陵区出土。方形覆盆式角柱，汉白玉质。周身雕刻纹饰。台面饰雷纹，三个角饰花草纹；覆盆底层饰回纹，其上浮雕云纹及蟠螭纹。方形边长77、柱径30、通高38厘米。此柱础花纹繁缛，雕刻精致，是研究金代石刻艺术及金代皇陵建筑极其珍贵的实物资料（图七八，1）。

II 式，1件。巨大方形，覆盆式，中间凿榫。标本2001FJL 石：33，汉白玉质，底座长方形，长84、宽76、厚25～30厘米，露出地面部分凿刻规矩，厚16厘米，覆盆高7、直径70、柱径50厘米，中心凿圆榫，直径26、深17厘米（图七八，2；图版三八，1）。

B 型，2件。样式相同，大小有别。标本一，2001FJL 石：34，汉白玉质，略呈长方形，

112

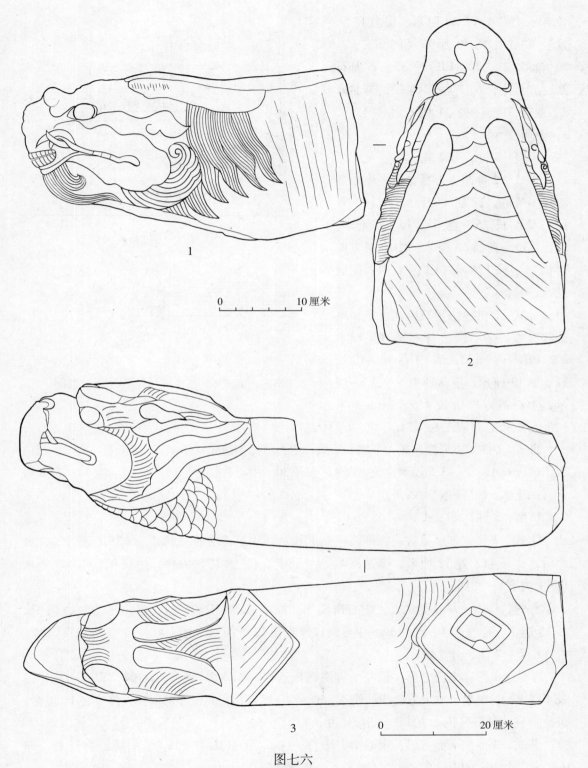

0 _____ 10 厘米

0 _____ 20 厘米

图七六

1. 小龙头兽侧视图（2001FJL石：28）　2. 小龙头兽俯视图（2001FJL石：28）　3. 龙头螭首（2001FJL石：29）

长 73、宽 70、厚 20 厘米，覆盆高 5、盆径 43、柱径 30 厘米（图版三八，2）。标本二，2001FJL 石:35，青白石制，方形边长 51、厚 12 厘米，覆盆高 3、盆径 31、柱径 24 厘米（图七八，3；图版三八，3）。

C 型，5 件，分 3 式。

I 式，2 件。方形覆盆式，中心凿方榫不透底。标本 2002FJL 石:114，青白石质，长 35、宽 31、厚 13 厘米，覆盆高 2、直径 33 厘米，中心凿方榫边长 11、深 7 厘米（图七八，4；图版三八，4）。

II 式，2 件。方形覆盆式，平顶略凸起棱线，中心凿方榫不透底。标本 2002FJL 石: 123，青白石制，边长 37、厚 13 厘米，覆盆高 4、直径 33 厘米，中心凿方榫边长 4.5、深 3 厘米（图七八，5；图版三八，5）。

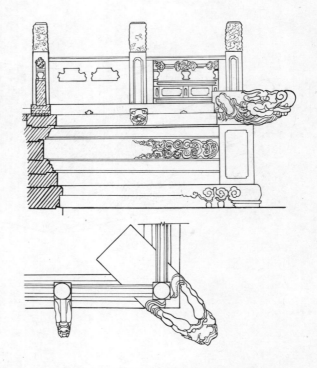

图七六 4. 龙头螭首位置复原示意图

III 式，1 件。方形覆盆式，平顶剔凹线，中心凿榫不透底。标本 2002FJL 石:136-1，汉白玉质，边长 41、厚 13.5 厘米，覆盆高 4、直径 30，中心凿长方形榫，长 12、宽 10、深 8 厘米（图七八，6；图版三八，6）。

D 型，3 件，分二式。

I 式，2 件。方形覆盆式，平顶略凸起棱线，中心凿方榫。标本 2002FJL 石:120，页岩质，边长 41、厚 12 厘米，覆盆高 4、直径 30，中心凿方榫，边长 9.5~10.5 厘米（图七九，1；图版三九，1）。

II 式，1 件。方形覆盆式，中心凿圆榫。标本 2002FJL 石:117，汉白玉质，边长 37、厚 15 厘米，覆盆高 4、直径 32，中心凿圆榫直径 12.5 厘米（图七九，2；图版三九，2）。

E 型，7 件，分 3 式。

I 式，3 件。平面方形，偏左上方凿圆形透榫。标本 2002FJL 石:107，青白石质，边长 40、厚 15 厘米，左上方起浅凸棱线，直径 40 厘米；在其中心部凿榫，榫直径 11 厘米，应是角柱的础石（图七九，3；图版三九，3）。

II 式，3 件。平面方形，中心凿方形榫。标本 2002FJL 石:105，页岩质，边长 39、厚 9 厘米，中心方榫 10~11 厘米（图七九，4；图版三九，4）。

1

2

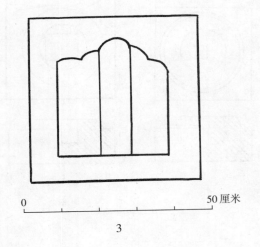

3

图七七

1. 栏板构件（2001FJL 石：15） 2. 栏板构件拓片
（2001FJL 石：139） 3. 水箅子（2001FJL 石：125）

Ⅲ式，1件。平面方形，中心凿方孔。标本 2002FJL 石:115，青石质。长 34、宽 32、厚 7 厘米。中间凿方榫，边长 8 厘米（图七九，5；图版三九，5）。

F 型，5 件，分 4 式。

Ⅰ式，2件。平面方形础石中心对角凿两个方形。标本 2002FJL 石:116，汉白玉质，长 42、宽 40、厚 11 厘米。对角方榫每个孔宽 8～9 厘米（图七九，6；图版四〇，1）。

Ⅱ式，1件。平面方形础，左上方凿两个交错对接的方形榫。标本 2002FJL 石:103，边

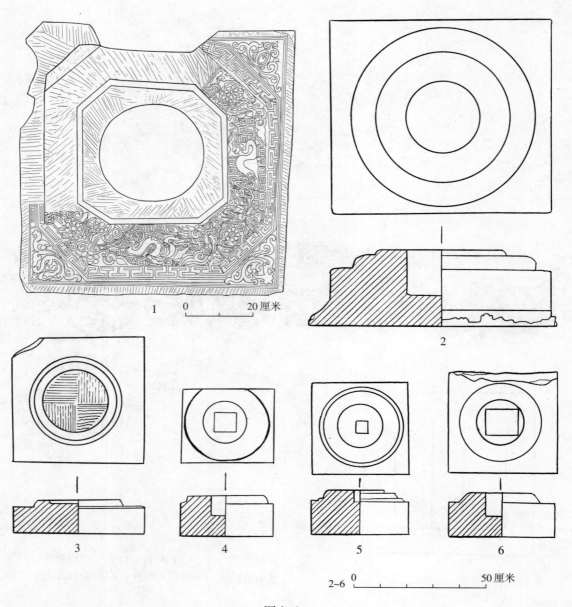

1 0 20厘米

2

3   4   5   6

2~6 0 50厘米

图七八

1. 1986年出土石柱础　2. A型柱础（2001FJL 石：33）　3. B型柱础（2001FJL 石：35）　4. C型Ⅰ式柱础（2002FJL 石：114）　5. C型Ⅱ式柱础（2002FJL 石：123）　6. C型Ⅲ式柱础（2002FJL 石：136－1）

长37、厚13厘米，两个方形榫交错对接长12、宽8厘米（图七九，7；图版四〇，2）。

Ⅲ式，1件。平面方形，中心凿方形不透榫。标本2002FJL 石：110，汉白玉质，边长45、厚12厘米，中心凿方榫边长6～6.5、深3厘米（图七九，8；图版四〇，3）。

G型，4件。石踏道望柱础石，分二式。

116

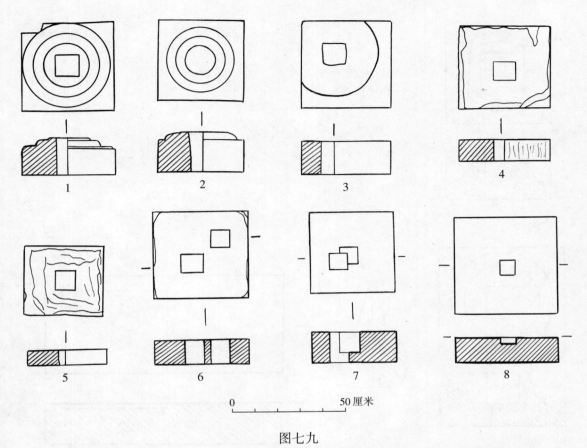

图七九

1. D 型 I 式柱础（2002FJL 石：120） 2. D 型 II 式柱础（2002FJL 石：117） 3. E 型 I 式柱础（2002FJL 石：107） 4. E 型 II 式柱础（2002FJL 石：105） 5. E 型 III 式柱础（2002FJL 石：115） 6. F 型 I 式柱础（2002FJL 石：116） 7. F 型 II 式柱础（2002FJL 石：103） 8. F 型 III 式柱础（2002FJL 石：110）

I 式，2 件。方形覆盆式，中心凿方榫，不透底，两端凿斜面凹榫以放置栏板。标本 2002FJL 石:121，青石质，边长 40、厚 16 厘米，盆高 4、直径 20 厘米，中心 12.5～13、深 10 厘米（图八〇，1；图版四〇，4）。

II 式，2 件。方形覆盆式，中心凿方榫不透底，一端凿斜面凹榫放置栏板。标本 2002FJL 石:122，青白石制，长 48、宽 43、厚 16 厘米，覆盆高 5、直径 40 厘米，中心方榫边长 12、深 11 厘米（图八〇，2；图版四〇，5）。

H 型，2 件，样式相同，纹饰有别。标本一，2001FJL 石:27，青白石质，覆盆式，平顶，圆形，周边雕刻双云头纹饰，直径 40、柱径 27、厚 12 厘米（图八〇，3；图版四一，1）。标本二，2002FJL 石:127，青白石质，平顶，圆形，周边雕刻覆莲，直径 43、柱径 32、厚 10 厘米（图八〇，4；图版四一，2）。

J 型，2 件。样式相同，大小有别。墩式，顶部尖锥状，平底。标本一，2002FJL 石:

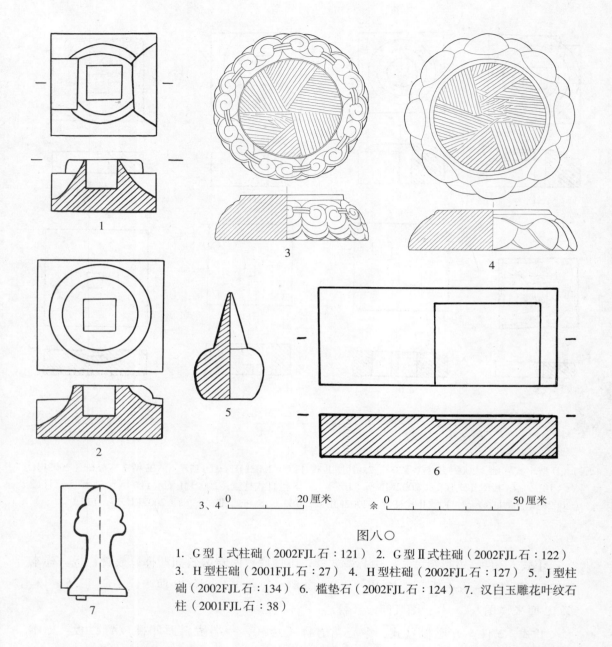

图八〇

1. G型I式柱础（2002FJL石：121） 2. G型II式柱础（2002FJL石：122）
3. H型柱础（2001FJL石：27） 4. H型柱础（2002FJL石：127） 5. J型柱础（2002FJL石：134） 6. 槛垫石（2002FJL石：124） 7. 汉白玉雕花叶纹石柱（2001FJL石：38）

134，通高42、腹径26、底径18厘米（图八〇，5；图版四一，3）。标本二，2002FJL石：135，通高38、腹径20.5、底径16厘米（图八〇，6）。

11. 槛垫石，2件。垫在门槛下的条石，其上皮与地面齐平，放置与门槛平行。形制相同，平面长方形，一端凿刻凹平槽。标本2002FJL石：124，青白石长90、宽38、厚16厘米，凹槽从侧面开口，长40、宽32、深2厘米（图版四一，4）。

12. 青石望柱，1件。标本2001FJL石：5。青石凿刻成圆柱体，柱身浮雕一条盘龙。残高95厘米（图版四二，1）。

13. 台阶条石，10 件。大多采集并残断。标本 2001FJL 石:39，汉白玉石制，剔刻缠枝忍冬纹，长 90、宽 40、厚 15 厘米（图八一；图版四二，2）。

14. 石绣墩，2 件。平顶，鼓式，上下两雕乳钉纹、中腰对称雕兽面衔环，标本 2002FJL 石:133，高 66、面径 30 厘米（图版四二，3）。

15. 汉白玉雕花叶纹石柱。标本 2001FJL 石:38，方形石柱，两侧面雕花叶，通高 46、边长 15、下端榫长 2 厘米（图八〇，7；图版四二，4）。

16. 龟趺，2 件，分二式。

图八一　台阶条石纹饰拓片（2001FJL 石：39）

I 式，1 件。标本 2002FJL 石:102，M7 盗坑内出土，汉白玉石制，椭圆形，残缺头部，四腿跪卧，背部浅雕锦地花纹，长 1.3、宽 0.9、通高 0.7 米。脊背正中凿榫长 32、宽 25、深 20 厘米（图版四三，1）。

II 式，1 件。标本 2001FJL 石:40，M9 墓道内出土。汉白玉石制，椭圆形，头部残缺，身残断两截（图版四三，2）。

17. 石斗拱，3 件。标本 2002FJL 石:40，一斗三升，四铺作转角斗拱（图版四三，3）。

二、琉璃构件

1. 鸱吻，5 件，样式基本相同，大小有别。标本 2001FJL:65，红褐色胎土，外施绿色琉璃釉，胎质坚硬。模制，浮雕。龙头张口吐舌，鸱尾上卷。残高 25 厘米（图八二，1；彩版二三，1）。标本 2002FJL:11，M7 扰坑内出土。鸱尾残断，中部阴刻"秋云"、"敖润"等字。残高 40 厘米（图八二，2；图版四四，1~3）。

背兽，1 件。标本 2001FJL:66，M9 墓道中出土，绿琉璃釉陶质，模制，龙头张口，卷舌，头后敷瓦，高26、宽9厘米（图八二，3；图版四四，4）。

2. 迦陵频伽，7件，样式相同。标本2001FJLP4:48，陶质胎，外施绿琉璃釉，人首鸟身，展翅。头戴花冠，双手抱莲花，站立在狮头上，底足圆形。直径7、高24.8厘米（图八二，4；彩版二三，2）。

3. 妙音鸟，2件，样式相同。标本2001FJLP4:67，陶质胎，外施绿琉璃釉，凤鸟展翅，立姿，圆形底足，内遗有白灰方孔，底径8.5厘米，方孔直径2厘米，通高26厘米（图八二，5；图版四四，5）。

4. 筒瓦，2件。标本2001FJLP4:15，绿琉璃釉，模制，胎薄，小巧精致，长方形拱背。长24厘米（图八二，6；图版四五，1）。

5. 护瓦，1件。标本2001FJLF2:87，砖红色陶胎，外施绿琉璃釉。模制，筒瓦两端斜抹切割呈拱形。长15、宽10.5、高5.2、厚1.5厘米（图版四五，2）。

6. 勾头瓦，1件。标本2001FJLP4:83，琉璃釉陶质，釉已脱落。模制粗糙，半圆形筒状，瓦当正面装饰团龙纹，残长10、直径16厘米（图八二，7；图版四五，3）。

7. 瓦当，19件。大多数出土于P4，依据纹饰可以分为两式。

Ⅰ式，15件。标本2001FJL:69，灰白色胎，绿琉璃釉，圆饼形，模制。当面模印团龙纹，龙头朝右，有5个细小排气孔。直径11.5、厚约1.2厘米（图八三，1；图版四五，4）。

Ⅱ式，4件，标本2001FJL:51，黄白色胎，绿琉璃釉，圆饼形，模制。当心模印团龙纹，龙头朝左，有4个小孔。直径10.5、厚约1.2~1.5厘米（图八三，2；图版四五，5）。

8. 长方形滴水，4件，形制相同。标本2001FJL:64，绿色琉璃釉，红褐色胎，质地较粗糙，模制。形制为长方弧形，正面雕刻龙纹，底部刻雷纹。长17.5、宽6厘米（图八三，3；图版四五，6）。

9. 琉璃釉套兽，标本2002FJL:13，M7盗坑出土。红褐色陶胎，胎质松软，绿色琉璃釉。模制，残存正面。其形制平面略呈三角形，一端截面呈方形，筒状。正面浮雕龙头装饰。长22、宽15厘米（图八三，4；图版四六，1）。

10. 剑把构件，2001FJL:40，关帝庙遗址出土。褐色琉璃釉，模制。扁圆形，上部凤尾作云头状，中部束腰，对称饰两只凤头，底部中空。该剑把应为安装在正吻脊兽上的装饰构件，应为明代建筑构件。底径6.5、高16、内孔深7.5厘米（图八三，5；图版四六，2）。

11. 板瓦，15件。标本2001FJL:43，灰黄色胎，过水面下半截施黄色釉。模制，规整，近似长方形，较宽处稍有外折。长31.2、宽20~22.6、厚1.3~1.6厘米。

12. 圆眼勾头瓦，1件。标本2001FJL:45，瓦面及圆饼状当面施黄色釉，灰黄色胎。模制，粘接而成。形制为筒瓦一端接瓦当，背部中间有圆形孔眼。瓦当中部有三个小孔，

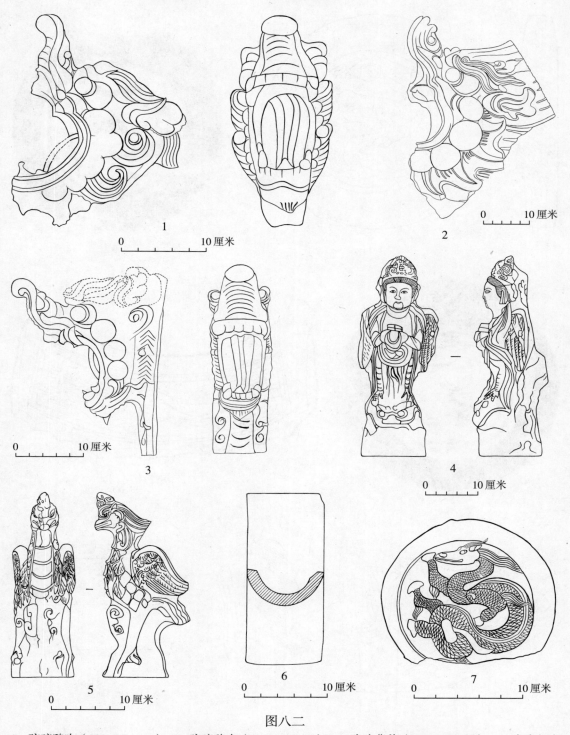

图八二

1. 琉璃鸱吻（2001FJL：65） 2. 琉璃鸱吻（2002FJL：11） 3. 琉璃背兽（2001FJL：66） 4. 琉璃迦陵频伽（2001FJLP4：48） 5. 琉璃妙音鸟（2001FJLP4：67） 6. 琉璃筒瓦（2001FJLP4：15） 7. 琉璃勾头瓦（2001FJLP4：83）

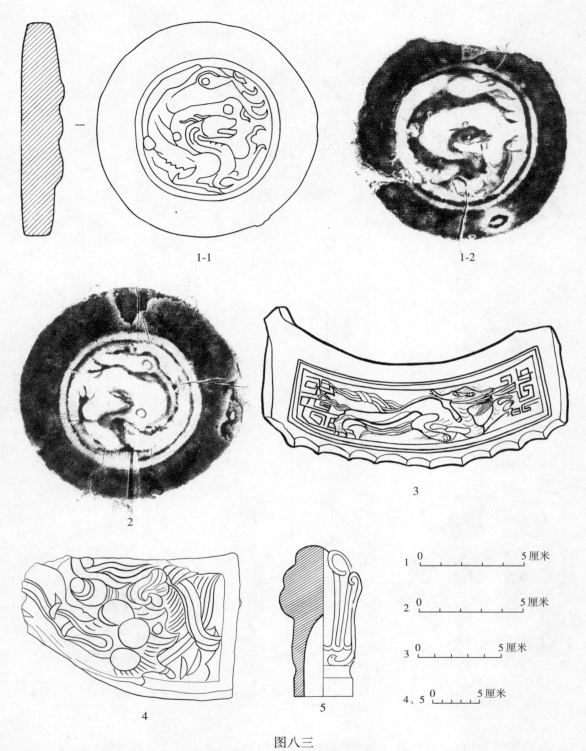

图八三

1-1. Ⅰ式琉璃瓦当（2001FJL∶69） 1-2. Ⅰ式琉璃瓦当拓片 2. Ⅱ式琉璃瓦当（2001FJL∶51） 3. 琉璃釉长方形滴水（2001FJL∶64） 4. 琉璃釉套兽（2002FJL∶13） 5. 剑把构件（2001FJL∶40）

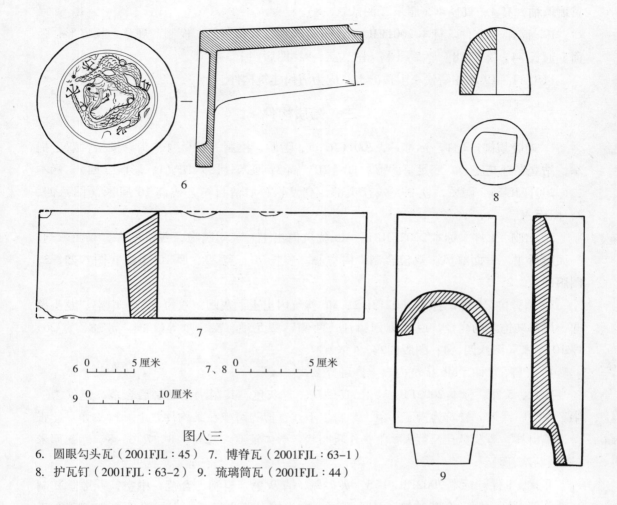

图八三

6. 圆眼勾头瓦（2001FJL：45） 7. 博脊瓦（2001FJL：63-1）
8. 护瓦钉（2001FJL：63-2） 9. 琉璃筒瓦（2001FJL：44）

瓦当浮雕盘龙火眼纹。长35、宽14.5、厚2.2厘米（图八三，6；图版四六，3）。

13. 斜当勾，4件。标本2001FJL:46，琉璃，瓦面施黄釉，胎呈灰黄色，瓦里面无釉。模制。筒瓦切割两角端呈弧形。长22、宽14、厚1.5厘米（图版四六，4）。

14. 琉璃撺头，1件。标本2001FJL:62，黄琉璃釉，胎呈红黄色，模制，浮雕。形制呈长方形。装饰卷草纹。残长22、宽11.8、厚7.2厘米（图版四七，1）。

15. 滴水瓦，2001FJL:47-1，琉璃瓦件。灰黄色胎，与滴水连接的一半瓦面施黄釉，另一端合瓦部分为素面。模制而成，施釉均匀。残长30、宽21~22、厚1.5厘米。

16. 博脊，1件。标本2001FJL:47-2，琉璃构件，灰黄胎，通体施黄釉。长38.5、宽12~18、高13厘米（图版四七，2）。

17. 博脊瓦，1件。标本2001FJL:63-1，长方形，正面抹角，灰褐胎坚硬，模制，施黄琉璃釉，高4、直径4.5厘米（图八三，7；图版四七，3）。

18. 护瓦钉，2件。标本2001FJL:63-2，小馒头形，中空，灰褐胎坚硬，模制，外施黄琉璃釉，高4、直径4.5厘米（图八三，8）。

19. 筒瓦，10件。标本2001FJL:44，黄琉璃釉，灰黄色胎。模制，规整，长方形，弧面。通长34、宽12.8、厚2厘米（图八三，9；图版四七，4）

以上11～19均在清代小宝顶出土，应为清代建筑构件。

三、陶质构件

1. 迦陵频伽，2件。标本一，2001FJL:55，陶质，模制人首鸟身，头有发髻，双手抱拳，站立在莲花座上，底足呈圆形。直径10、高31厘米（图八四，1；彩版二四）。标本二，2001FJL:54，陶质，模制，残存头部，高发髻，眉清目弯，残高10厘米（图八四，2；图版六二，2）。

2. 鸱吻，1件。标本2002FJL:1，M6扰坑内出土。灰陶鸱吻，残留尾部。双面雕刻。一面雕行龙，一面雕凤。双模合制，内空心。残长70、宽23、厚10厘米（图八四，3；图版四八，2、3）。

3. 垂脊兽，1件。标本2002FJL:2，M6扰坑内出土。灰陶，双模合制，中空。龙头昂起，尾部装饰龙的飘发，底部刻划鳞片，两侧贴塑龙须、身、爪等纹饰。高38、宽26、厚10厘米（图八四，4；图版四八，4）。

4. 脊兽，6件。M6扰坑内出土。可分二式。

Ⅰ式，5件。标本2002FJL:9-2，夹砂陶，青灰色。其制法是模制后合范，但仅为一半。中空、浮雕。脊首为狮子形象，半身以下残，似为蹲坐在某构件之上。狮头睁目、张口，戳出耳、鼻及鼻孔。狮头稍上扬作吼叫状，形体较瘦。残高9.8、宽6～8、厚3厘米（图版四八，5）。

Ⅱ式，1件。标本2002FJL:9-5，夹砂陶，青灰色。模制，合范，中空，浮雕。其制法是分别做好一侧后合范抹缝。从造型看，应为雄马蹲坐形象，但马身两面细部稍微不同，说明其范不是完全相同的两件。马头顶较平，眼珠凸出，脸部消长较平。鬃毛深长顺直，颈、前胸腹部穿戴甲胄。似为蹲坐状，下身残缺。残高12、宽8、厚6厘米（图版四八，6）。

5. 砖。陵区内金代建筑所用的砖均为青灰色陶质砖，质地坚硬，模制而成，单面多饰有沟纹，方砖一般有十三道，长方形砖则为七八道。依形制分三式。

Ⅰ式，方砖，标本2002FJL:129，夹砂陶，青灰色。边长37.5、厚6.5厘米（图七一，1；图版四九，1）。

Ⅱ式，长方形砖。标本2002FJL:130，夹砂陶，青灰色，长42、宽21.5、厚7.5厘米（图八五，2；图版四九，2）。标本2002FJL:131，夹砂陶，青灰色，长39、宽17.5、厚7.5厘米。

Ⅲ式，长方形砖，1件。在竖向沟纹上斜向刻划沟纹，形成不太规则的菱形纹。标本

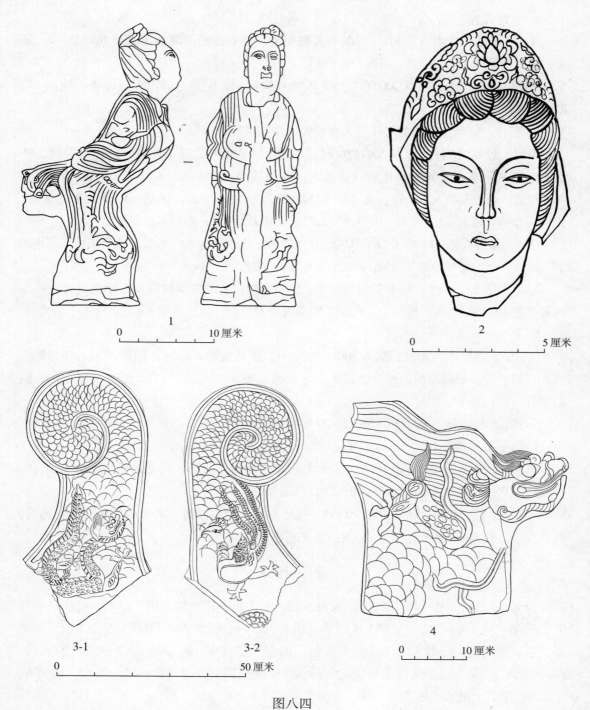

图八四

1. 陶迦陵频伽（2001FJL：55） 2. 陶迦陵频伽（2001FJL：54） 3. 陶鸱吻（2002FJL：1） 4. 灰陶垂脊
兽（2002FJL：2）

2002FJL:132，夹砂陶，青灰色，长37.5、宽19、厚6厘米（图八五，3；图版四九，3）。

6. 装饰砖，2件，分二式。

Ⅰ式，1件。标本2002FJL:7，泥质灰陶模制，空心，正面雕塑游动鲶鱼，长42、宽30、厚9厘米（图八五，4，图版四九，4）。

Ⅱ式，1件。残。标本2002FJL:19，泥质灰陶模制，中空，侧面捏塑龙头。残高14、厚7厘米（图版四九，5）。

7. 瓦件。陵区内出土的陶质瓦大多残毁，按其形制可以分三型。

A型，板瓦，2件。标本2001FJL:84，泥质灰陶，模制，弧形瓦背，凹面有布纹，外素面。长40、宽27、厚2.4厘米（图八六，1；图版五〇，1）。

B型，长方形筒瓦，3件。标本2001FJL:68，灰陶，模制，规整，厚重。瓦背素面，瓦里有布纹。残长33、宽15、厚1.8~2厘米（图八六，2；图版五〇，2）。

C型，重唇板瓦，1件。标本2002FJL:4，泥质陶，灰色。模制。板瓦一端有麦穗形花边滴子。残长19.5、宽19、厚2厘米，花边宽4.5厘米（图八六，3）。

8. 装饰瓦件，1件。标本2001FJL:58，泥质灰陶。制法为模制板瓦上堆塑蹲兽，残为两截。宽28、残长36、瓦厚2、通高约10厘米（图八六，4；图版五〇，3）。

9. 瓦当，7件。分三式。

Ⅰ式，5件。形制相同，标本2001FJL:56-1。泥质灰陶，模制，圆形，当心浮雕兽头纹，双眉上翘，眼睛睁圆，张口，露出上下牙齿及獠牙。直径约13.2厘米（图八六，5；图版五一，1）。

Ⅱ式，1件。标本2001FJL:56-2。泥质灰陶，模制，圆形，宽缘。当心凸起兽头纹，周边饰乳丁纹。直径15.5厘米（图八六，6；图版五一，2）。

Ⅲ式，1件。标本2003FJLF6:8，泥质灰陶，模制，圆形，当心雕兽头，上翘阔鼻，周边饰串珠纹，直径11.5厘米（图八六，7；图版五一，3）。

10. 武士俑，1件。标本2001FJL:53，泥质灰陶，模制圆雕。武士戴头盔，横眉怒目，四肢残缺，残高22厘米（图八六，8；图版五一，4）。

四、其他

谥册，3件。标本2001FJL:79，汉白玉制，长方形，正面雕刻阴文行书，残存"一月丑"三字。残长6、宽3.7、厚2.4厘米（图八六，9）。标本2003FJL:1，汉白玉制，长条形。正面雕刻阴文行书，残存"英文睿德"四字。残长9、宽3.6、厚2厘米（图八六，10）。标本2003FJL:2，汉白玉制，长条形，正面雕刻阴文行书"氏威时"三字，残长6、宽2.4、厚2.4厘米（图八六，11；图版五一，5）。

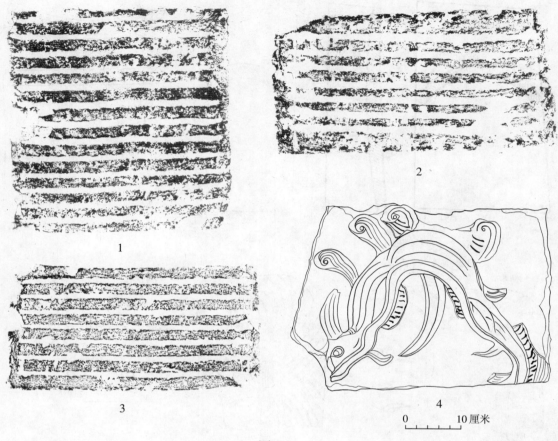

图八五

1. Ⅰ式方砖拓片（2002FJL：129） 2. Ⅱ式长方形砖拓片（2002FJL：130） 3. Ⅲ式长方形砖拓片（2002FJL：132） 4. Ⅰ式装饰砖（2002FJL：7）

第三节 铁 器

在遗址内，零散出土了大量铁器，其中生产工具数量最多，有镐、凿、锤、锹、斧、剁斧、链等，另有少量兵器及生活用具。共计 51 件，现分述如下。

一、生产工具

1. 镐，4 件，样式相同。扁长条形状，腰窄刃宽，和现今镐的形制相同。标本 2001FJL：22，长 28、刃宽 8 厘米（图版五二，1）。

2. 耘锄，1 件。标本 2001FJL17，锄头部呈三角形，磨损较甚，中间有铁筋连接銎部，以插木柄，全长 31、銎径 2.5 厘米（图版五二，2）。

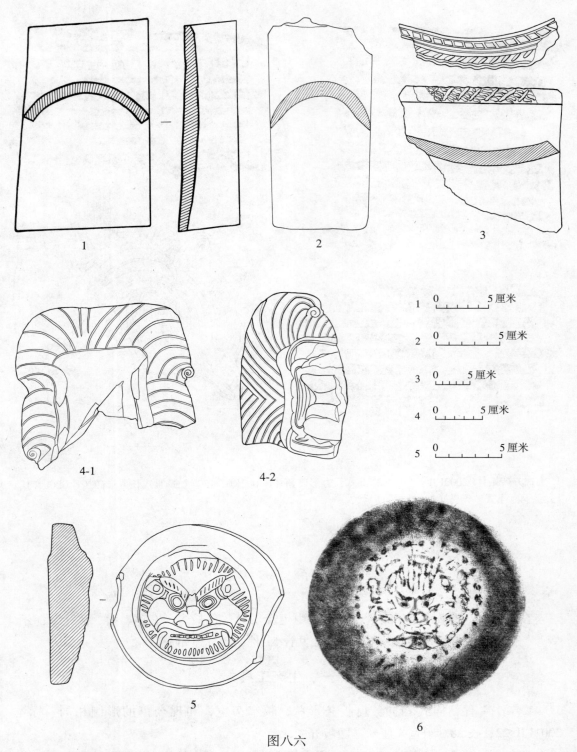

图八六

1. A型灰陶板瓦（2001FJL∶84） 2. B型灰陶筒瓦（2001FJL∶68） 3. C型灰陶重唇板瓦（2002FJL∶4）
4. 装饰瓦件（2001FJL∶58） 5. Ⅰ式瓦当（2001FJL∶56） 6. Ⅱ式瓦当拓片（2001FJL∶56-2）

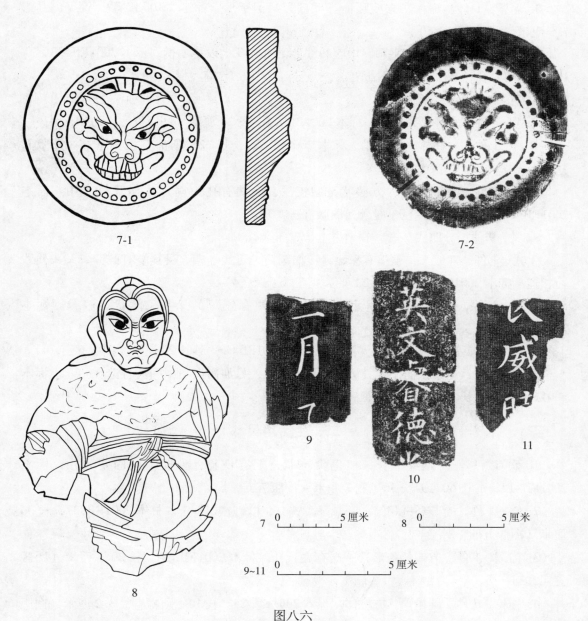

图八六

7-1. Ⅲ式瓦当（2003FJLF6：8） 7-2. Ⅲ式瓦当拓片 8. 武士俑（2001FJL：53） 9. 谥册（2001FJL：79） 10. 谥册（2001FJL：1）11. 谥册（2001FJL：2）

3. 锸，3件。样式基本相同，长方体略呈梯形，肩部稍溜，筒状深銎。标本2001 FJL：13，全长44、銎深17、銎径3.5厘米（图版五二，3）。

4. 斧，1件。扁体平顶宽厚，刃薄，上端有插木柄的长方孔。标本2001FJL：11，宽 7.5、刃长9.5厘米（图版五二，4）。

5. 剁斧，1件。扁体，方棱顶面。下部为半圆铲形。标本2001FJL:39，高7、刃宽7.5厘米（图版五二，5）。

6. 锤，1件。橄榄形，平顶，中腹凸棱，留有圆孔，以接木柄。标本2001FJL:38，高16、直径8、孔径2.5厘米（图版五二，6）。

7. 凿，4件。分三式。

Ⅰ式，2件。方柱体，平顶。标本2001FJL:21，长24厘米（图版五三，1）。

Ⅱ式，1件。方柱体，乳凸帽。标本2001FJL:29，长22、顶部直径3厘米（图版五三，2）。

Ⅲ式，1件。头部残断，方棱状，銎较浅，上端有孔为固定木柄穿钉之用。标本2001FJL:20，残长13、銎径3厘米（图版五三，3）。

8. 叉，9件，分四式。

Ⅰ式，1件，双股叉，顶端有深銎，形如圆筒，可接木柄，銎顶端有圆箍，叉头残毁而相连。标本2001FJL:15，全长28厘米（图版五三，4）。

Ⅱ式，1件，双股叉，头呈扁三棱状，一侧有较短的叉头，筒状銎较长。标本2001FJL:14，全长38、銎径4厘米（图版五三，5）。

Ⅲ式，4件，铁柄三股叉，上端残断。标本2001FJL:23，残长20厘米（图版五三，6）。

Ⅳ式，3件，扁条铁柄，五股叉，中间齿较粗，另加四齿与中间齿打造在一起。标本2001FJL:19，残长21厘米（图版五三，7）。

二、生活用具

1. 砍刀，1件，刀身窄长，把呈尖锥状，上有铁箍，为插木柄固定之用，标本2001FJL:12，通长60、刀长36、宽7厘米（图版五四，1）。

2. 链，2件。七节环链相结，一端环套铁钉，以钉在门框上。标本2001FJL:37，长36厘米（图版五四，2）。

3. 门闩，1件。方帽长条形，一端有扁长孔。标本2001FJL:36，长20.5厘米（图版五四，3）。

4. 帽钉，5件。圆帽顶，方柱体。标本2001FJL:25，长10、顶帽直径3.2厘米（图版五四，4）。

5. 马镫，1件，马蹄形，锻打成形，宽踏板，两侧圆柱形。标本2003FJLF6:10，通高19厘米（图版五四，5）。

三、兵器

1. 矛，2件，分三式。

Ⅰ式，1件。矛头较长而锋利，深銎如筒状，以纳木柄。标本2001FJL:35，通长82厘米（图版五五，1）。

Ⅱ式，1件。双股，头呈扁三棱状，一侧有较短的矛头，筒状銎较长。标本2001FJL:14，通长38、銎径4厘米（图版五五，2）。

Ⅲ式，1件。三棱状矛头，短銎。标本2001FJL:20，残长13厘米（图版五五，3）

2. 匕首，1件。利刃，短把，圆格挡。标本2003FJLF6:9，通长9厘米（图版五五，5）。

3. 镞，2件。镞头扁三角形，长铤。标本2001FJL:21，长10、镞头宽3厘米。标本2003FJLF6:11，镞头长，短铤。通长11、宽1厘米（图版五五，4）。

四、其他

1. 板材，12件，铁质，长条形板状。标本2001FJL:30，长28～34、宽6厘米。另有锅、釜，均残。此不赘述。

第四节 钱 币

在金陵主陵区第四台地清代修葺的金世宗小宝顶西侧20余米处，T2金代地层中，发现一处铜钱窖藏。这些铜钱直接埋于土坑中，坑口直径约60、深35厘米，铜钱码放整齐，出土时用绳串联的痕迹清晰可辨（图版五五，6）。此窖藏钱币共计2243枚，其数量多，品种丰富，为北京市首次发现的宋金窖藏铜钱。现分述如下。

一、西汉铜钱

郡国五铢，1枚。武帝元符五年（公元前118年）初，令郡国铸钱，钱体厚重，正、背两面均有外郭，钱文五铢。"五"字交叉两笔缓曲较甚，"铢"字金字头呈三角状。标本2001FJLT2④:1，直径2.4厘米，重2.4克（图八七，1）。

二、唐代铜钱

1. 开元通宝，175枚。高祖武德四年（621年）始铸，钱文分篆和八分二体，对读。大量开元钱铜质较好，钱文精美，笔画匀称，边郭略宽，背面有仰月纹或偃月纹。直径2.4～2.5厘米，重3.5～4.5克。个别的开元钱直径在2～2.2厘米之间，重2.5～3克。标本2001FJLT2④:4～6，直径2.4厘米，重3.5克（图八七，2～4）。

2. 乾元重宝，3枚。肃宗乾元元年（758年）始铸。一当开元十文，后来减重大小不一，版别较多，郭宽肉厚。钱文八分体，对读。标本2001FJLT2④:8，直径2.4厘米，重2.8克。"元"字第二笔左挑（图八七，5）。

3. 会昌开元通宝，3枚。武宗会昌五年（845年）始铸。面文为"开元通宝"，其特征

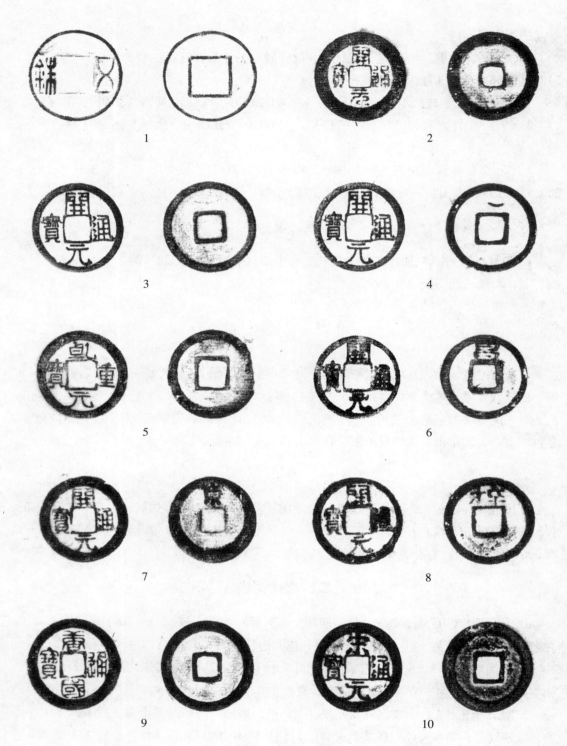

图八七 铜钱（一）

1. 五铢（T2④：1） 2～4. 开元通宝（T2④：4～6） 5. 乾元重宝（T2④：8） 6～8. 会昌开元通宝（T2
④：9～11） 9. 唐国通宝（T2④：12） 10. 宋元通宝（T2④：13）

为会昌五年所铸"开元通宝"。钱有背文。如会昌年号简称"昌"字，是扬州节度使李坤所铸，在钱背面铸一"昌"字，以表年号。后来朝廷令各地铸钱，在钱背面均铸本州州名，如"京"、"梓"、"洛"。会昌开元钱的铸造和使用时间非常短暂，据《旧唐书》、《新唐书》记载，会昌开元钱是唐代最后一种铸钱。由于全国各地均设坊铸钱，故制造粗糙、质量低劣，不及唐初开元钱精美；其背文书写不规范，也不清晰。标本2001FJLT2④:9～11，直径2.2～2.4厘米，重2.2～2.5克（图八七，6～8）。

三、五代十国铜钱

1. 唐国通宝，2枚。南唐李璟年间（958～960年）始铸。这个时期常铸大小两种钱。钱文分篆、隶、真三种书体，对读。也有铜、铁两种钱。此次未发现隶、真两书和铁钱。标本2001FJLT2④:12，边郭宽，篆书，字迹清晰。直径2.4厘米，重4.6克（图八七，9）。

四、北宋铜钱

2029枚。两宋时期，白银和纸钞已逐渐流通，成为货币的主要形式，但铜钱货币仍占主导地位。宋代货币种类繁多，随着经济发达，每换一个皇帝就要更名铸钱，同是一个皇帝每改元一次年号也要更名铸钱。同时宋代钱文书体多种多样，真、草、隶、篆、行兼备，流利多姿，钱币制作工艺水平也达到顶峰。

1. 宋元通宝，4枚。太祖建隆元年（960年）始铸。钱文隶书，对读。郭宽肉厚，其钱文书体和背面星月纹等沿用唐制，轮廓大方。标本2001FJLT2④:13，郭宽，"元"字第二笔左挑。直径2.3厘米，重3.5克（图八七，10）。

2. 太平通宝，21枚。太宗太平兴国年间（976～983年）铸。钱文真书，对读。钱文俊美，郭宽肉厚。标本2001FJLT2④:15，直径2.4厘米，重3.75克（图八八，1）。

3. 淳化通宝，26枚。太宗淳化元年（990年）始铸。钱文有真、行、草三体，均为宋太宗赵炅御书，环读。分铜、铁两种，外观俊巧玲珑。钱文四字"淳化"二字为行书而"元宝"二字为隶书；有的"淳化元"三字为行书而"宝"字为隶书。整理中未发现铁制钱。标本2001FJLT2④:16，郭宽，币厚，行书。直径2.4厘米，重3.6克（图八八，2）。

4. 至道元宝，55枚。太宗至道年间（995～997年）铸。钱文有真、行、草三种书体，均为太宗御书。环读，分铜、铁两种，此次仅发现铜钱。标本2001FJLT2④:17、18。钱文有真、草两种，直径2.4厘米，重3.5～4.1克（图八八，3、4）。

5. 咸平元宝，51枚。真宗咸平年间（998年）始铸。钱文真书，环读。这种钱制作较规则，郭宽肉厚。标本2001FJLT2④:19，直径2.4厘米，重3.9克（图八八，5）。

6. 景德元宝，65枚。真宗景德元年（1004年）始铸。钱文真书，环读。外郭有宽窄之分。钱文"景"和"元"字的书写位置不尽相同。标本2001FJLT2④:20，直径2.4厘米，重3.5克（图八八，6）。

7. 祥符元宝、通宝，92枚。真宗大中祥符元年（1008年）始铸。钱文真书、行书，环读。制作规范。标本2001FJLT2④:21、23，直径2.4厘米，重3.5克（图八八，7~8）。

8. 天禧通宝，66枚。真宗天禧年间（1017~1021年）铸。钱文真书，环读。钱文大小有别，郭宽窄不一。标本2001FJLT2④:25，直径2.3~2.5厘米，重4.1克（图八八，9）。

9. 天圣元宝，140枚。仁宗天圣元年（1023年）始铸。钱文有真、篆两种，环读。真、篆对读。钱文版别不同，真书"天"字是真书，"元"字是隶书；篆书"天圣元"是篆书，"宝"字是隶书，钱面大小不同，外郭宽窄有别。标本2001FJLT2④:26、27，直径2.4~2.55厘米，重3.7克（图八八，10；图八九，1）。

10. 明道元宝，10枚。仁宗明道元年（1032年）始铸。铸有真、篆两体，环读。钱文真书体四字各有不同，篆书体四字也有明显差异，郭宽窄也各不相同。标本2001FJLT2④:28、29，直径2.5厘米，重5克（图八九，2~3）。

11. 景祐元宝，31枚，仁宗景祐元年（1034年）始铸。钱文真、篆两种，环读。篆书，孔大，郭略宽；真书，郭宽，文字清晰。标本2001FJLT2④:30、31，钱径2.4厘米，重3.55~3.8克（图八九，4~5）。

12. 皇宋通宝，241枚。仁宗宝元二年（1039年）始铸。非年号钱。钱文有真、篆两种，对读。分铜、铁两种。整理未见铁钱。真书钱文版别较多，有钱径小，"皇"字文小，或径大郭宽，"皇"字小，"宝"字大，笔粗，"通"字的大小和行笔差异颇多。篆书体版别更复杂，也有七八种之多，有"皇"为篆书体，而"元"和"宝"字为真书；另有一种为篆书体，环读。以上两种书体钱，外郭宽窄不同，钱穿大小不一。标本2001FJLT2④:32~41，直径2.3~2.5厘米，真书，钱重39克（图八九，6~10；图九〇，1~5）。

13. 庆历重宝，10枚。仁宗庆历年间（1041~1048年）铸。钱文真书，对读。郭宽肉厚。标本2001FJLT2④:42，直径3厘米，重7.9克（图九〇，6）。

14. 至和通宝、元宝，21枚。仁宗至和年间（1054~1056年）铸。钱文真、篆二体，元宝钱环读。通宝钱对读。标本2001FJLT2④:43~44，直径2.3~2.4厘米，重3.3~5.4克（图九〇，7~8）。

15. 嘉祐元宝、通宝，63枚。仁宗嘉祐元年（1056年）铸。钱文有真、篆二体。出土元宝钱仅一枚，环读；其余均为对读。篆书通宝钱主要是"宝"字，花样繁多，外郭宽窄也不一样。标本2001FJLT2④:45、46，直径2.2~2.4厘米，重4.15克（图九〇，9~10）。

16. 治平通宝、元宝，49枚。英宗治平年间（1064~1067年）铸。钱文有真、篆二体，元宝钱文环读，通宝钱文对读。"元宝"钱最小，直径2.2厘米，"通宝"钱有"治"、"通"二字为篆体，"平"、"宝"二字为真书。标本2001FJLT2④:47~51，直径2.3~2.45厘米，重3.5克（图九一，1~5）。

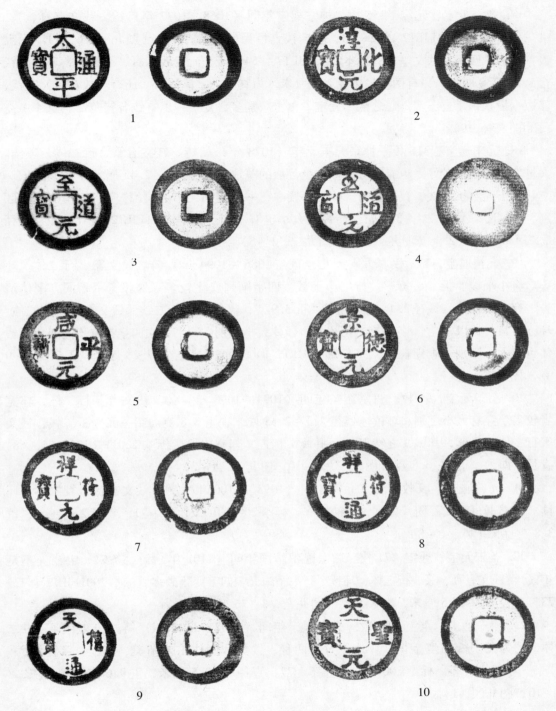

图八八　铜钱（二）

1. 太平通宝（T2④：15） 2. 淳化元宝（T2④：16） 3~4. 至道元宝（T2④：17~18） 5. 咸平元宝（T2④：19） 6. 景德元宝（T2④：20） 7. 祥符元宝（T2④：21） 8. 祥符通宝（T2④：23） 9. 天禧通宝（T2④：25） 10. 天圣元宝（T2④：26）

17. 熙宁重宝、元宝，255 枚。神宗熙宁年间（1068～1077 年）铸。钱文有真、篆、隶三种。标本 2001FJLT2④:52、53，重宝钱直径为 3 厘米，环读（图九一，6、7）。元宝钱直径为 3 厘米，钱文篆书；标本 2001FJLT2④:54、55，元宝钱有真、篆二体，环读，钱径 2.3～2.8 厘米。另有两枚最小径 2.2 厘米，为真书，字体清秀。还有一枚花边元宝钱，郭边锯齿状，字迹不清。总之熙宁元宝、重宝版别多，复杂；也有钱背错范品，重 4.4 克（图九一，6、9）。

18. 元丰通宝，316 枚。神宗元丰元年（1078 年）始铸。钱文有篆、行二体，环读。大量郭宽，质地较好，也有部分类似皮纸一般的薄钱，直径 2.3～2.45 厘米，重 3.7 克。

元丰通宝折二钱，钱文篆行二体，环读。行书体版别大小不同，"宝"字写法也有区别，"丰"、"宝"二字变化颇多，钱文大小也有不同。标本 2001FJLT2④:57～59，直径 2.8 厘米，重 4.2 克（图九一，10；图九二，1～3）。

19. 元祐通宝，177 枚。哲宗元祐年间（1086～1094 年）铸。钱文篆、行二体，环读。有小平钱、折二、折三。行书小平钱，四字笔画变化较多，外郭宽窄不同，字体清秀，有的字体小，钱径 2.4～2.5 厘米，重 3.9 克。元祐通宝折二钱，钱文有行、篆二体，环读。篆文钱以"宝"字行笔变化较多，钱体大小有别；行书钱文四字都有不同变化，钱体也有大小区别，版别较多。标本 2001FJLT2④:60～63，直径 2.7～3 厘米，重 7.5～8.9 克（图九二，4～7）。

20. 绍圣元宝，96 枚。哲宗绍圣年间（1094～1098 年）铸。钱文有篆行二体，郭宽者较多。穿有大小之别，环读。钱径 2.3～2.35 厘米，重 3.8 克。绍圣元宝折二钱，钱文篆行二体，环读，其钱文之特点与小平钱文相近，郭宽肉厚。标本 2001FJLT2④:64～68，直径 3 厘米，重 6～6.8 克（图九二，8～10；图九三，1～3）。

21. 元符通宝，19 枚。哲宗元符年间（1098～1100 年）铸。钱文有行、篆二体，环读。篆书书写版式不同，郭宽，质地较好，标本 2001FJLT2④:69～71，直径 2.4 厘米，重 3.8 克（图七八，6～8）。

22. 圣宋元宝、通宝，71 枚。徽宗建中靖国年间（1101 年）铸。圣宋元宝钱（不是年钱），钱文有真、篆、行三体，环读。行书圣宋元宝四字变化颇多。标本 2001FJLT2④:72、73，直径 2.3～2.5 厘米，重 3.5 克（图九三，6、7）。

23. 崇宁通宝、重宝，50 枚。徽宗崇宁年间（1102～1106 年）铸。钱文有真、隶二体，均为徽宗御书瘦金体，环读、对读两种，钱文和制作工艺精美，郭窄，字体清秀。"崇"字版别较多。标本 2001FJLT2④:75～77，直径 3～3.5 厘米，重 9.6 克（图九三，8～10；图九四，1）。

24. 大观通宝，19 枚。徽宗大观年间（1107～1110 年）始铸。钱文为徽宗御笔瘦金体，对读。钱文虽出自一人手笔，但还是有一定差别，标本 2001FJLT2④:79，直径 2.4 厘米，重 3.5 克（图九四，2）。

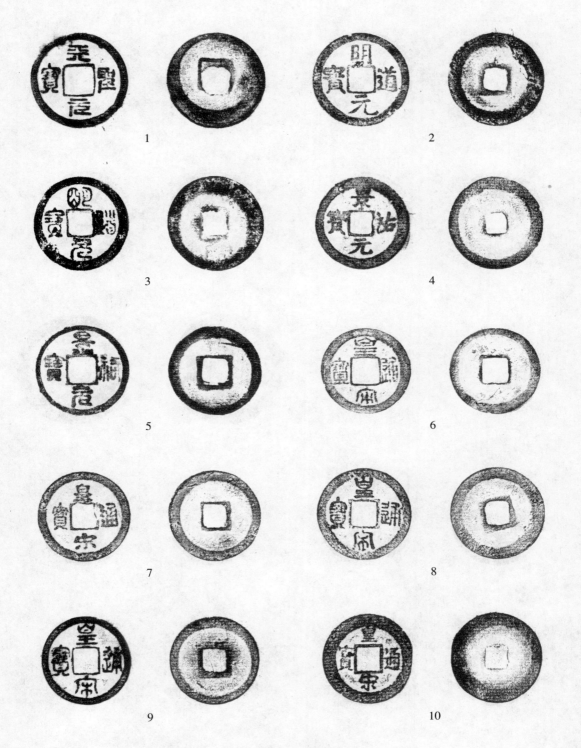

图八九　铜钱（三）

1. 天圣元宝（T2④：27）　2~3. 明道元宝（T2④：28~29）　4~5. 景祐元宝（T2④：30~31）　6~10. 皇宋通宝（T2④：32~36）

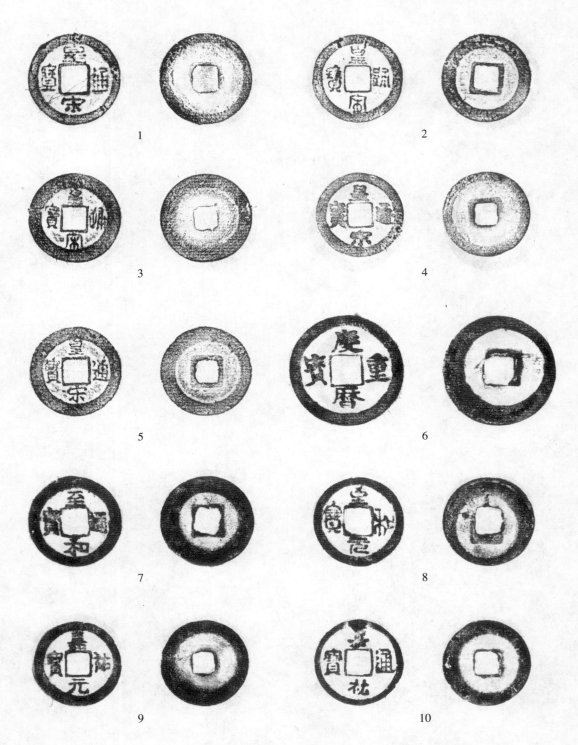

图九〇　铜钱（四）

1~5. 皇宋通宝（T2④：37~41）　6. 庆历重宝（T2④：42）　7. 至和通宝（T2④：43）　8. 至和元宝（T2④：44）　9. 嘉祐元宝（T2④：45）　10. 嘉祐通宝（T2④：46）

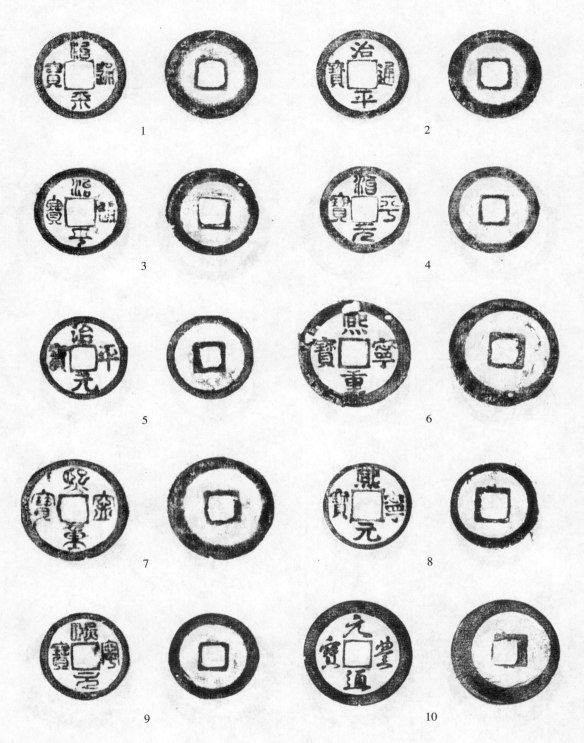

图九一　铜钱（五）

1～3. 治平通宝（T2④：47～49）　4～5. 治平元宝（T2④：50～51）　6～7. 熙宁重宝（T2④：52～53）
8～9. 熙宁元宝（T2④：54～55）　10. 元丰通宝（T2④：56）

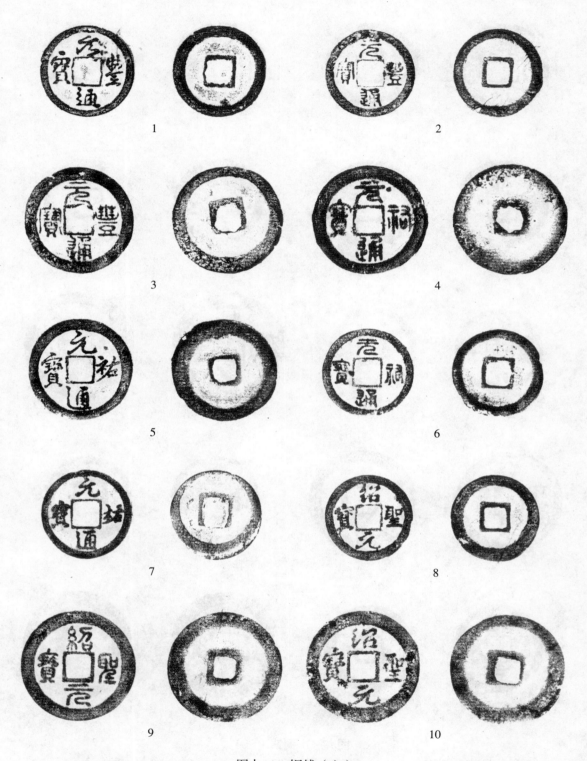

图九二　铜钱（六）

1～3. 元丰通宝（T2④：57～59）　4～7. 元祐通宝（T2④：60～63）　8～10. 绍圣元宝（T2④：64～66）

图九三　铜钱（七）

1～2. 绍圣元宝（T2④：67～68）　3～5. 元符通宝（T2④：69～71）　6～7. 圣宋元宝（T2④：72～73）

8～9. 崇宁通宝（T2④：75～76）　10. 崇宁重宝（T2④：77）

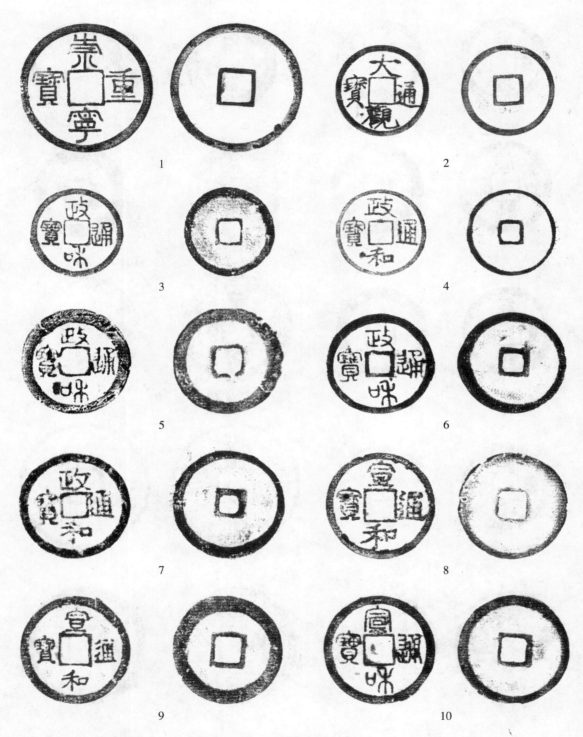

图九四　铜钱（八）

1. 崇宁重宝（T2④：78）　2. 大观通宝（T2④：79）　3～7. 政和通宝（T2④：80～84）　8～10. 宣和通宝（T2④：85～87）

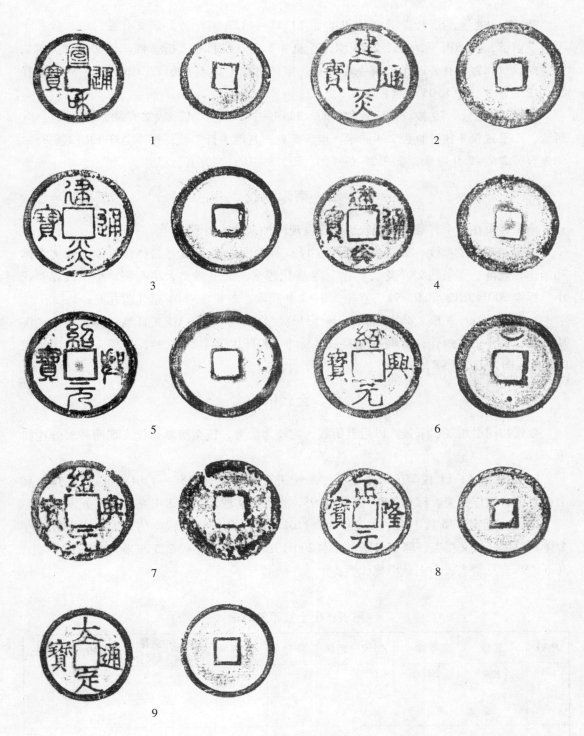

图九五 铜钱（九）

1. 宣和通宝（T2④：88） 2～4. 建炎通宝（T2④：89～91） 5～7. 绍兴元宝（T2④：92～94） 8. 正
隆元宝（T2④：95） 9. 大定通宝（T2④：96）

25. 政和通宝，65 枚。徽宗政和年间（1111～1117 年）铸。钱文有篆、隶二体，小平钱，对读，孔小肉厚，直径 2.45 厘米，重 4.1 克。政和通宝折二钱，钱文有真、隶二体，对读，郭宽，孔外四角各有一小圆孔，字体清晰。标本 2001FJLT2④:80～84，直径 2.8～2.9 厘米，重 8.05 克（图九四，3～7）。

26. 宣和通宝，19 枚。徽宗宣和年间（1119～1125 年）铸。钱文有篆、隶、真三体，对读，小平钱仅 3 枚，直径 2.4 厘米，重 3.5 克。其他为折二钱，标本 2001FJLT2④:85～88，直径 2.7～2.9 厘米，重 8.25 克（图九四，8～10；图九五，1）。

五、南宋铜钱

南宋钱币在这个窖藏中发现较少，仅发现两种，分述如下。

1. 建炎通宝，4 枚。高宗建炎元年（1127 年）铸。钱文真篆二体，对读。钱文书体和制作较规范，真书钱文"炎"、"宝"字变化较多，篆书钱文大小有别，小平钱郭宽孔小。标本 2001FJLT2④:89～91，直径 2.5～2.9 厘米，重 4.5～6.4 克（图九五，2～4）。

2. 绍兴元宝，3 枚。高宗绍兴年间（1131～1162 年）铸。钱文真篆二体，环读，铜质精良，制作工艺尚佳，背面有星月纹。标本 2001FJLT2④:92～94，直径 2.8 厘米，重 6.1 克（图九五，5～7）。

六、金代铜钱

金代初期沿用辽、宋钱，以后自铸钱，均较为精美，钱文清晰，仅发现两种，分述如下。

1. 正隆元宝，17 枚。仿宋小平钱，海陵王正隆年间（1156～1161 年）铸。钱文真书，对读，制作精美。标本 2001FJLT2④:95，直径 2.4 厘米，重 3.4 克（图九五，8）。

2. 大定通宝，15 枚。世宗大定年间（1161～1189 年）铸。钱文仿宋大观小平钱，瘦金体，对读，钱文精美，郭宽肉厚。标本 2001FJLT2④:96，直径 2.5 厘米，重 4.1 克（图九五，9）。见附表：出土钱币统计表。

附表：出土钱币统计表

序号	名称	标本	时代	数量	字体	字序	直径（厘米）	重量（克）	形制特点	备注
1-1	五铢	T2④:1	汉	1	篆书	平读	2.4	2.4	五字交叉缓曲，铢字金字头呈三角形	
2-1	开元通宝	T2④:4	唐	62	篆书	对读	2.5	3.5～4.5	郭宽肉厚	
2-2		T2④:5		100	八分	对读	2.5	4.5	元字第二笔左挑	

序号	名称	标本	时代	数量	字体	字序	直径（厘米）	重量（克）	形制特点	备注
2-3		T2④:6		10	八分	对读	2.5	3.9	背面有仰月纹或指甲纹	
3-1	乾元重宝	T2④:8		3	八分	对读	2.4	2.8	宽郭，元字第二笔左挑	
4-1	会昌开元通宝	T2④:9		1	八分	对读	2.4	2.4	背文昌字、元字第二笔左挑	
4-2		T2④:10		1	八分	对读	2.4	2.5	背文京字郭宽	
4-3		T2④:11		1	八分	对读	2.4	2.5	背文梓字，元字第二笔左挑	
5-1	唐国通宝	T2④:12	五代	2	篆书	对读	2.4	2.6	郭宽、字清晰	
6-1	宋元通宝	T2④:13	宋太祖	4	仿八分	对读	2.3	3.5	郭宽，元字第二笔左挑	非年号钱
7-1	太平通宝	T2④:15	宋太宗	21	真书	对读	2.4	3.75	郭宽肉厚	
8-1	淳化通宝	T2④:16		26	行书	环读	2.4	3.6	郭宽肉厚	
8-2		T2④:16-4			淳化二字行书，元宝二字隶书	环读	2.4	3.6	郭宽肉厚	
8-3		T2④:16-5			淳化元三字行书，宝字隶书	环读	2.4	3.5	郭宽肉厚	
9-1	至道元宝	T2④:17		55	真书	环读	2.4	3.5	元字第二笔左挑	
9-2		T2④:18			草书	环读	2.4	3.5	郭宽，字迹清晰	
10-1	咸平元宝	T2④:19	宋真宗	51	真书	环读	2.4	3.5	边郭宽	
11-1	景德元宝	T2④:20		65	真书	环读	2.4	3.5	郭宽	
12-1	祥符元宝	T2④:21		28	行书	环读	2.4	3.5	符字小，边郭宽	
12-2		T2④:22		22	真书	环读	2.4	3.5	边郭宽肉厚	
12-3	祥符通宝	T2④:23		26	真书	环读	2.4	3.5	边郭宽肉厚	
12-4		T2④:24		16	行书	环读	2.4	3.5	符字小，边郭宽	
13-1	天禧通宝	T2④:25		66	真书	环读	2.5	4.1	郭宽	
14-1	天圣元宝	T2④:26	宋仁宗	80	真书	环读	2.4	3.7	郭宽	
14-2		T2④:27		60	篆书	环读	2.4	3.5	"天圣元"三字篆书，"宝"字真书	
15-1	明道元宝	T2④:28		2	真书	环读	2.5	5	郭宽	

序号	名称	标本	时代	数量	字体	字序	直径（厘米）	重量（克）	形制特点	备注
15-2		T2④:29		8	篆书	环读	2.5	5	"明道元"三字篆书，"宝"字真书	
16-1	景祐元宝	T2④:30		17	真书	环读	2.5	3.8	郭宽，字清晰	
16-2		T2④:31		14	篆书	环读	2.5	3.8	"景祐元"三字篆书。"宝"字真书	
17-1	皇宋通宝	T2④:32		30	真书	对读	2.4	4.1	郭宽，皇字小，笔细清晰	非年号钱
17-2		T2④:33		25		对读	2.4	3.9	笔画粗	
17-3		T2④:34		18	真书	对读	2.5	3.9	皇字小，宋字笔粗	
17-4		T2④:35		56			2.3	3.8	皇字扁大，笔细	
17-5		T2④:36		10			2.4	4	郭宽，字体秀丽	
17-6		T2④:37		25	篆书		2.5	4.1	郭宽，字体清秀	
17-7		T2④:38		20			2.5	4.1	笔粗，字体秀丽	
17-8		T2④:39		30			2.5	4	郭宽，笔细，孔大	
17-9		T2④:40		27			2.5	4	字小，郭宽	
18-1	庆历重宝	T2④:42		10	真书	对读	3	7.9	郭宽厚重	
19-1	至和通宝	T2④:43		4	真书	对读	2.4	3.4	郭宽字清秀	
19-2	至和元宝	T2④:44-1		13		对读	2.4	3.2	窄郭	
19-3		T2④:44-2		4	篆书	环读	2.4	3.1	郭宽，笔细	
20-1	嘉祐元宝	T2④:45		50	真书	环读	2.3	4.15	郭宽	
20-2	嘉祐通宝	T2④:46		13	真书	对读	2.3	4.1	正面郭窄，背面郭宽	
21-1	治平通宝	T2④:47	宋英宗	19	篆书	对读	2.4	3.5	孔大	
21-2		T2④:48		8		对读	2.4	3.45	郭宽	
21-3		T2④:49		4		环读	2.4	3.4	字体清秀	
21-4	治平元宝	T2④:50		15	真书	对读	2.4	3.5	郭宽	
21-5		T2④:51		12	真书	环读	2.4	3.5	郭窄	
22-1	熙宁重宝	T2④:52		124	真书	环读	3	4.4	郭宽，字清晰	
22-2		T2④:53		84	篆书	环读	3	6.4	郭宽，字清晰	

序号	名称	标本	时代	数量	字体	字序	直径（厘米）	重量（克）	形制特点	备注
22-3	熙宁元宝	T2④:54		27	真书	环读	2.4	3.5	郭窄	
22-4		T2④:55		20	篆书	环读	2.4	3.4	郭宽，字清晰	
23-1	元丰通宝	T2④:56	宋神宗	41	行书	环读	2.8	4.2	郭宽，字清晰	
23-2		T2④:57		128		环读	2.5	3.9	郭窄	
23-3		T2④:58		123	篆书	环读	2.4	3.4	字清晰	
23-4		T2④:59		24		环读	2.8	4.2	郭宽，字清晰	
24-1	元祐通宝	T2④:60	宋哲宗	80	行书	环读	2.4	3.5	郭窄，字清晰	
24-2		T2④:61		10		环读	2.8	4.2	郭宽，字清晰	
24-3		T2④:62		7	篆书	环读	2.4	3.5	窄郭	
24-4		T2④:63		80		环读	2.8	4.5	窄郭，肉厚	
25-1	绍圣元宝	T2④:64		28	行书	环读	2.4	3.5	窄郭	
25-2		T2④:65		20		环读	2.8	4.5	窄郭，字清晰	
25-3		T2④:66		3	篆书	环读	2.8	4.5	郭宽，肉厚	
25-4		T2④:67		10		环读	2.4	3.5	窄郭	
25-5		T2④:68		35	行书	环读	2.4	3.5	宽郭	
26-1	元符通宝	T2④:69		35		环读	2.4	3.8	"元符通"三字篆书，"宝"字真书	
26-2		T2④:70		13		环读	2.4	3.8	宽郭	
26-3		T2④:71		1		环读	2.4	3.8	郭略窄，"元符通"三字篆书，"宝"字真书	
27-1	圣宋元宝	T2④:72		41		环读	3	3.8	郭宽，"圣宋元"三字篆书，"宝"字真书	
27-2		T2④:73		6		环读	2.3	3.5	制作精致	
28-1	崇宁通宝	T2④:75	宋徽宗	15		环读	3.4	9.5	郭窄，字口深	
28-2		T2④:76		10		环读	3	6.9	略小，字口深	

序号	名称	标本	时代	数量	字体	字序	直径（厘米）	重量（克）	形制特点	备注
28-3	崇宁重宝	T2④:77		8		对读	3.3	9	郭宽，字口深	
28-4		T2④:78		17		对读	3.4	9.5	字体秀美	
29-1	大观通宝	T2④:79		19		对读	2.4	3.5	字体清秀	徽宗御笔
30-1	政和通宝	T2④:80		25		对读	2.5	4.1	字体秀美	徽宗御笔
30-2		T2④:81		5		对读	2.4	3.9	郭窄，字秀丽	徽宗御笔
30-3		T2④:82		20		对读	2.8	8	郭宽，字秀丽	徽宗御笔
30-4		T2④:83		7		对读	2.8	8	郭略窄，字秀丽	徽宗御笔
30-5		T2④:84		8		对读	2.8	8	郭宽，字秀丽	徽宗御笔
31-1	宣和通宝	T2④:85		5		对读	2.8	8	郭宽，字大而粗	徽宗御笔
31-2		T2④:86		7		对读	2.8	8.25	郭宽，字小而细	徽宗御笔
31-3		T2④:87		28		对读	2.9	8.25	郭宽，字秀美	徽宗御笔
31-4	宣和重宝	T2④:88		7		对读	2.4	3.5	字秀丽	徽宗御笔
32-1	建炎通宝	T2④:89	南宋高宗	2		对读	2.8	6.2	建字较小	
32-2		T2④:90		1		对读	2.9	6.4	字口深	
32-3		T2④:91		1		对读	2.5	4.5	郭宽，"建炎通"篆书，"宝"字真书	
33-1	绍兴元宝	T2④:92		1		环读	2.8	6.1	字略宽，"绍兴元"三字篆书，"宝"字真书	
33-2		T2④:93		1		环读	2.8	6.1	背有星月纹	
33-3		T2④:94		1		环读	2.8	6.1	郭宽笔粗	
34-1	正隆元宝	T2④:95	金海陵	17		环读	2.4	3.4	字体精美	海陵王
35-1	大定通宝	T2④:96	金世宗	15		对读	2.5	4.7	字体清秀	

该窖藏铜钱中，以南宋"绍兴元宝"和金代"大定通宝"为最晚的两种铜钱。南宋绍兴年间（1131～1162年）铸"绍兴元宝"，而金海陵王于大定十八年（1178年）始铸"大定通宝"。这批窖藏未发现"大定通宝"以后的铜钱。所以该窖藏铜钱埋入地下时间

应在大定年间，其下限不晚于 1189 年。因此这个窖藏应属金代中期。

　　以往北京地区发现以北宋铜钱为大宗的钱币较少，特别是从汉代至金代各个历史时期的货币。如唐代"开元通宝"，版别较多；五代南唐"唐国通宝"在北京地区出土则更少。据记载，宋太祖代周，初废"周元通宝"为"宋元通宝"，至太宗太平兴国年间始铸"太平通宝"，是为宋代年号钱的萌芽。然而雍熙、端拱二次改元并未铸钱。公元 990 年宋太宗改元淳化，改铸"淳化元宝"，以太宗御笔"淳化元宝"作钱文，四字，作真、行、草三体。自此以后，每改元必更铸钱币，以年号元宝或通宝为文。年号钱制度由此确立。此次出土的铜钱由北宋至南宋年号较全，北宋"庆历重宝"铜钱和南宋"建炎通宝"铜钱等，在传世品中均较少见；特别是南宋"绍兴元宝"，为南宋高宗元年辛亥八月铸。绍兴元宝小平钱真篆相对，铜质精良，不失徽庙遗风，传世品更稀少[1]，为我们研究宋代货币史提供了实物资料。

　　金代初期使用的货币主要是北宋时期的方孔钱[2]。因为北宋时期货币铸造量大，而且到金代初年仍有同等交流价值。由于金人统治区域缺乏铜源，兼受北宋"交子"纸币的影响，所以金人也开始发行"交钞"，并且规定"交钞"使用以七年为限，到期必须换新钞[3]。大定二十九年（1189 年）更定新钞法，停止铸造铜钱，从而确立了交钞的价值和地位。这可能是这个时期大批铜钱退出货币流通与商品交换媒介历史舞台的原因。

---

　　① 丁福保《古钱大词典》，中华书局 1982 年 12 月。
　　② 千家驹《中国货币史纲要》，上海人民出版社 1985 年 6 月。
　　③ 脱脱等《金史》卷四十八，食货三，中华书局 1975 年版。

第六章　金陵若干问题及考证

一、金代皇陵的历史与沿革

位于北京市房山区西部大房山麓的金中都皇陵，是金代皇帝、宗室及后妃等的陵寝所在地。金国是公元 12 世纪初东北女真人完颜氏建立的政权，在中国历史上曾经雄极一时。辽天庆五年（1115 年），阿骨打称帝，国号大金。天会三年（1125 年）金灭辽。经过一百余年，金天兴三年（1234 年），大金国亡。

在我国历史上，女真族是曾经起过重要作用和发挥过重要影响的一个民族，是中国历史上为数不多的几个建立过封建王朝的民族之一。对女真族的研究，不仅是古代东北地方历史民族的研究，也是古代中国通史研究的一个不可或缺的组成部分。12 至 13 世纪，女真族建立的金朝发祥于安出虎水，进而统治半个中国，与南宋对立而形成为"南北朝"。中国历史上最后一个封建王朝——清朝的创造者满族，就是以女真族为主，并吸收其他民族成分而形成的一个新的民族共同体。从辽天庆五年（1115 年）女真族首领完颜阿骨打称帝建立大金帝国，到金哀宗天兴三年（1234 年）金王朝被蒙宋联军灭亡，共传九主，前后凡一百一十九年。其统治范围在当时曾超过与之并存的南宋、西夏两国国土面积的总和。金代一朝在政治、经济、文化与习俗等方面，不仅取得了其统治范围内的有效发展，还或多或少影响着同时期其他国家和民族的发展进程，甚至还继续在后世直至今天具有重要的影响。

金代虽然是一个存在历史不算太长的朝代，但其两次迁都的历史却在中国古代帝王陵寝制度的发展史上产生了重要的影响。

据文献记载和考古资料我们了解到，金立国前始祖以下诸帝没有宗庙和陵寝，直至金太祖称帝建国开始，才有草创的陵寝及宗庙制度。《金史》卷三十《礼志》记载："金初无宗庙。天辅七年九月，太祖葬上京宫城之西南，建宁神殿于陵上，以时荐享。"考古调查资料表明，在位于今黑龙江省阿城市的金上京城遗址以西约 300 米处有一个巨大土坛，俗称"斩将台"，即太祖武元皇帝陵。太祖由于两度迁葬，后来的陵园只存上京的衣冠冢及宁神殿，但是当时并没有陵号。该冢土丘似龟状，占地约 1000 平方米，版筑而成。到熙宗天会十三年（1135 年），改葬太祖、太宗于和陵（今胡凯山）。到皇统四年（1144

年），太祖陵改号睿陵，而太宗陵号未变。熙宗由于被海陵所弑，始葬于其皇后裴满氏墓中，直至贞元三年（1155年），改葬大房山蓼香甸，诸王同兆域，没有陵号。到了世宗朝才得以追谥，陵曰思陵。

海陵王完颜亮，太祖庶长子辽王宗干之子。他在政治上是个野心家，不仅发动宫廷政变弑杀前君熙宗、迁都和大规模迁葬祖宗陵寝，在其统治期间穷兵黩武，残杀异己宗室，极力发动南下攻宋战争；而且在生活上极端淫乱。尽管如此，我们也要客观地对待这个对金代史和中国古代史产生过重要影响的历史人物。

海陵王不顾当时朝臣及宗室的坚决反对迁都燕京（今北京），主要目的之一当然是为了南侵，君临全国，一统天下。从天德四年（1152年）二月正式下诏迁都到具体实施行动，历经约十三个月的长途跋涉，在天德五年（1153年）三月终于抵达燕京，并随即改元为贞元，改燕京为中都，府曰大兴，汴京为南京，中京为北京，暂时保留上京名号。

都城的迁移，标志着政治中心的转移。事实上，原金国都城上京，随着金国经济、政治和军事形势的变化已经不再适应当时的发展需要。上京僻处一方，地理环境和自然条件严重制约着处于上升阶段的金国政治、经济、军事和文化等方面的发展。海陵王野心勃勃意欲一统天下的政治举措，客观上顺应了历史发展的需要。海陵王迁都不久，便展开声势浩大的迁陵和摧毁上京宫城及宗庙的断然行动，一方面彻底打击了守旧势力的政治基础，巩固了自己的统治；另一方面也开创了北京作为历史上第一个首都的营建局面。自此以后，北京虽经元、明、清数百年历史变革，一直保持为古代中国政治、经济和文化的中心。时至今日，作为中华人民共和国的首都，北京承载着悠久的历史文化渊源。

关于北京房山金陵，《金史》卷五《海陵本纪》中有大量记载：贞元三年三月"乙卯，命以大房山云峰寺为山陵，建行宫其麓。"五月"乙卯，命判大宗正事京等如上京，奉迁太祖、太宗梓宫。丙寅，如大房山，营山陵。"六月"乙未，命右丞相仆散师恭、大宗正丞胡拔鲁如上京，奉迁山陵及迎永寿宫皇太后。"七月"辛酉，如大房山"。"八月壬午，如大房山。甲申，启土，赐役夫，人绢一匹。"九月"己未，如大房山。……丁卯，上亲迎梓宫及皇太后于沙流河……庚午，猎，亲射獐以荐梓宫。"十月"戊寅，权奉安太庙神主于延圣寺，致奠梓宫于东郊，举哀。己卯，梓宫至中都，以大安殿为丕承殿，安置。……丁酉，大房山行宫成，名曰磐宁。""十一月乙巳朔，梓宫发丕承殿。戊申，山陵礼成。"

大房山，北魏时期已有此名，金代亦名大房山。这点在《金史》中可见。《大金国志》和《金虏图经》变易为"大洪山"、"大洪谷"，也许是因传误。《金史》记载的山陵所在——大房山地接太行山，处于所谓"中华北龙"的主龙脉之上，是一座历史名山。大房山主峰茶楼顶，俗称猫耳山，海拔1300多米。山脉西来北折雄亘于中都西南，支派逶迤，云腾雾绕，犹如群龙出世，是中都一带难得的形胜之地。大房山东北有九条支脉，北亘西接，连山叠嶂，形成西北——东南向的半环形地势，称作九龙山。九龙山前为开阔的缓坡台地，正是一代金陵"万吉之地"。

从海陵王朝开始，经过世宗、章宗、卫绍王、宣宗，共五世六十余年的营建，金陵逐渐成为一处规模宏大的皇家陵寝。其陵域周长，大定年间为一百五十六里，大安年间缩为一百二十八里，面积约60平方公里。据文献记载，金陵包括帝陵、坤厚陵（葬后妃）、诸王兆域（葬完颜宗室）。

据目前已经调查探明的情况看，金代帝王陵主要分布在大房山东麓，九龙山、连三顶东峪、三盆山鹿门谷。此外，大房山南侧的长沟峪也应葬有陵墓。建陵初期，出于安葬和谒陵、祭陵的需要，在山陵东端的入陵处建行宫磐宁宫，章宗时期又在山陵制高点大房山主峰茶楼顶上建离宫崇圣宫和白云亭。

金国建国前的始祖以下十帝均迁葬于大房山陵区：始祖函普，葬光陵；德帝乌鲁，葬熙陵；安帝跋海，葬建陵；献祖绥可，葬辉陵；昭祖石鲁，葬安陵；景祖乌古乃，葬定陵；世祖劾里钵，葬永陵；肃宗颇剌淑，葬泰陵；穆宗杨割，葬献陵；康宗乌雅束，葬乔陵。

金朝九帝除宣宗葬汴京（河南开封）、哀宗葬蔡州（河南汝南县），太祖至卫绍王七位帝王均葬于大房山陵区，太祖葬睿陵，太宗葬恭陵，熙宗葬思陵，世宗葬兴陵，章宗葬道陵；海陵王、卫绍王两位皇帝死后被削去帝号，故葬所无陵号。

金朝追封四帝，三位迁葬大房山陵区：海陵父德宗葬顺陵；世宗父睿宗葬景陵；章宗父显宗葬裕陵。熙宗父徽宗葬上京会宁府（今黑龙江省阿城市），没有迁葬大房山的记载。

坤厚陵是大房山唯一的一座后妃陵，乃世宗为昭德皇后乌林答氏而建，原葬有世宗后乌林答氏以下六位后妃，其他诸帝后均祔葬帝陵，世宗逝后乌林答氏从坤厚陵迁兴陵与世宗合葬。可以确定的葬于大房山的后妃有二十三位：始祖明懿皇后、德帝思皇后、安帝节皇后、献祖恭靖皇后、昭祖威顺皇后徒单氏、景祖昭肃皇后唐括氏、世祖翼简皇后挐懒氏、肃宗靖宣皇后蒲察氏、穆宗贞惠皇后乌古沦氏、康宗敬僖皇后唐括氏、太祖钦宪皇后纥石烈氏、太宗钦仁皇后唐括氏、熙宗悼平皇后裴满氏、世宗昭德皇后乌林答氏、元妃张氏、元妃李氏、贤妃石抹氏、德妃徒单氏、柔妃大氏、章宗钦怀皇后蒲察氏、睿宗钦慈皇后蒲察氏、德宗慈宪皇后大氏、显宗孝慈皇后徒单氏。

中都金陵的修建，改变着房山这一地区的行政建制。初，金陵所在地隶属良乡县与范阳县。为了保护陵园，章宗于大定二十九年（1189年）在大房山陵园下不远处"设万宁县，以奉山陵"。万宁县的作用只是管理山陵，此名只用了两年多，于章宗明昌二年（1191年）改万宁县为奉先县。直至元代至元二十七年（1290年），改名为房山县。元代建国后，元人以金为同宗同源，因此金陵得以保全。

金陵作为中国金朝女真族营建的帝王陵墓群，是比明代早约二百六十余年的北京第一个皇陵群。它的衰落从明代开始，在明朝天启以前，金陵还是享受祭祀与保护的。明天启二年（1622年），因东北后金政权崛起，明统治者听信形家之说，认为后金的兴盛与金陵

"气脉相关"，于是拆毁了山陵，割断了"地脉"，使得金陵陵园遭受重创，几近泯灭。清朝建立后，顺治、康熙、乾隆诸朝重新维修金陵，设守陵五十户，每年春秋致祭享，并几度对房山金陵部分修茸，立顺治、康熙御制碑。但是清代对金陵的修茸，远未恢复原貌。此后历经三百余年的变迁，金陵又遭到多次盗掘，尤其是"文化大革命"的大规模破坏，以及20世纪80年代以后，由于当地农民垦荒耕种，陵区的地面建筑现已荡然无存。

二、关于墓主人的考证

（一）金太祖完颜阿骨打陵（2002FJLM6）

金太祖阿骨打睿陵位于九龙山正中"龙脉"下，向南正对主陵区神道。其西北残存清代修太祖陵时遗留的大宝顶。实际太祖陵应在大宝顶东南15米。2002年经国家文物局批准发掘，编号2002FJLM6。地宫东西长13、南北宽9.5、深5.2米。地宫内瘗葬四具石椁，其中一具残留椁东壁，雕刻祥云团龙纹；另有一具完整的雕祥云凤纹石椁。该地宫内墓主人应是金太祖阿骨打及皇后。

太祖（1068～1123年）名旻，本名阿骨打，世祖第二子，其母为翼简皇后拏懒氏。辽天庆五年（1115年）元旦，阿骨打正式登基，定国号大金，建元收国，庙号太祖。天辅七年（1123年）七月，阿骨打卒于部堵泺西行宫（今吉林省松原市境内）。同年九月葬上京宫城西南（今黑龙江省阿城上京会宁府遗址西垣500米处），陵上建宁神殿。

太祖阿骨打一生做了两件大事，一是促成女真诸部统一，二是建立了大金国。金太宗吴乞买死后，金熙宗于天会十三年（1135年）二月将太祖陵迁于距上京东南50公里处的胡凯山（今黑龙江省阿城市松峰镇）与太宗合葬，号和陵；皇统四年（1144年）改和陵为睿陵。海陵王完颜亮于贞元元年（1153年）迁都燕京（今北京），贞元三年（1155年）营建大房山金陵。同年五月奉迁太祖、太宗梓宫，十一月改葬大房山，太祖陵仍号睿陵。2002FJLM6地宫内出土四具石椁，根据M6-4残留青石雕刻云龙纹石椁的规制推断，该墓应是金太祖完颜阿骨打主陵。

金太祖完颜阿骨打的皇后，据《金史·后妃传》记载有四位：其一为圣穆皇后唐括氏，天会十三年追谥；其二为光懿皇后裴满氏，海陵王完颜亮之祖母，天会十三年追谥；其三为钦宪皇后纥石烈氏，天会十三年（1135年）尊为太皇太后，宫号庆元，十四年正月丁丑卒于庆元宫，二月癸卯祔葬睿陵；其四为宣献皇后仆散氏，睿宗完颜宗辅之母，世宗完颜雍之祖母，天会十三年追册德妃，大定元年追谥。

据上述史料记载，M6-3凤纹石椁的主人应是钦宪皇后纥石烈氏。

发掘资料表明，金太祖阿骨打陵地宫内出土四具石棺椁，除青石雕刻龙纹石椁被砸毁成碎片，其余均完整保留。据史书记载，晚明之际女真后裔满族人努尔哈赤的后金政权在女真人的发祥地——东北崛起，屡次打败明军，特别是萨尔浒之战和锦州之战，明军一败涂地，明统治者听信形家之说，认为是满人的祖先大房山金陵"王气太盛"的缘故，所以天启元年（1621年）"罢金陵祭祀"，二年（1622年）"拆毁山陵，剷断地脉"，大房山金陵从此遭到灭顶之灾。当年明政府派出大批人马，捣毁陵区内所有建筑，连大房山顶的崇圣宫、白云亭都被夷为瓦砾，把金太祖阿骨打地宫中的龙椁砸成碎片，然后放火焚烧，其皇后纥石烈氏的凤椁仅距龙椁50厘米却完好保留。明政府还派人掘损山体，割断所谓"地脉"，以图破坏山陵风水。至今当地仍流传"砍龙头，刺龙喉"的说法。明人在金太祖睿陵所依九龙山主龙脉的"龙头"部位将其摧毁，又在"龙喉"部位深凿长约18米的洞穴，在洞穴内填置鹅卵石，即所谓"刺龙喉"。至今山体仍留有破损情况。天启三年（1623年）明政府又派人在太祖阿骨打陵前建关帝庙以为厌胜。

据清康熙帝御制《金太祖世宗陵碑》碑文记载：后金天聪三年（1629年），清太宗皇太极率清兵攻入关内，曾派遣王贝勒大臣到大房山的金太祖睿陵和世宗兴陵致祭。满清定鼎后，大房山金陵更受到清统治者的重视。清顺治三年（1646年）清世祖派礼部官员视察金太祖睿陵、世宗兴陵，将破败的建筑整修如初。这是清代第一次修复太祖、世宗二陵。又设五十户守陵户，每年春秋仲月命礼部择定日期，由房山知县前往九龙山祭祀太祖、世宗陵。睿、兴二陵在明天启毁陵后的废墟中重现生机。清顺治帝特御制《金太祖世宗陵碑》记其事。

清圣祖康熙帝即位之初，"缅溯前朝，特命所司，虔申禋祀，以昭继述阐扬之意"。康熙二年（1663年）九月，康熙帝特御制《金太祖世宗陵碑》，立于九龙山金太祖、世宗陵前。乾隆十六年（1751年）命直隶总督方观承修金太祖、世宗陵。金太祖陵前基较宽，增修享殿一所，建围墙，立正门，原有祭台、甬路、石级一并修治。同时，在金世宗陵增修一所享殿和祭台、甬路等，陵前地狭窄不能立正门，就在碑亭前接连栅栏立两个角门。还修筑了自房山城北门至九龙山金太祖、世宗陵的二十里山路。

从发掘现场看，M6地宫中的石雕云龙纹石椁碎片集中堆积在石椁底部位置。据分析，明天启年间石椁被砸毁后，石椁碎片应散乱地扔在墓室中。而满清入关后自顺治至乾隆年间曾两次对金太祖陵、世宗陵进行修缮，估计修缮太祖陵时，将其散落在墓底的石椁碎片收集归拢，堆积在石椁底部，然后填土夯实，再用二百余块每块约1吨重的巨石依次码放四层，每层之间填厚30厘米的素土夯筑至墓顶部。特别值得注意的是，阿骨打陵石椁底部正中放置一块竖立的巨石，与其他平放的巨石截然不同。因清初用巨石回填地宫，增加了它的防盗作用，故只有其东北角发现一个盗洞。该盗洞底部向西拐约1米又被巨石挡住，盗墓未能成功。除此之外没有发现任何盗掘痕迹。之后，清初还在太祖陵另筑睿宗陵封土宝顶，高约5米、直径15米，下部用砖围砌，上部为三合土夯筑。上世纪80年代调查金陵时，在其南面发现一处砖石混砌的享殿台基遗址，殿基高约0.7、面阔16、进深12.2米。纵横排列着4行共16个石柱础；封土与享殿台基周围有东西约26米、南北约60米的残毁围墙环绕。据当地老人回忆，在20世纪60年代以前，围墙以南尚有碑亭遗址，顶部已毁，亭内遗有高达数米的清世祖御制《金太祖世宗陵碑》，已剥蚀不清。

（二）金太宗完颜吴乞买陵（2002FJLM7）

金太宗吴乞买陵寝位于太祖陵东侧1.5米，经钻探东西长9米、南北宽7米，亦为石圹竖穴凿刻而成。南侧有盗洞。出土长1.3、宽0.9、高0.7米的龟趺和"皇帝"、"陵"等字样的碑石碎块。据《金虏图经·山陵》"至筑陵之处，亮寻毁其寺，遂迁祖宗、父、叔改葬于寺基之上，又将正殿元位佛像处凿穴，以奉安太祖旻、太宗晟、父德宗宗干"的记载推断，海陵王完颜亮于贞元三年（1155年）奉迁太祖陵，将其父德宗宗干和叔父太宗吴乞买的灵柩一起迁移至大房山，同时安葬在九龙山云峰寺基之上。故在金太祖阿骨打陵东侧发现的凿地为穴的地宫应是太宗吴乞买的恭陵。

据《金史》卷三《太宗本纪》记载：太宗"讳晟，本讳吴乞买，世祖第四子，母曰翼简皇后挐懒氏，太祖同母弟也。辽太康元年乙卯岁生"。天辅七年（1123年）九月登基即皇帝位，改元天会。天会三年（1125年）二月，获辽主天祚帝，灭辽。天会四年（1126年）闰十一月，攻克宋都汴京，擒获徽、钦二帝，灭北宋。天会十三年（1135年）正月己巳，卒于明德宫，享年六十一岁。三月庚辰，尊谥号为文烈皇帝，庙号太宗。乙酉，葬于上京胡凯山和陵。皇统四年（1144年）改号恭陵。五年（1145年）尊其谥号为体元应运世德昭功哲惠仁圣文烈皇帝。贞元三年（1155年）十一月戊申，改葬大房山，仍号恭陵。

太宗钦仁皇后唐括氏。天会十三年（1135年）熙宗即位，于太祖钦宪皇后俱尊太皇太后，号明德宫。皇统三年（1143年）逝于明德宫，谥曰钦仁皇后，葬胡凯山恭陵，贞元三年（1155年）十一月，与太宗迁葬大房山，合葬恭陵。

（三）金德宗完颜宗干陵（2002FJLM8）

德宗完颜宗干即海陵王之父，海陵王篡位后，追谥其父为宪古弘道文昭武烈章考睿明皇帝，庙号德宗。德宗陵位于太祖陵西侧1.5米，经钻探亦为石圹竖穴凿刻而成。东西长7、南北宽5米，素土回填夯筑，内含杂质较少，编号2002FJLM8。

德宗完颜宗干本名斡干，太祖庶长子，母光懿皇后裴满氏。宗干为大金国开国元勋，皇统元年（1141年）春，随熙宗前往燕京，五月己酉卒于途中，葬于上京会宁府（今黑龙江省阿城市），熙宗亲自参加葬礼。

宗干之子海陵王篡位后，于贞元三年（1155年）以皇帝的礼仪将其父的灵柩迁葬于中都大房山皇陵区。经考证，宗干之墓应在太祖陵西侧。世宗即位后，于大定二年（1162年）削除德宗庙号，改谥明肃皇帝。又尊谥其母为慈宪皇后，《金史》卷六十三《后妃上》记载，贞元三年"九月，太祖、太宗、德宗梓宫至中都。尊谥曰慈宪皇后。海陵亲行册礼，与德宗合葬于大房山，升祔太庙"。然而关于德宗陵号，《金史》中《宗干传》、

《海陵本纪》均无记载。海陵王既追谥其父为帝，则其所葬必有陵号。据《大金集礼》卷四《追加谥号下》载：大定二十二年四月"十一日，拟奏，'海陵既废为庶人，其父母尚存帝后之号，委是名分僭差。今拟改封皇伯太师辽王，据衍庆宫旧容拟改画服色，迁出顺陵，改名为墓。'从之。十五日，昭天下"。可知当时德宗陵名曰顺陵。据此可补《金史》纪事之阙漏。

（四）金睿宗完颜宗尧陵

关于睿宗景陵，2004年7月，我们委托国家地震局地震数据信息中心，对金陵主陵区进行地质雷达方法的探测。勘察发现太祖陵东南第四台地，西距金世宗墓室70米，发现一处异常，长6、宽5、深6.5米。初步推测该处的异常存在着原生地层受过人工扰动痕迹，同人为夯筑的盖土或杂石有关，可能由大型花岗石与杂土覆盖。据此分析，其下部可能是一处墓葬，按昭穆制度推测，此处应是睿宗景陵。《金史·世纪补》卷十九记载："睿宗立德显仁启圣广运文武简肃皇帝讳宗尧，初讳宗辅，本讳讹里朵……魁伟尊严，人望而畏之。性宽恕，好施惠，尚诚实。太祖征伐四方，诸子皆总戎旅，帝常在帷幄。"宗尧之母为宣献皇后仆散氏。

宗尧于天会十三年（1135年）卒于妫州，终年四十岁，葬于上京胡凯山，陪葬太祖睿陵，追封潞王，谥襄穆。皇统六年（1146年）进翼国王。正隆二年（1157年）追赠太师上柱国改封许王。其子完颜雍（世宗）即位，追尊宗尧为立德显仁启圣广运文武简肃皇帝，庙号睿宗。

大定二年（1162年）世宗以太保都元帅完颜昂为敕葬使，于上京奉迁睿宗梓宫于大房山，九月辛酉到达大房山陵，奉安梓宫于山陵行宫磐宁宫中。十月戊辰，世宗亲往山陵，在磐宁宫拜谒睿宗梓宫，痛哭哀悼。戊子，在九龙山安葬睿宗，号景陵。又按《续文献通考》卷一百《王礼十四》，"世宗大定二年正月，如大房山，享献山陵。九月，改葬睿宗皇帝。奉迁睿宗皇帝梓宫于磐宁宫。十月，如山陵，谒睿宗皇帝梓宫，哭尽哀，葬睿宗于景陵，大赦"。

睿宗钦慈皇后蒲察氏为睿宗元配。后母太祖妹。天会十三年（1135年）封潞王妃，葬于上京。世宗即位，追谥钦慈皇后。大定二年（1162年）九月，与睿宗同迁大房山葬景陵。

关于景陵位置，按照昭穆制度，其位置应在兴陵即金世宗陵以东，国家地震局用电极法在此勘测的位置，因没有发掘尚不能确定。可是1986年5月，景陵碑却在太祖睿陵西侧约10米处出土。碑通高2.1、宽0.86、厚0.25米。碑阳双勾阴刻楷书"睿宗文武简肃皇帝之陵"十个大字，字口内填朱砂，镀金粉。碑首四龙吐须，龙爪托火焰珠，龙形壮硕，极富张力。景陵碑出土位置北侧，原是德宗完颜宗干顺陵的地宫（2002FJLM8）。而按昭穆制度，睿宗景陵应在太祖陵东南侧50余米，与石碑出土地相隔近百米。考虑到明天启年间明朝政府捣毁金陵时，不可能将如此巨大的石碑在山坡上专门搬运百米之远，那么就很有可能在金世宗即位后的大定二年（1162 年），因海陵王篡位而削其父完颜宗干德宗的庙号，将宗干迁出顺陵；大定二年九月奉迁其父睿宗梓宫于磐宁宫，十月再葬时，将睿宗葬在原德宗陵寝的位置，并在陵前立碑。世宗"万岁之后，当置朕于太祖之侧"，即太祖陵西南侧，其陵寝与景陵南北相对，亦合乎昭穆礼制。但是按《大金集礼》卷四记载：大定二十二年四月"十一日，拟奏，'海陵既废为庶人，其父母尚存帝后之号，委是名分僭差。今拟改封皇伯太师辽王，据衍庆宫旧容拟改画服色，迁出顺陵，改名为墓。'从之。十五日，昭天下"。此记载证实完颜宗干迁出顺陵时间应在大定二十二年（1182年），在此以前葬睿宗于太祖陵西侧有悖于常理。此结论仅作推理，待以后考古发掘中解决，如果太祖陵西侧地宫是空的，证明完颜宗干确实迁出顺陵，如果有棺椁瘗葬，很有可能是睿宗完颜宗尧景陵，与地面出土"睿宗文武简肃皇帝之陵"石碑相吻合。

（五）金世宗完颜雍陵（2001FJLM9）

金世宗兴陵，位于太祖陵西南侧 80 米。遵世宗遗嘱"万岁之后，当置朕于太祖之侧"，按昭穆顺序葬于此。在此处发现大型金刚墙墓道，墓门两侧雕饰汉白玉盘龙柱，由此规制考证，应是金世宗陵寝的墓道。

世宗（1123～1180 年）名雍，本名乌禄，太祖孙，睿宗子。其母为贞懿皇后李氏。天辅七年（1123 年）癸卯岁生于上京。正隆六年（1161 年）海陵南伐大举攻宋，天下骚动。十月丙午官属诸军劝进世宗借机在辽阳自立，丁未改元大定，下诏暴扬海陵十大罪状。十一月己未，浙江兵马都统制完颜元宜等弑海陵王于扬州。十二月丁巳，世宗由辽阳入据中都。

世宗时期，金代政治、经济得到突飞猛进的发展，群臣守职，上下相安，家给人足，仓廪有余。是大金国历史上的太平盛世，因此世宗号"小尧舜"，史称中兴之主。

大定二十九年（1180 年）正月癸巳世宗崩于福安殿，寿六十七。己亥殡于大安殿。三月辛卯朔尊号光天兴运文德武功圣明仁孝皇帝，庙号世宗。四月乙酉章宗遵照世宗生前"万岁之后，当置朕于太祖之侧"的遗嘱，葬世宗于九龙山太祖睿陵西南侧，号兴陵。

三、房山金陵诸陵考

（一）十帝陵

《金史》卷五《海陵本纪》中记载，海陵王于贞元三年（1155 年）营建大房山山陵，一年之后的正隆元年（1156 年）"七月己酉，命太保昂如上京，奉迁始祖以下梓宫。……十月乙酉，葬始祖以下十帝于大房山"。而十帝的葬所，没有确切的记载。

在金陵主陵区所在的自然村龙门口西南的山谷里有一处地方，当地人称"十王坟"，清代文献称"十王冢"。清《光绪顺天府志·地理八》"冢墓"条引《房山县志》:"十王冢，在县西北十五里石门峪。"并注曰:"《志》又云:金之宗藩也。"《光绪顺天府志》还称:"太宗睿陵在县西北二十里云峰山下。"

经实地踏勘，石门峪正位于龙门口村西南约2.5公里，与龙门口相隔一道山梁，东北——西南走向。进山谷500米左右，两侧山石高耸，人称小石门。再向内约500米，更有巨石突兀，如雄关般夹峙左右，名为大石门。石门峪之名，显然是从地形得来的。大石门以西，有一道山梁将石门峪分成一西一北两峪。山谷深处地势陡峭，荆棘丛生，几乎无路可寻。在北峪峪口以北距离大石门约1公里有余，两道高大的残石墙从谷底拔地而起。两墙分立沟谷两侧，相距数十米，与山体相连，残高均有20余米，残长分别有数十米，墙体厚约1.8米，用经粗加工的扁长石块垒成(图版五六，1)。石墙至山谷深处的区域大约10000平方米。此外，在大石门附近路旁，遗有头部残缺的汉白玉石坐龙，与主陵区出土形制相同，残损情况也相同(图版五六，2);还发现一段石质流水槽;在峪尽头的山坡上，发现金代沟纹砖和布纹瓦等建筑材料堆积。根据上述探察结果结合文献推断，所谓"十王坟"很可能就是金代的十帝陵。高大石墙围出的区域，正是陵区，它由群山环抱，居高临下朝向大石门;陵墙似为山洪下泄所冲断;残墙以上的山坡上，应该曾有建筑。

据《金史》卷一《世纪》，所谓十帝陵记载如下:始祖光陵、德帝熙陵、安帝建陵、献祖辉陵、昭祖安陵、景祖定陵、世祖永陵、肃宗泰陵、穆宗献陵、康宗乔陵。十帝陵原位于上京会宁府(今黑龙江省阿城市)，海陵王于贞元三年(1155年)先迁太祖、太宗、德宗诸陵，正隆元年(1156年)七月，派员返回上京奉迁始祖以下十帝梓宫。八月丁丑，他再赴大房山视察山陵。十月乙酉在大房山安葬十帝。十帝陵迁葬后陵号未变。

十帝陵的营建年代史书没有详细记载，根据历史情形推断，贞元三年(1155年)海陵王初建陵时，应未营建石门峪陵，否则，海陵王当把十帝与太祖等一并迁葬。海陵王于正隆元年(1156年)七月派员迁葬十帝灵柩，八月丁丑曾到大房山巡视山陵，想必当时石门峪陵园正在建设中。那么，石门峪十帝陵应营建于睿、恭二陵礼成后的贞元三年至正隆元年之间，历时一年左右。

如今，石门峪陵区荒芜日久，灌木荆棘丛生，十座帝陵的地面建筑及封土早已湮没无存，十帝的具体陵址已难寻踪迹，仅遗留有零星的建筑残件。除上文所述，在以往的调查中，还发现有高0.8、直径1.1米的八棱形华表底座，以及柱础、汉白玉栏板和望柱等残损构件。十帝陵的确切情况，还有待今后的科学发掘。

(二) 坤厚陵

坤厚陵位于金陵主陵区西南凤凰山最南端的断头峪，其北是康乐峪。1972年12月长沟峪煤矿在断头峪建楼，挖地基时发现一组石椁墓。该墓位于断头峪西山坡，由五具石椁组成。这五座石椁墓组成十字形，主墓及两侧二墓东西向，主墓东西两侧石椁为南北向。

每具石椁均由六整块两面磨光的汉白玉石板构成，石板厚 10~15 厘米。正中石椁长 2.9、宽 1.38、高 1.26 米。结构为墓穴底部放石椁底板，四框立于底板上，以单榫结合，椁盖板平放在上面。另外四具石椁与主墓石椁相同，尺寸略小，长 2.45、宽 1.1、高 1.26 米。

主墓石椁内有一具红漆柏木棺，呈长方形盒状，长 2.2、宽 1.25、高 0.95 米。棺板厚 15 厘米。结构为拼接成底，盖与四壁以穿带榫铆合，榫卯间以钉钉接。

棺外髹红漆并用银钉嵌錾花银片。前壁图案为四角云龙纹，中嵌火焰球，火焰上部用绿色织锦剪成圆片贴在红漆表面。棺两侧为四角云纹，中嵌云龙卷草，云龙上部亦由绿织锦剪成圆片贴在红漆表面。后壁及棺盖为卷草纹图案。银片图案边缘均由银钉钉合，烘托出银珠嵌边的效果。錾花工艺精美，图案造型浑厚有力。

主墓中出土玉器 11 件套：

1. 双股玉钗 1 件，长 15、宽 1.7 厘米。

2. 玉镯 1 件，外径 6.9、内径 4 厘米。

3. 玉环 1 件，外径 2.8、内径 1.2 厘米。

4. 长方形玉饰 1 件，长 4.9、宽 3.5 厘米。

5. 三角形玉饰 1 件，长 6、宽 2.7 厘米。

6. 凤鸟形玉饰 2 件，长 6.5、宽 2.2、高 3 厘米。

7. 透雕折枝花玉锁 1 件，长 9、宽 7.2 厘米（图版五六，3）。

8. 透雕折枝花玉饰 2 件，长 14、宽 6.5 厘米（图版五六，4）。

9. 透雕竹枝形玉饰 1 件，长 6、宽 5 厘米。

10. 透雕双鹤卷草纹玉饰 1 件，长 6、宽 5 厘米（图版五六，5）。

11. "政和通宝"玉钱 1 枚，直径 2.9 厘米。

上述玉器中，双股玉钗为青白玉，其他均为光润精美的白玉。

主墓淤土及残骨中残存着用于尸体防腐的水银、松香棒，并有织锦残片（见黄秀纯、张先得《北京房山发现石椁墓》，载《文物》1977 年第 6 期）。

以石椁下葬乃金代葬俗，出土的石椁又在大房山金陵兆域内，因此可以断定为金陵墓葬。主墓出土玉器多为妇女所用饰品，墓主当为女性。

墓主人的木棺髹红漆外饰錾银龙装饰。在等级森严的封建社会，除后妃外，即便是贵族妇女，也不能以龙作为棺表的装饰，可见墓主人的身份是一位后妃。因此，这是一座后妃陵，而坤厚陵是大房山金陵内的唯一一座后妃陵。

坤厚陵共葬有金世宗昭德皇后乌林答氏以下六位后妃，世宗去世后，乌林答氏从坤厚陵迁出，祔葬世宗陵，此后坤厚陵只剩五位后妃。1972 年断头峪出土的金代墓葬恰恰是五具石椁。因此可以断定，断头峪出土的金代石椁墓就是坤厚陵。

坤厚陵所葬后妃，史料中有如下记载。

世宗昭德皇后乌林答氏，其祖先住在海罗伊河。世代为乌林答部长，率部归顺金朝，居住在上京，与金朝联姻。世宗于熙宗、海陵两朝处境危难，乌林答氏多次献计谋保全世宗，最终为世宗献出生命。世宗得继大统，中兴祖业，成为金代一代明主，乌林答氏功不可没。世宗在济南，海陵王召乌林答氏来中都。为了保全世宗的生命和名誉，乌林答氏决定以死相殉。行至良乡（今房山区良乡城），距中都只有七十里路程的时候，乌林答氏投湖自尽。为避海陵之祸，世宗未亲往治丧，也未派人料理丧事，乌林答氏便在良乡草草掩埋了。

贞元初，世宗自济南改西京留守，过良乡时才顺便派鲁国公主将乌林答氏葬于宛平县土鲁原。世宗即位感念乌林答氏的功德，不再重立皇后。大定二年（1162 年）追封为昭德皇后，在太庙东北隅立别庙。五月亲自前往土鲁原致奠。大定十九年（1179 年）改葬大房山坤厚陵，诸妃陪葬。大定二十九年（1189 年）乌林答氏从坤厚陵迁出，祔葬兴陵。章宗时，有司奏太祖，谥有"昭德"字，改谥明德皇后。

元妃张氏，父玄征，母高氏，是世宗之母贞懿皇后的远亲。世宗纳为次室，生赵王永中而卒。张氏去世后于大定二年（1162 年）追封宸妃。十月追封惠妃。大定十九年（1179 年）陪葬坤厚陵之前追封元妃。

元妃李氏，为南阳郡王李石之女。李石乃世宗生母贞懿皇后之弟，世宗舅父，世宗自立时，李石为心腹迈臣，有援立之功，深为世宗倚重。以元妃李氏的出身，在世宗后妃中，其地位仅次于乌林答氏。李氏为世宗生子郑王允蹈、卫绍王允济和潞王允德。大定元年（1161 年）封贤妃，二年（1162 年）进贵妃，七年（1167 年）进元妃。大定二十一年（1181 年）二月戊子病亡。甲申，葬海王庄。世宗辞世前一年的大定二十八年（1188 年）九月，元妃李氏"与贤妃石抹氏、德妃徒单氏、柔妃大氏俱陪葬于坤厚陵。卫绍王即位，追谥光献皇后……贞祐三年九月，削皇后号"（《金史》卷六十四《后妃下》）。乌林答氏迁葬兴陵后，以李氏的身份地位，实际上是坤厚陵的主葬者。

据此推断，断头峪出土的五具石椁，正中柏木红棺嵌银龙饰的墓主人应是元妃李氏；周围四椁，当为元妃张氏、贤妃石抹氏、德妃徒单氏、柔妃大氏。

（三）诸王兆域

大房山金代皇陵和其他朝代帝王陵寝不同，除安葬皇帝，一些宗室诸王也葬于其间，称"陪葬"。但诸王所葬区域与皇帝葬所有严格区别，因此就形成了帝陵区与王陵区。王陵区，史称"诸王兆域"，在鹿门谷。贞元三年（1155 年），海陵王营造九龙山太祖陵区时，在九龙山西南隅鹿门谷营建了诸王兆域。

据金明昌五年（1194 年）苏敬安《灵峰寺碑》称，大房山主峰茶楼顶"东临鹿门谷"，按其方位推断，鹿门谷应是今十字寺沟，即在车厂村西北，北倚三盆山，东隔一岭与九龙山太祖陵相邻，西南为凤凰山陵区，由南而北绵延数里。鹿门谷的第一批葬者，是贞元三年金熙宗以及一同从上京迁葬的宗室诸王。

《金史》并未载及迁葬诸王的姓名和数量，因此无从考证鹿门谷诸王兆域内迁葬诸王的详情。据黑龙江省阿城市文物工作者介绍，在金上京故城以东24公里处的阿城市大岭乡吉兴村北山有一处金代早期的陵墓群，在大约1000平方米的范围内，有人工挖掘的数十个巨大坑穴，推测可能是贞元三年（1155年）海陵王迁葬诸王遗留的墓穴（详见白玉奇编著《大金国第一都——金上京遗址及文物》，黑龙江出版社）。

《金史》卷四《熙宗本纪》记载，熙宗于"贞元三年（1155年）改葬于大房山蓼香甸，诸王同兆域。大定初，追谥武灵皇帝，庙号闵宗，陵曰思陵。……二十七年，改庙号熙宗。二十八年（1188年）以思陵狭小，改葬于峨眉谷，仍号思陵。"《大金国志·陵庙制度》卷三十三有曰："唯熙宗葬于山阴。"这里的山阴当指太祖陵区九龙山西岭西侧的鹿门谷一带。

继熙宗之后，有文献可考葬于鹿门谷的还有宿王矧思阿补、海陵太子光英、废帝海陵王完颜亮、荣王完颜爽。大定二十二年（1182年）海陵王之父宗干被削去帝号，从九龙山主陵区的顺陵迁出，也改葬在鹿门谷诸王兆域。

宿王矧思阿补，海陵之子，正隆元年（1150年）四月生，三年正月卒，追封宿王，葬大房山鹿门谷诸王兆域。

光英，本名阿鲁补，其母为徒单氏。天德四年（1152年）立为皇太子。海陵伐宋时，光英居守。海陵遇害，都督府移文讹里也在汴州杀死光英，他死时年仅十二岁。后葬于大房山诸王墓次，即鹿门谷诸王兆域（参见《金史·列传二十·海陵诸子》）。

废帝海陵王最初也葬在鹿门谷。

海陵王完颜亮（1122～1161年），字元功，本名迪古乃，金太祖之孙，太祖庶长子宗干第二子，母大氏。天辅六年（1122年）壬寅岁生。天眷三年（1140年），他十八岁时即被任命为奉国上将军，随叔父梁王宗弼征战，屡屡升迁。熙宗晚年，由于悼后干政等原因酗酒滥杀，朝臣人人自危，海陵王趁机谋反。皇统九年（1149年）十二月丁巳，弑杀熙宗篡位。海陵王坐上皇帝宝座之后，不仅滥杀无辜，而且伺机大举南侵，对宋朝发无名之师；他非但不听劝阻，还弑杀母后，并耗尽民力财力，人民不胜其苦。正隆六年（1161年）十一月，海陵率师在扬州瓜洲渡准备渡江时，被浙西兵马都统制完颜元宣等反军杀死，终年四十岁。都督府把他的灵柩放在南京（今河南开封）班荆馆。

金世宗登基后的大定二年（1162年），完颜亮被降封为海陵郡王，谥号为炀。二月，世宗使小底娄室与南京官迁其灵柩于宁德宫。四月，葬于中都大房山鹿门谷诸王兆域。

《金史》卷五《海陵本纪》载，大定"二十年（1180年）……有司奏曰：'炀王之罪未正。准晋赵王伦废惠帝自立，惠帝反正，诛伦，废为庶人。炀帝罪恶过于伦，不当有王封，亦不当在诸王茔域。'乃诏降为海陵庶人，改葬于山陵西南四十里"。

另据《大金集礼》卷四《追加谥号下》记载，大定"二十年（1180年）十二月九日，拟奏；闵宗已升祔，缘海陵庶人系弑逆之人，大定二年降封。盖当时止是比附前代帝王失道被废降封故事，初不曾正弑逆之罪。又葬所于闵宗同一兆域，并海陵庶人生母尚有慈献皇后名称，俱为未当。……其海陵庶人，不当与闵宗同一兆域，亦不当在诸王茔域之内外。……敕旨：‘仰再检讨其葬所，改迁山陵兆域之外。’复奏定以海陵庶人为名”。金世宗采纳了奏议，于大定二十一年（1181 年）正月正式下诏，废海陵王为庶人，随即海陵王被迁出鹿门谷诸王兆域，改葬于山陵西南四十里，“瘗之闲圹，不封不树”（《金史》卷七十六·宗干传）。史书仅记载海陵王迁往山陵西南四十里，随着时代变迁，海陵王墓已很难寻觅了。

荣王完颜爽，本名阿邻，太祖孙。其父卫王宗强是宗弼的同母弟弟。完颜爽于世宗大定初年封温王，进封寿王，又进英王、荣王。死后陪葬山陵，亲王、百官送葬（《金史》卷六十九《太祖诸子·宗强传》）。

以上仅《金史》中记载，实际葬于诸王兆域的完颜氏宗室贵族远不只上述诸人，只是经八百余年沧桑，已难寻踪迹了。

四、关于显宗裕陵和章宗道陵

据史书记载，金显宗的裕陵、金章宗的道陵均在大房山。但历经八百余年沧桑，已很难寻到它们的遗迹了。在此就上述二陵做一考证。

金显宗名允恭，本名胡土瓦，为世宗次子。其母就是明德皇后乌林答氏。显宗生于皇统六年（1146 年）丙寅岁。大定二年（1162 年）四月己卯，赐名允迪。五月壬寅，立为皇太子。八年正月甲戌，改赐名允恭。庚辰受皇太子册宝。允恭英年早逝，于大定二十五年（1185 年）六月庚申去世，时年三十九岁。灵柩至中都的路上，世宗七次立位奠哭。“七月壬午朔，赐谥宣孝太子。九月庚寅，殡于南园熙春殿。……十一月甲申，灵驾发引，世宗路祭于都城之西。庚寅葬于大房山。”大定“二十九年（1189 年），世宗崩。太孙（允恭子璟）即位，是为章宗。五月甲午，追谥体道弘仁英文睿德光孝皇帝，庙号显宗，祔于太庙，陵曰裕陵”（《金史》卷十九《世纪补》）。

显宗孝懿皇后，徒单氏。皇统七年生于辽阳，其先里避剌人。其曾祖抄，随太祖取辽有功，命以所部为猛安，世袭封号。章宗即位，尊徒单氏为皇太后。明昌二年（1191 年）正月，徒单氏死于隆庆宫，年四十五岁。谥号为孝懿，祔葬裕陵。

金章宗名璟，本名麻达葛，显宗嫡子，其母为孝懿皇后徒单氏，大定八年（1168 年）生于麻达葛山。金章宗完颜璟于大定“十八年（1178 年），封金源郡王。……二十五年（1185 年）……十二月，进封原王，判大兴府事”。大定二十六年（1186 年）“五月，拜尚书右丞相。……十一月，诏立为皇太孙。……二十七年（1187 年）三月，世宗御大安殿，授皇太孙册，赦中外。……二十九年（1189 年）春正月癸巳，世宗崩，即皇帝位于枢前”（《金史》卷九《章宗本纪》）。

史书记载章宗"承世宗治平日久，宇内小康，乃正礼乐，修刑法，定官制，典章文物粲然成一代治规"（《金史》卷十二《章宗本纪》）。泰和八年（1208 年）十一月丙辰，章宗崩于福安殿，享年四十一岁。"大安元年（1209 年）春正月，谥曰宪天光运仁文义武神圣英孝皇帝，庙号章宗。二月甲申，葬道陵"（《金史》卷十二《章宗本纪》）。章宗葬在了其父显宗裕陵东侧。

章宗钦怀皇后蒲察氏，上京路曷速河人。大定二十三年（1183 年）十一月嫁章宗，封金源郡王夫人，后进封妃。蒲察氏去世后，章宗即位，追封为皇后，奉安于坤宁宫，岁时致祭。大安初年，祔葬于道陵。

史书虽记载显宗裕陵、章宗道陵均在大房山，但已难寻踪迹。大房山脉主峰茶楼顶东行北折有一峰巅名连三顶，连三顶东侧有一山沟，当地俗称大楼沟，其西段即东风果园林场一带。林场内有一片古栗树。1986 年考古工作者第一次调查金陵时，在这一带发现了一些金代的沟纹砖、绿琉璃瓦、汉白玉栏杆、柱础等。继而，请北京市地矿局物探中心使用电磁法对这里进行了探查。在第一地点发现地下 2 至 4 米深处"情况异常"，呈长 9 米、宽 6 米的半月形，面向山口处，异常点前方有建筑地基及柱础，再往前发现有古路遗迹。第二地点"异常情况"更为明显，呈"T"形，南北长 15、东西宽 25 米，"异常"向前延伸，又达 6 米，呈甬道状。综合考证的结果认为，第一地点是显宗裕陵，第二地点为章宗道陵（见杨亦武《大房山金陵考》，载《北京文博》2000 年第二、三期）。2001 年北京市文物研究所再次对金陵进行考察，聘请陕西大地勘探研究所和当年参加调查的房山区文保所陈亚洲同志，首先对大楼沟燕化区二果园内进行了复查。并对第二地点进行重点钻探。其地有两处微微隆起如茔丘的小土包，其前面有一片果树。经钻探发现，此处有七至八处砖窑遗址，其中有三个保存比较完整，分别为马蹄形或长方形，长约 5～6、宽 2.5～3 米。在砖窑内遗有生烧的砖坯。在其西北侧的几棵古老的栗子树下钻探，发现三座保存较好的砖窑，平面呈马蹄形，长 5～6 米、宽 3 米左右。访问果园场经理得知，这里的栗子树是明代永乐年间种的，《房山县志》内有记载。另外，根据地层判断，该处遗址应该是金代砖窑，很可能是一处提供修建金陵所用的官家砖厂。据此判断，此处"异常情况"不应是显宗裕陵、章宗道陵的陵寝所在地。

在金陵主陵区东侧的柳家沟发现了大量石质建筑构件，包括鸱吻、斗拱、台基条石等。根据现场的遗迹现象和昭穆制度推测，这一带也应属于金代皇陵的范围。裕陵、道陵是否在此区域，有待今后的考古发掘。

结　语

2001 年至 2003 年，北京市文物研究所对北京房山金代皇陵主陵区进行了系统的考古勘探和试掘。通过两年多的田野工作和后期资料整理，获得了诸多成果。

一、初步调查考证了中都金陵的陵域范围，确认了主陵区的平面布局

金中都皇陵是经过海陵王、世宗、章宗、卫绍王、宣宗五世六十年营建，形成的一处规模宏大的皇家陵寝，面积达 60 平方公里。海陵王初建陵时，并无陵界，其后陆续增建各陵，并建立围墙、划出禁区，在陵区"其封域之内，禁无得采樵弋猎"（《金史》卷三十五《礼八》）。世宗即位后，于大定初划界为一百五十六里。至大安初又予以调整，缩减为一百二十八里。综合文献记载，结合实地考察，陵区禁界"封堠"四至，东界为万安寺西小岭，当在今房山街道羊头岗北岭，约 9 公里；南至黄山峪水心，即今黄山店沟，约 13 公里；西界以龙泉河（今大石河）为界，古代地名辘轳岭，当在今霞云岭、碾盘地山川一线，约 13.5 公里；北面磁务孔水洞内有金代题刻"山陵北垂"的铭文，可知此处应是金陵区域北限，即以今大石河为界（图九六）。

据目前已经调查探明的情况看，金代帝王陵寝主要分布在大房山东麓，九龙山、连三顶东峪，三盆山鹿门谷。此外，大房山南侧的长沟峪也应有陵墓。建陵初期，出于安葬和谒陵、祭陵的需要，在山陵东端的入陵处建造了行宫磐宁宫，章宗时期又在山陵制高点大房山主峰茶楼顶建离宫崇圣宫和白云亭。

金代皇陵是经过海陵王、世宗、章宗、卫绍王、宣宗五世六十年营建形成的一处规模宏大的皇家陵寝，其平面布局分帝陵区、坤厚陵及诸王兆域三部分。大金立国后多位帝王、后妃均葬于此。九龙山是金陵的主陵区，它始建于金海陵王完颜亮贞元三年（1155 年），是大房山金陵开始营建的标志。贞元三年十月，诸陵竣工。经考古探察，已探明在九龙山主陵区内包括五座帝陵：海陵王完颜亮将其祖父太祖阿骨打从上京会宁府（今黑龙江省阿城市）迁葬于此处的睿陵；并将其叔祖金太宗吴乞买、其父德宗宗干也迁葬于此，分别为恭陵和顺陵。由于是迁葬，故海陵王将太祖、太宗、德宗三陵并排葬在"寺基之上"，发掘资料与史书记载相符。如此三座帝陵并列，其间仅相距 1.5 米左右，在历代帝王陵寝中绝无仅有。

中国传统文化十分讲究尊卑长幼，并将其纳入国家礼制。《周礼·春官·小宗伯》就有"辨庙祧之昭穆"的记载。礼制规定，皇家陵寝以始祖居中，二世、四世、六世位于始

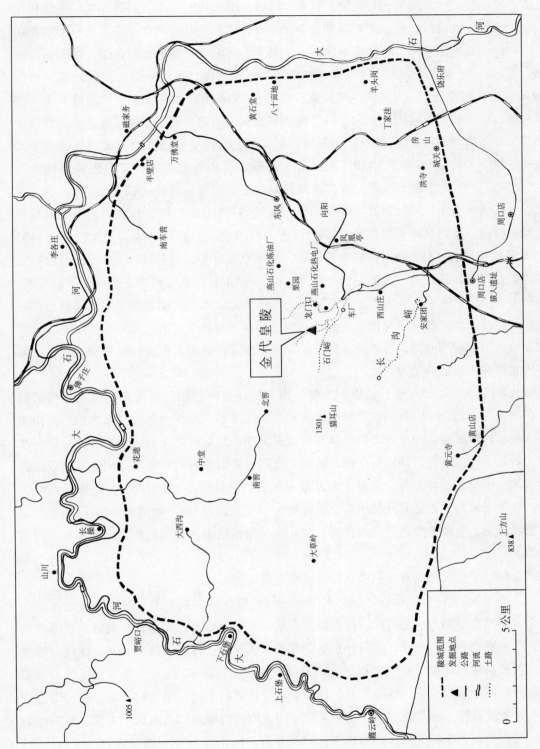

図九六　金陵陵域範囲示意図

祖左方，称昭；三世、五世、七世位于右方，称穆；用来分别宗族内部的长幼、亲疏和远近。金代海陵王迁陵时，将金朝开国皇帝金太宗阿骨打葬在中间位置，将太宗和德宗葬在太祖陵两侧，其形制相同，均凿地为穴，只是大小不同而已。发掘资料表明，在太祖睿陵西侧，发现长 20 余米的宽大陵墙，同时在清代小宝顶西侧，也有一道较窄的陵墙，长约40 余米。在其拐角处，向北另砌两道陵墙，该墙在 1918 年日本古建筑学家关野贞考察金陵时，还残存于地面上（图版五六，6）。陵墙将太祖、太宗、德宗三陵围成一个相对独立的单元，与其南侧的世宗陵（M9）相分隔，但又不失山陵整体庄严的王者气象和融于大自然的气氛。上世纪 80 年代中期，北京市文物研究所调查金陵时，于太祖陵西侧发现"睿宗文武简肃皇帝之陵"石碑。睿宗陵为景陵。睿宗即完颜宗尧（初名宗辅），金世宗之父。睿宗于天会十三年（1135 年）卒于妫州，终年四十岁，葬于上京胡凯山，陪葬睿陵。世宗即位，追封其为立德显仁启圣广运文武简肃皇帝，庙号睿宗。大定二年（1162年）世宗在九龙山太祖睿陵东南侧为他营陵，从上京奉迁睿宗梓宫于大房山，十月戊子，葬睿宗于九龙山，号景陵。大定二十九年（1189 年）正月癸巳，世宗完颜雍卒于福安殿，享年六十七岁。己亥殡于大安殿。三月辛卯朔，尊为光天兴运文德武功圣明仁孝皇帝，庙号世宗。四月乙酉，章宗遵照世宗生前"万岁之后，当置朕于太祖之侧"的遗嘱，葬世宗于九龙山太祖睿陵的西侧，号兴陵。世宗、睿宗两座帝陵葬在太祖睿陵的陵墙外，世宗陵（M9）北侧的陵墙遗迹尤为明显。

金代皇陵的"万吉之地"是以山为陵，因此，在建陵伊始，就考虑到防洪排涝的问题。在此次考古调查中，我们在太祖陵东西两侧的山谷中，发现两条大型排水沟。其中东侧排水沟结构较完整，先在入水口处筑起一道拦洪坝，然后将洪水引入主排水沟。该排水沟为封闭式，随山就势，用巨石垒砌，陡峭之处用石块砌筑台阶，沟顶亦用条石封盖。西侧排水沟入水口已破坏无存，沟身由西北向东南流，经神道南端的石桥与东侧排水沟 G1会合。在这条暗沟上方还有几处明沟，当地称为"龙须沟"，起排泄地面水的作用。

由此可见，金陵主陵区的平面布局，在礼制和使用功能诸方面，都是经过精心、周密规划的。

二、探明了金太祖地宫形制及金陵的清代建筑遗迹

金太祖完颜阿骨打陵（M6）是此次唯一进行抢救性科学发掘的陵寝。它位于九龙山主峰下，其地宫形制为凿地为穴，即石圹竖穴墓，四壁为岩石，无墓道。地宫内瘗葬四具石椁，两具素面石椁南北葬，两具分别雕刻龙纹和凤纹的石椁为东西葬。其中龙纹石椁被砸毁，仅残留东侧椁壁，外壁雕刻祥云团龙纹。其北侧相距 40 厘米，雕祥云凤纹石椁完整保留。椁四壁敷以松香，椁盖剔地起花刻双凤纹并敷贴金箔，出土时富丽堂皇。考古资料表明，龙纹石椁正如文献记载，在明天启年间被明政府砸毁。而清兵入关后，自顺治到乾隆，几代皇帝为祭祀先祖，曾多次下旨修葺金陵，太祖地宫亦在修葺之列。发掘探明，M6 地宫自下而上有规律地码放四层巨石，约二百余块；每层巨石之间填纯黄土夯实，第

一层厚约 80 厘米，夯实后铺一层朱砂，其上放巨石。除东北角有一扰坑，其他巨石并无扰动情况。

在发掘中还清理出大量清代建筑遗迹，这也是金陵考古工作的成果之一。位于金太祖阿骨打地宫西北约 15 米处，发现一处圆形残封土堆，俗称大宝顶，直径约 13 米，底部用清代大长方砖围砌，上部用三合土夯筑后灌糯米浆。此封土堆应是清代回填阿骨打地宫后垒砌的。清政府为了祭祀之需，在地宫西北筑造了宝顶、宝城和享殿等。

金世宗陵 M9 墓室稍偏北亦有一处略小的封土堆，俗称小宝顶。这也是清代修葺金陵时修筑的。除了宝顶、宝城，还在世宗陵前立御制碑。碑与残碑亭至少在 1918 年日本学者关野贞考察金陵时还完好保存，而 20 世纪 70 年代社会掀起平整土地高潮，碑亭和御制碑却以破"四旧"之名被炸毁。

金太祖地宫是迄今为止发掘的第一座金代皇陵，其意义不言自明。而金陵清代建筑遗迹的调查发掘与复原，也是全面了解中都金陵的重要组成部分。

三、通过考古发掘，认识到金代皇陵的几个特点

（一）以山为陵，严格遵循昭穆制度

我国的帝陵以山为陵的传统由来已久。以唐朝为例，二十二位皇帝，除昭帝李晔的和陵在河南洛阳，哀帝的温陵在山东菏泽，殇帝李重茂无陵，其余全部葬在陕西关中地区。它们分布在东起浦城、西抵乾县，绵亘达三百余里的山峦上。虽然各个陵园情况不一，但有一点是共同的，绝大部分因山造陵，从山腰横向凿墓道，达主峰之下，筑地宫为穴。皇陵依山而筑，埋藏深固，目的是不为后人盗掘；陵墓大多背山面水，这既符合传统的风水理念，又在感官上达到宏伟壮观的皇陵气势。

北方少数民族女真人建立的金朝，在开国之前尚无严格的丧葬制度。金灭辽后，吸收了大批汉族官吏，也吸收了汉族深厚的文化。金朝的皇陵制度就是仿照汉族的文化传统。首先沿袭汉人以山为陵的丧葬制度。海陵王决定迁都、迁陵后，派人在燕山山脉踏勘选陵址，历时一年光景，终于选中了大房山九龙山下云峰寺一带的台地，此地山峦环抱，溪水潺潺，符合古人心目中的"帝王之气"，俨然建造皇陵的"风水宝地"。海陵王完颜亮毁寺为陵，"又将正殿元位佛像处凿穴，以奉安太祖旻、太宗晟、父德宗宗干，其余各随昭穆序焉"（《金虏图经·山陵》）。

大房山主陵区内，在方圆不足百亩的区域，埋葬着五位帝王，陵寝分布之密集，超过历代皇陵，但其严格遵循昭穆制度，已然得到文献和考古资料的共同印证。

金陵另一个显著特点，是选址时严格遵照汉文化堪舆学的理念。如今，这里基本上保留着当年原始的地理环境：主陵区北有三峰并峙的连三顶，古称茶楼顶；大房山主峰猫耳山海拔 1307 米，位于陵区西侧，成为陵区的制高点。陵区周边九道山脊蜿蜒而下，有如九条巨龙环抱着陵区，故称九龙山（详见第一章第一节"地理环境"）。此处原为佛寺云峰寺，海陵王毁寺建陵，又根据"风水"和排洪的需要，将当地水系作了适当的人为调

整，其设计匠心可见一斑。

（二）独特的墓葬形制

金代山陵虽然沿袭汉文化风俗，但其墓葬形制却有所不同。根据已发掘的太祖陵 M6，以及对相邻的 M7 等地宫的探察，虽然墓圹有 13×9.5 米，规模宏大，但这些陵墓均没有横向的墓道，而是凿地为穴，这在其他朝代的皇陵是十分罕见的。

上世纪 80 年代中期调查金陵时，曾在金太祖阿骨打睿陵所在地发现有享殿基址一处，面阔三间 16 米、进深 12.2 米，台基高 0.5 米，地面整齐有序地排列着四行共十六个方形柱础。据当地村民回忆，地宫上方曾有台基压栏石和沟纹砖。因该资料未发表，估计此基址应是太祖陵上的建筑，明天启年间将其拆毁后，清康乾时期又将其修葺。本次清理 T1~T13、T17 和 T14~T16，发现有房屋建筑遗址，特别是 F2 房屋建筑的墙壁内外均有华丽的壁画，建筑之宏伟可想而知。在 F2、F4 建筑群下，经钻探发现有金世宗的地宫（M9）。在其东侧 70 余米的 F1 建筑下有空穴，只是规模略小。此种现象文献不见记载。

《金史》卷二《太祖本纪》中称，天辅七年（1123 年）"八月……戊申，上崩于部堵泺西行宫，年五十六。九月癸丑，梓宫至上京。乙卯，葬宫城西南，建宁神殿。"仅此一条不足以说明问题，但是，女真人的祖先确有在冢上建屋的风俗。《魏书·勿吉传》卷一百云："勿吉国，在高句丽北，旧肃慎国也……其父母春夏死，立埋之，冢上作屋，不令雨湿；若秋冬，以其尸捕貂，貂食其肉，多得之。"《金史》称，"金之先，出靺鞨氏。靺鞨本号勿吉。勿吉，古肃慎地也"（《金史》卷一《世纪》）。《金史·礼志》更加明确地记载了女真人的这种葬俗："天辅七年九月，太祖葬上京宫城之西南，建宁神殿于陵上，以时荐享。"（《金史》卷三十《礼三》）今天我们在金代皇陵区内，特别是在地宫上发现如此众多的建筑遗迹，是否说明女真人当时营建陵墓时，一是为了祭祀，二是追寻祖先的遗风呢？这也是金代皇陵的显著特点之一。

（三）精美的石雕艺术

金代皇陵陵园的主神道，应在今燕山石化区以北凤凰亭至胜利桥一带。上世纪 60 年代中期，山道两旁还遗有石牌坊、石羊、石马等石象生。东方红炼油厂凿山修路，将这些石雕砸毁埋掉，现已去向不明。在金陵主陵区内发现一条 100 余米长的土筑神道，在这条神道北端残留一处石踏道，有十分精美的汉白玉雕龙栏板，就连踏道面上都雕刻着缠枝花纹，为国内皇陵首次发现。主陵区内发现大量的以龙凤为装饰题材的金代刻石，其中有大小不一、各种式样的汉白玉雕石坐龙、双龙追逐纹石栏板、青白石雕盘龙柱，以及龟趺碑座等。凡是带有龙纹及雕龙的刻石，均在明天启年间"断龙脉、斩龙头"时，将龙头全部捣毁，就连太祖阿骨打地宫内瘗葬的龙纹石椁也遭此一劫。但是，幸免于难的凤纹石椁和残存的龙纹石椁东壁挡板为研究金代石刻留下弥足珍贵的实物资料。

从幸存的龙纹石椁东壁挡板和碎裂的石椁雕刻看，此椁盖板和椁身均由整块汉白玉雕凿而成，椁盖及椁身四面均以剔地、线刻手法雕刻游龙或团龙纹，四边和中区缀以卷草纹和祥云纹。椁身两侧为双龙图案，布局恢弘，构图大气。东西两壁则雕刻单团龙，如较完整的东壁挡板团龙图，高 1.52 米、宽 1.2 米，纹饰分三区构图：外圈饰卷草纹，勾连不断，规整流畅；中区左右两侧雕祥云纹，云纹盘曲回环，宛若花枝；内区一龙，首尾旋绕，身躯粗健，足腿刚劲，角爪锋利，鳞甲欲动，间衬以小朵流云，疏处不空，密处不挤，优美洒脱而充满雄浑的力度。如此精美的石刻作品，其画稿、刊石，均应为当时国手所为。

凤纹石椁出土时位于龙纹石椁北侧，与龙纹椁并列，东向。亦由整块汉白玉雕凿而成。椁身长 2.48、宽 1.2、高 1.52 米，椁身四壁外侧及盖板上满饰凤纹。纹饰制作工艺为剔地浅浮雕加线刻，线刻刀口填金粉。椁身两壁及盖板外侧饰双凤纹，东西挡板则雕团凤纹。除主题纹饰改为凤鸟外，构图、布局和刻画风格均与龙纹椁一致。椁身内侧饰阴线刻双凤纹，周饰卷草，间缀以流云，线条飘逸，描画精细。

金代皇陵内布置的神道、石雕，承袭了汉唐帝王陵园的基本要素，使陵园这种纪念性的建筑物内容更加充实，形式更加臻于完美。这些石刻的出土，也为金代的美术考古提供了新鲜的史料。

金中都皇陵地域广阔，山多林密，给考古调查工作带来了很多困难。若要把整个陵区的平面布局、其他各陵号及诸王兆域所葬完颜氏王室贵族，以及坤厚陵内具体位置探察清楚，是一项繁杂而艰巨的工程。本报告仅就金中都皇陵主陵区内的部分发掘情况作一阶段性总结，企望我们的工作能够为研究金代政治、经济、历史等问题起到一些推进的作用。

中都金陵考

于 杰

金太祖完颜旻（阿骨打）于天辅七年（1123 年）死后，先葬于上京宫城西南，建立宁神殿，天会三年（1125 年）始定庙号及陵号，天会十三年二月，"改葬和陵"，从此，金朝皇帝开始立陵墓。但这个"和陵"并不是只葬金太祖一帝，在金太宗死后，也葬于此，而没有为他另定陵号。

金熙宗皇统年间，随着侵宋战争的进展，女真族进入内地，在汉族先进文化的影响下，效法尊祖，于皇统四年（1144 年）重新置陵。除将太祖陵命名睿陵、太宗陵命名恭陵外，并将完颜氏祖先十人的茔墓加以"陵"号，还为他们定了"庙号"。天德年间，完颜亮迁都燕京，在修城池、宫殿之后，随即在新都附近另辟陵域，重建新陵，为中都金陵。

第一节　金陵的修建及规模

完颜亮在修建中都新城及新宫完成后，于贞元元年（1153 年）迁都中都，为了世世代代以中都为其统治中心并在观念上加以巩固，他在贞元三年（1155 年）即决定把原在上京的祖先陵墓全部迁移，建立新的陵寝。

"贞元三年三月乙卯，命以大房山云峰寺为山陵，建行宫其麓。"

"五月乙卯，命判大宗正事京等如上京，奉迁太祖、太宗梓宫。丙寅，如大房山，营山陵。"

"六月乙未，命右丞相仆散师恭、大宗正丞胡拔鲁如上京，奉迁山陵。"

"七月辛酉，如大房山，杖提举营造官吏部尚书耶律安礼等。乙亥，还宫。"（《金史·海陵本纪》）

完颜亮为在大房山云峰寺建山陵，先在山麓设立行宫，并在作出决定的两个月后即派人去上京迁移太祖、太宗灵柩，由此看来，他没有准备大规模的兴修山陵，如果大规模修陵或建立庞大地宫，是需要较长时间的修工期的，就不会匆忙地去上京接灵。另外，他所建的陵只是用云峰寺旧址，规模也不会太大。

五月派人去上京迁灵，当月完颜亮即去大房山督工，六月又派右丞相仆散思恭等去上京，七月中，他又去大房山督工，从辛酉到乙亥，停留达十五天之久，并"杖提举营造官吏部尚书耶律安礼等"，责罚有关官吏，想系因他们修工不力。所以，完颜亮对营建山陵一事是十分急迫的。其后，他继续亲自到大房山监督工程的进行。

贞元三年"八月壬午，如大房山。甲申，启土，赐役夫，人绢一匹，是日还宫。甲午，遣平章政事萧玉迎祭祖宗梓宫于广宁"（同上）。

海陵八月又去房山，在他到达的第三天，即破土动工，并对"役夫"给以赏赐。他回来后，再次派人到广宁（今昌黎一带）迎灵。修陵刚刚破土动工，祖灵已迁来，而灵柩迁来后必须在较短时间内入葬，这样紧迫，是不可能修完过分豪华的寝宫及地上建筑的。其后，完颜亮仍在迅速进行着建陵活动。

"九月己未，如大房山。庚申，还宫。丁卯，上亲迎梓宫及皇太后于沙流河……庚午，猎，亲射獐以荐行宫。壬申，至自沙流河。"

"十月，戊寅，权奉安太庙神主于延圣寺，致奠梓宫于东郊，举哀。己卯，梓宫至中都，以大安殿为丕丞殿，安置。辛卯，告于丕丞殿。丁酉，大房山行宫成，名曰磐宁。"

"十一月乙巳朔，梓宫发丕丞殿。戊申，山陵礼成。"（均同上）

中都金陵修建的第一期工程（金太祖、太宗二陵及磐宁宫），从八月动土，到十一月入葬，只有三个来月的时间，又据《金虏图经》记，完颜亮将其祖父改葬于大红谷龙衔寺（《大金国志》作"龙城寺"）的寺基上，"又将正殿元位佛像凿穴，以奉安太祖、太宗、德宗"（同上），即仅就龙衔寺之正殿建地宫，连葬三帝之灵，可以想见其规模是有限的（其中"德宗"是完颜亮之父、辽王完颜宗干，在亮取得帝位后被追认为皇帝，庙号德宗，其陵号不详）。

其后，完颜亮在正隆元年（1156年）继续向中都迁祖坟：

"正隆元年七月己酉，命太保昂如上京，奉迁始祖以下梓宫。"

"八月丁丑，如大房山行视山陵。"

"十月乙酉，葬始祖以下十帝于大房山，丁酉，还宫。"

"闰月己亥朔，山陵礼成，群臣称贺。"（《金史·海陵本纪》）

这次从派人到上京迁灵到下葬，共约五个月，在葬十帝灵时，完颜亮从十月乙酉到丁酉共十三天，在房山主持安葬。这十个陵大约是在贞元三年安葬太祖等三帝之后，继续兴建的。

据《金史》中的零星记载，大房山的金陵约可分为三个部分：帝陵部分（祔葬有中都各帝的正宫皇后）、妃陵部分、诸王部分。

一、帝陵部分

这个范围共葬有十七人之灵，即金"始祖"以下十人及中都七人。"始祖"以下的十人为：

光陵　景元帝完颜函普

昭陵　德帝完颜乌鲁

建陵　安帝完颜跋海

辉陵　献祖完颜绥可

安陵　昭祖完颜石鲁

定陵　景祖完颜乌古乃

永陵　世祖完颜劾里钵

泰陵　肃宗完颜颇剌淑

献陵　穆宗完颜乌鲁完

乔陵　康宗完颜乌雅束

金开国后诸帝陵：

睿陵　太祖完颜旻

恭陵　太宗完颜晟

思陵　熙宗完颜亶

兴陵　世宗完颜雍

裕陵　显宗完颜允恭（世宗子）

道陵　章宗完颜璟

景陵　睿宗完颜宗辅（世宗父）

另外还有德宗完颜宗干之陵，名称不详。宗干为亮父，曾给予帝号，亦葬大房山。后亮被废，世宗时将其削去帝号，但未提将其灵迁出大房山，故金开国后诸帝之灵应有八个。

开国后各帝之陵都有皇后"祔葬"。

睿陵祔葬太祖钦宪皇后纥石烈氏，天会十三年死。

恭陵祔葬太宗钦仁皇后唐括氏，皇统三年死。

思陵祔葬熙宗悼平皇后裴满氏，其为熙宗在位时被杀。

兴陵祔葬世宗昭德皇后乌林答氏，其在海陵在位前被迫自杀。

裕陵祔葬显宗孝懿皇后徒单氏，明昌二年死。

道陵祔葬章宗钦怀皇后蒲察氏，其在章宗未即位时已死。

景陵祔葬睿宗钦献皇后蒲察氏，即世宗之母，大定二年死。

另德宗（辽王）宗干之妻大氏（海陵生母），在贞元三年亦与德宗宗干合葬大房山之陵，海陵死后，没有迁出的记载。帝陵之地点，在今房山县西南猫耳山东北方向第一座大山，在《图经》、《大金国志》中均记为"大红谷"，亦称"大洪谷"（在山之阳）。另金熙宗被杀后始未入陵区，大定二十八年（1168年）以帝礼改葬于"峨嵋谷"（在山之阴），此地亦应在帝陵区域之内。故金陵的帝陵部分应是在大房山的大洪谷、峨嵋谷一带。

二、妃陵部分

中都金陵的妃陵部分为坤厚陵，如世宗诸妃即葬于坤厚陵。

"世宗元妃李氏，……大定二十一年薨，……二十八年九月，与贤妃石抹氏、德妃徒单氏、柔妃大氏俱陪葬于坤厚陵"（《金史·后妃传》）。

世宗即位后，其后乌林答氏在他在位时，也葬于坤厚陵，在他死后才祔葬兴陵：

"大定十二年五月，车驾幸土鲁原致祭（按乌林答氏自杀之后，先葬于土鲁原）。十九年改卜于大房山，十一月甲寅，皇后梓宫至近郊，百官奉迎。乙卯，车驾如杨村致祭。丙辰，上登车送，哭之恸。戊午，奉安于磐宁宫。庚申，葬于坤厚陵，诸妃祔焉。二十九年祔葬兴陵"（同上）。

章宗钦怀皇后蒲察氏，在他作为皇太孙时已病故，章宗即位后，也"奉安神主于坤宁宫"。章宗死后，"祔葬于道陵"（同上）。据此，坤宁宫或为坤厚陵之地上宫。

三、诸王兆域部分

中都金陵域内，皇室诸王死后亦安葬于一定的地区，可能比较集中。如完颜亮被杀并废为海陵郡王后，"葬于大房山鹿门谷诸王兆域"（《金史·海陵本纪》）。金熙宗被杀后，先葬于上京的皇后裴满氏墓中。在向中都迁灵时，由于他已被削去帝号，降为"东昏王"，以"王"的资格葬于大房山蓼香甸，故此，诸王兆域位于大房山的"鹿门谷"及"蓼香甸"一带。按"谷"为两山间流水之道，谷中常有一种植物，名为"谷蓼"，是多年生的草本植物，故"蓼香甸"可与"鹿门谷"相连，似为同一地附近。另外"甸"常与"淀"字通用，而"淀"是指湖泊之地，故"蓼香甸"似是山谷中生长谷蓼并傍水之地，大概是在鹿门谷中。完颜亮之子矧思阿补夭折后，亦葬大房山；完颜光英在汴被杀后，也"与海陵俱葬于大房山诸王墓次"（《金史·完颜光英传》），这两人葬地亦当为鹿门谷、蓼香甸之处。

综观中都之各陵，最初于贞元三年所建的太祖、太宗、德宗（名称不详），因建陵仓促，以当时施工水平计，即使完颜亮奴役人民过分残苛酷烈，其规制亦不能十分庞大、豪华。而世宗的兴陵、显宗的裕陵、章宗的道陵，修建时适值金朝经济发展的太平盛世，这三陵的规制应较大，也应是豪华的。至于从上京迁到中都的"始祖以下十帝"之陵，其规制不能超过太祖等三陵，也许还要小些。实际情况，有待于在今后考古发掘中予以证实。

第二节　中都金陵陵域

完颜亮在迁都中都之后，即开始选择适宜地点，以建陵墓：

"金之先世卜葬于护国林之南。迨亮徙燕，始置陵寝。令司天台于良乡县西五十余里大红山西大红谷，曰龙衔寺，峰峦秀拔，林木森密。亮寻毁其寺，遂迁祖父改葬于寺基之上。又将正殿元位佛像凿穴，以奉安太祖、太宗、德宗，其余各随昭穆序焉"（《日下旧闻考》卷一三二引《金虏图经》）。

"国初，祖宗止葬于护国林之东。逮海陵徙燕，始令司天台卜地于燕山之四围，岁余，方得良乡县西五十里大洪谷曰龙城寺，峰峦秀出，林木隐映，真筑陵之处。遂迁祖宗于此，唯熙宗葬于山阴"（《大金国志》）。

由上述可知，金统治者选定作为陵区的大红山西大红谷（亦作大房山、大洪谷），是一个"峰峦秀拔，林木森密"、"林木隐映"的良好自然环境，适于建陵。此地的形势："西顾郊坼，巍然大房，秀拔浑厚，云雨之所出，万民之所瞻"（《金史·礼志》）。正由于大房山的这样形胜，完颜亮集团决定"祖宗陵寝，于是焉依"，在此修建山陵。

上述引文中"唯熙宗葬于山阴"一句，即熙宗葬于山的北面。按《大金国志》所记多取材于《图经》，而《图经》中所记述为金迁中都后初期的状况，金熙宗当时还未恢复帝号（他在大定二十八年才恢复帝号，改葬入帝陵区），这时仍葬于"诸王兆域"，故"山阴"当指诸王兆域所在地，亦可推定"鹿门谷"、"蓼香甸"在山之北。此文亦可反证出帝陵区不在"山阴"，当在"山阳"，即山南。

海陵初建陵时，并无陵界，其后陆续增建各陵，需要有一个陵区范围界限，建立围墙，划出禁区。但完颜亮在修完第一批陵墓后，忙于准备发动南侵宋朝的战争和对付人民起义，从正史记述中去看，好像他无暇顾及此事。到他在南方兵败被杀，世宗即位后，才注意到划定陵域范围和修筑围墙等。

金陵的陵域划为禁区，"其封域之内，禁无得采樵戈猎"（《金史·礼志》），即不许人民在陵界之内从事活动，也可能是不许进入禁区。

金陵的陵域是很大的，大定初划入界内为"周围计地一百五十六里"，至大安初又予以调整，紧缩为"周围计地一百二十八里"。

金陵围墙称"封堠"。"封"之意为"封闭"、"界域"、"疆界"；"堠"之意，一为计里数的土堆，一为瞭望敌情的土堡。故金陵"封堠"应认为是陵域周围的围墙上，每隔一定的距离立有一土堡，作为守卫及计里数所用。

金陵四周的确切方位现已不易考察，仅在《大金集礼》中有一些不完整的记述。

"大定二年正月初七日，省官刑部之事薛万亨并提点山陵涿州刺史完颜璋，同衔申取责到司天召张庆渊、魏器博、卢世明三人状称：合自坟山西北，系奉先县所管神宁乡上冶村龙泉河为西界，为头排立封堠，沿龙泉河南至羌弧岭，其龙泉河水流正西南去，离坟山八十余里，止合于羌弧岭东南下坟。按坟山旧南界封堠，是周围四至，别无窒碍，呈省。一起自万安寺西岭为头，打量至西面尽北南郊涧口旧封堠，计地六十二里令一百四十四步，自南郊涧口旧封堠以西上冶村，按连排立，沿龙泉河南至羌弧岭，密排讫，封堠一百六十个，接连至赤石峪旧封堠、计地五十八里令二百二十八步。自赤石峪口旧封堠至万安寺西岭，计地三十五里令三百步，周围计地一百五十六里令三百一十二步"（卷十七至二十）。

此是大定初年勘察的结果，其中大略提到边界的地名，但并不具体，无法据以判定其周界。同书还载有大安年间的勘察结果。

"大安元年十一月三十日，承省礼奏帖：近奏差秘书监丞温迪罕胡土、三司知事边源，检勘坟山以西银洞事云云。今据所差官胡土等检勘得止合以龙泉河为禁限西界。□□等商量，若准所申，是为相应云云。为此于十一月二十九日闻奏过。奉圣旨：封堠立得分朗者，余并准奏行。"

"坟山禁界封堠四至周围地里，东至万安寺西小岭一十八里，南至黄土峪水心二十六里，西至辘轳岭二十三里，周围计地一百二十八里。"

"坟山以西，过辘轳岭，有南郊涧道，隔断山势。以西过木浮岭，下至龙泉河，又隔木浮岭。其龙泉河身阔处约五十步，窄处十余步，水深三四尺。自陵寝红排沙至此三十二里，以西又过烟薰岭松片山数重，才是接连银山。其坟山与银山不是一带山势。"

"银山在坟山西北，其山东西形势，岭南属奉先县，有银洞五十四处，山岭北属宛平县，有银洞六十二处。两县银洞止是一山。自陵寝红排沙以西，最近银洞四十二里，最远银洞四十八里。"

"取责到将去司天台阴阳人张庆渊等三人状称：相视得自陵寝红排沙以西，过涧辘轳岭，已有南郊涧道，隔断山势。以西又过木浮岭，下有龙泉河，河身深阔。隔断地脉，按《地理新书·五音地脉篇》：凡隔坑潭江河，地势已绝，不相连按，兼山陵至此已三十二里，若将龙泉河便为禁限西界，委是别无窒碍。其东南北三面禁界，止合以原定界堠为限。"

综合以上各片段记述，可以得出如下的几点情况：

一、金陵域内有"坟山"的名称；

二、"坟山"的西北方是奉先县神宁乡上冶村，龙泉河经该村南流，并且"龙泉河为西界"；

三、龙泉河南流至"羌弧岭"，河即向西南方向流去，而陵域西部的封堠沿龙泉河排列，到羌弧岭；

四、羌弧岭离"坟山"为八十余里；

五、金陵域南界的"封堠"是从"万安寺西岭为头"向西排列的；

六、自万安寺西岭向北到"南郊涧口"排列有封堠，总长六十二里又一百四十四步；

七、自"南郊涧口"向西达上冶村，又向南达羌弧岭，都密排着"封堠"；

八、上述地段共"封堠"一百一十六个，直连到赤石峪；

九、上述地段从南郊涧口至赤石峪，总长为五十八里又二百二十八步；

十、自赤石峪至万安寺西岭长三十五里又三百步；

十一、陵域总长一百五十六里又三百一十二步。

以上为大定年间的陵域范围，大安年间的范围可总结为：

一、坟山的西北有银山，山有银洞；

二、龙泉河为陵域西界；

三、坟山与银山不是一条山脉；

四、坟山、禁界：东至万安寺西小岭，距离十八里；南至黄山峪水心，距离二十六里；西至辘轳岭，距离二十三里；

五、禁界周长一百二十八里；

六、坟山之西有辘轳岭，其处有"南郊涧道"，应即与上文之"南郊涧口"相连；

七、过南郊涧道向西，为木浮岭；

八、龙泉河在木浮岭之西；

九、龙泉河至"陵寝红排沙"之距离为三十二里；

十、龙泉河之西有烟薰岭、松片山，此山与银山相连；

十一、坟山与银山不是一道山脉，故这两座山不相连；

十二、认为以龙泉河为陵域西界是适宜的；

十三、陵域的东、南、北三面禁界不变。

综合大定、大安年间两次实地勘察的结果，加以排比，我们得出金陵域最后的界限为：

西界为龙泉河东岸的辘轳岭。

东界为南起万安寺岭，北至南郊涧口一线。

南界为西起羌弧岭、东至万安寺岭。

北界为东起南郊涧道南岸向西至神宁乡上冶村处之龙泉河东岸。

道南岸向西至神宁乡上冶村处之龙泉河东岸处。

此外，在南界上有黄山峪。

从以上我们看到，金陵域是位于四面环山的一块地方，其西、南、东三面多为山岭，北面亦大部分为山岭，域中还有山脉（如坟山位于域中，而鹿门谷、峨眉谷等当与坟山相近）。

上列各地名均为金代地名，其相当于今天何地，一时不易核对，有待于进一步的实地考察和考证。

另在金陵域外的西北方,有东西向的银山山脉,位于当时的奉先、宛平二县之交界处,银山是以该山有若干"银洞"而得名,而"银洞"为古代开采银矿之处。银山、松片山、烟薰岭、龙泉河、羌弧岭、南郊涧道、南郊涧口、黄山峪、万安寺西岭、坟山等地名,都有助于在地形上进行考察,以对金陵域定位。

第三节　金陵的祭祀及湮灭

金王朝在大房山建陵后,按汉族传统仪式规定,每年都于山陵举行祭祀仪式。《大金集礼》卷十二至十七中载有对各陵的祭祀之例:

"世宗、显宗、熙宗各本陵位祭,带祭后"。

"太宗、睿宗忌辰,各(于)磐宁宫望祭,带祭后"。

"太祖忌辰,除不祭世祖外,遍祭"。

"太宗、睿宗、世宗、显宗、熙宗并带祭诸后"。

"昭德皇后(世宗正后)忌辰,磐宁宫望祭"。

"忌辰,本陵祭"。

"昭德忌辰磐宁宫是大定二十九年(即世宗死后)七月由太常寺定来"。

"世祖位,合依自来享祀例,止于磐宁宫荐献"。

上述规定中有些陵是在本陵致祭的,如世宗、显宗、熙宗,有的只在磐宁宫望祭,如太宗、睿宗、昭德后等。而对世祖(太祖之父)只能在磐宁宫"荐献",甚至太祖忌辰时,各陵遍祭,也不祭世祖。这些分别对待的规定,大概与金统治集团最高层(皇族)内部的错综情况有关。而对章宗的孝懿皇后却规定要本陵致祭:

"明昌二年九月点检司申到,前月二十九日奉圣旨,孝懿皇后陵前享祭,准备茶食四十桌子。宫籍监已钦依,前去坟山照办"(《大金集礼》卷十二至十七)。

对皇后的祭祀,用茶食四十桌,排场是很大的。又:前面的祭祀规定中,没有提到章宗,所以应认为这些规定都是章宗时期作出的。

金政府还在陵区建立"山神庙","大定二十年十月三日敕旨:山陵下盖山神庙,今后但节下去后臣交享祭"(同上,卷三七)。又,"大定二十一年敕旨:坟山起盖山神堂,合封王、合封神,礼部定了奏知。本部检讨得别无端的典故,拟以王爵封之。寻送礼部学士院检定"(同上)。拟将"山神"封为王爵,最后决定封为公爵,为"保陵公",大概封王未得议准。

"世宗大定二十一年,敕封山陵地大房山神为保陵公。……其册文云:……古之建邦设都,必有名山大川以为形胜。我国既定鼎于燕,西顾郊圻,巍然大房,秀拔浑厚,云雨之所出,万民之所瞻。祖宗陵寝于是焉依。仰惟岳镇古有秩序,皆载祀典,矧兹大房,礼可阙欤?其爵号服章俾列于侯伯之上,庶足以称。今遣某官某,备物册命神为保陵公,申

177

敕有司，岁时奉祀"（《金史·礼八》）。

对这个山神"保陵公"，也要"岁时奉祀"，这于历代是没有先例的，无怪礼部也认为"别无端的典故"了。

金代祭陵也有一套仪式：

"大定二十一年四月十七日检定下项礼数，蒙准呈。每遇祭享日，先次设祭物于神庙，俟差去官山陵行礼之后，礼直官引提点山陵官公服诣神位前，再拜，少进，北向跪奠讫。俯伏、兴、复位，立读祝官读祝讫，俯伏、兴、献官再拜读。祝官奠于神位前，俟礼毕，诸陵署官取祝版，焚之"（《大金集礼》卷三七）。

大定年间，还为陵区设立县治，大定二十九年置万宁县以奉山陵。明昌二年，更奉先县（见《金史·地理志》）。

金亡国后，金陵的状况因无记述，难以考察。直到清初，清政府对金太祖、世宗二陵作了修整，并设守陵户：

"云峰山金帝陵，本朝顺治初特设守陵五十户，每岁春秋致祭……乾隆十六年皇上命葺金太祖、世宗二陵享殿及缭垣；工竣，亲诣展谒"（《日下旧闻考》卷一三二）。

乾隆帝既命葺（修理）金太祖、世宗陵前享殿，应认为这些享殿到清初并未全毁，只是破旧不堪、年久失修。

另据《圣祖仁皇帝御制金太祖世宗陵碑文》中称：

"惟金朝房山二陵，当我师克取辽阳，故明惑形家之说，谓我朝发祥渤海，气脉相关，天启元年，罢金陵祭祀。二年，拆毁山陵，劚断地脉……"。

既是在天启元年"罢金陵祭祀"，说明在天启以前，对金陵是有祭祀的。清朝修葺过的享殿，估计到清末仍是存在着。

据清康熙《房山县志》中如下的记述：

"吾邑肇建于金，名曰奉先，盖以金太祖及世宗、宣宗、章宗诸陵在三峰山下，岁时奉祀，故置邑命名。……惟我世祖亲政之初，修复祀典，设守陵五十户，每岁春秋仲日，礼部择期令县官诣陵致祭，不敢忽也。"

同书中又有如下记载：

"金太祖陵、世宗陵、宣宗陵、章宗陵，俱在县西北二十里三峰山下。相传旧有六陵，今不可考。"

按"三峰山"即"云峰山"。清代的祭金陵，只是由礼部责成房山知县办理，清廷中央并不出面，这可能是考虑到了汉族人民对金王朝的传统印象，恐怕过分的祭祀金陵会加深汉族人民同清的民族矛盾，所以清统治集团祭金陵，只是作为一般尊重前代帝王的一种仪式而已。

《志》中列入了金宣宗陵，是错误的，这说明在清初时，金陵的面目已是很不清楚了，以致在康熙时代，也只能肯定金太祖、金世宗二陵的所在，其他陵均为传闻。事实上，完

178

颜亮在下葬时，即已将太祖、太宗、德宗（亮父）葬于一地（龙城寺），后世宗又葬在太祖侧，所以，连在一处的应是这四个陵。《志》中认为"相传旧有六陵，今不可考"，说明在清初时，金陵的多数陵墓所在地已不能确指。到今天，除金太祖、金世宗二陵依稀可寻外，其他各陵有待于考古工作者去勘察。

第四节　金陵遗址考略

金陵至今已八百余年，地上部分均已毁损，无迹可寻，但陵的方位却大致可定。据文献记载及地图等资料，我们对其遗址作一大体上的探讨，以作为今后继续工作之助。

一、金陵北界

金陵域的北界，东起"南郊涧口"，西至"神宁乡上冶村"。

涧口为两山之间涧道之端处，当在金陵的东北方，"南郊涧口"为金时之地名，此名已佚，但"涧"之处应为河流，查之地图，陵北有横贯东西之龙泉河（今称大石河），河之两岸有宽阔地带，南北河岸之后均有山，此河正在两山之间，且陵北只此一条东西大河，因此，金时之"南郊涧道"，当似龙泉河一带，而它的"涧口"，应为山的东端尽头处（亦即尽头的河流一带）。按地形，似在今东庄子、黄土坡村一带之处。

龙泉河沿岸（所谓南郊涧道）较适合居民定居，当有一些村落。今其南岸仍有河南村、辛庄、陈家台、二道沟、长操村等居民聚居之村落，而上冶村亦当为龙泉河南岸之一村落。又因龙泉河转西向南以东为陵域西界，故当时的上冶村应位于龙泉河北流东拐之处稍东之南岸，恰为今之长操村一带。故陵域北界之西端应在长操村左近，此处似即金时之神宁乡上冶村。

二、金陵西界

金陵陵园之西界北端，为上冶村附近之龙泉河之处，即"自坟山西北系奉先县所管神宁乡上冶村龙泉河为西界"即是。但西界向南延伸，却不是沿着龙泉河向南行进的，因为"自陵寝红排沙以西过涧、辘轳岭，已有南郊涧道隔断山势。以西又过木浮岭，下有龙泉河"。因此，至辘轳岭处向西，又有一涧道，再过"木浮岭"，才是龙泉河。此又一南郊涧道似为今西起上石堡，南偏东经过杏黄庄之涧道。此涧道以东之水泉背处的海拔1200米山岭（在大草岭以南）似即当年之辘轳岭，而此岭以西、今霞云岭以东又一1200米高之小岭，似为当年的木浮岭。封堠似沿这一涧道（今水泉背以西的涧道）东岸建立转向东行，此为金陵西界。

三、金陵南界

金陵南界，从辘轳岭南麓东行（即从今之水泉背南麓东行），经过黄山峪（当为今之黄山店处偏北、黄岩寺以南。今黄山店之名似沿袭当时之黄山峪），东至万安寺岭。所说"万安寺岭"，当为建有万安寺的小山岭，按图，此处当似今周口店以北、山口以南之水岩寺小山岭，封堠经过其东麓北转，形成金陵之东界。此处直北正对北界东端三府村西一带。

四、金陵东界

金陵陵域东界即从今周口店西水岩寺以东向北至三府村以西一线，此线南北两端为山麓，中间为平原，陵域之东门似在这里。东界之中部无山岭，适为敞口，合于金代东向拜日之俗。

上述四界，在现代之地图上经过衡量，恰好周长约为一百二十里左右，同记述较为符合。当然，具体的证实还得进行实地考察之后才能决定。

五、云峰山（三峰山）

金陵建于云峰山（金后称为三峰山）之阳，即山之南麓。《金史》及《大金集礼》所记之"坟山"，为山下之一村庄，为供应陵寝及祭陵所设。今称坟山，或称为"坟上村"，在房山县之西北方约5至6公里处。坟山（坟上村）之西北约3华里处有"龙门口"，地当两小山谷之间，是金陵通向坟上村的通道，当系谒陵必经之地，而"龙门口"之称亦似为当时沿袭下来的。过龙门口向西北行约2华里，即为金陵所在地。

金陵所倚之山，最高峰为1150米（海拔），这个峰在今连顶沟之北，今名不详，当为云峰山之峰。后称三峰山，想是将它与其他两峰视为一体的名称。金陵位于峰之南侧海拔约为500米之处，向东俯视龙门口两旁之谷（均在300～400米上下），势甚雄伟，而龙门口在陵东南且东向，当是有意的选择。

陵域内的"诸王兆域"，即埋葬诸王的地方，在"山阴"，即在云峰山之北，其与皇陵区域相隔为山峰，像是在峰北的黑龙沟、上下英水一带。这一带似为史书所记之"蓼香甸"、"鹿门谷"等地方，具体葬处有待于考察。

金陵域内嫔妃葬地之"坤厚陵"究在何处，无从查考，据推测似为一陵园，园内葬诸妃，各妃之墓没有单独名称，其位置也多半在山阳，但与帝陵有一定的距离。

六、其他山峰

陵域内主要有三个山峰，位于东北方的是云峰山（三峰山），此山之东南方有一比此山略高之山，今名为猫耳山。此山向南之一小支脉之上有金章宗所建"茶楼顶"，作为他游玩休息之处，到清初尚存有四石柱。

按今之猫耳山正位于云峰山金陵之稍南偏西，为其右前方突立之大山，这种形势如按汉族传统建陵的要求，应是禁忌的，但金统治者在此选择建陵，显然未考虑到汉族传统的习俗。

再西南的一山当为羌弧岭，其南（陵域外）即摘星山。

（转引自于杰、于光度《金中都》，北京出版社 1999 年 9 月出版，本书略作修订）

北京房山金陵碑亭原状推测

王世仁

金中都皇陵位于北京市房山区，其主陵区在龙门口村的山峪。近年来北京市文物研究所对陵区遗址进行了部分清理发掘，阶段成果《北京房山区金陵遗址的调查与发掘》（以下简称《调查》）已发表在《考古》杂志 2004 年第 2 期。笔者受文研所之聘，为遗址保护提供咨询，得以获得较多信息，对其中两处遗址，即《调查》中称为"台址"（t1、t2）的功能得到可信的结论，同时对其原状作出推测如下。

一、原状推测的意义和方法

对有一定遗存的建筑遗址进行复原研究，是中外建筑史学界一致肯定并长期从事的工作。我国在 20 世纪 30 年代，梁思成先生就曾对杭州六和塔的宋代原状作过推测，绘出了复原图。五六十年代，刘敦桢先生主持编写《中国古代建筑史》时，刘致平、傅熹年先生和笔者也受命对若干汉唐遗址作过复原研究，主要成果收入《中国古代建筑史》中，它们在全面展示中国古代建筑的形制、结构方面，具有很大的价值。这种复原推测，对于以木结构为主，有一定法式制度，而实物遗存甚少的早期建筑，特别是元代以前的，更具有重要意义。即以这两处遗址为例，现已确定，它们是陵区正面对称的两座碑亭，其形式是方殿四出陛（或四出厦）式（图 1）。这种形式的建筑，现在已无实物遗存，复原后的形象，无论对于了解金代的陵寝制度，或是当时官方的建筑规制，都是重要的形象例证。它们联结了一部分缺失的历史链环，具有历史学的意义。同时，通过对遗址原状的推测，可以了解当时的设计理念和美学倾向。仍以这两处遗址为例，方殿四出陛（或四出厦）可能设计出的形式，反映了金代继承了宋代的建筑风格，而又走向华丽繁复的审美倾向，主要尺寸都是偶数（阴数），也反映出女真人吸收了汉地阴阳数字的学说，显示出金陵的文化内涵，具有文化学的意义。

原状推测的原则和方法，简而言之就是"有根有据"。所谓"根"，就是考古的实际遗

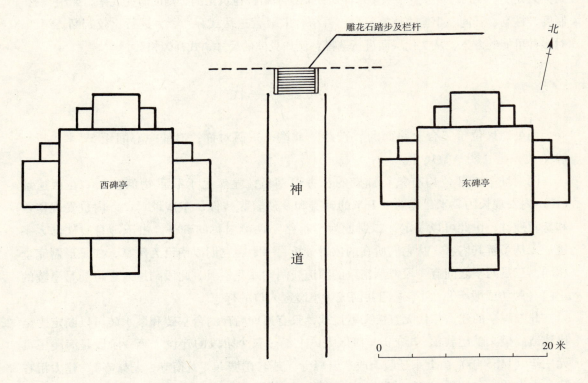

图 1　金陵碑亭总平面图

存。但实际遗存有时也有"假象"，即经过自然的或人为的干扰，出现了少量变形、错乱，明显地违反了营造法则，例如对称部位的尺寸有差别，构件有缺失，角度有偏差等，这就需要进行必要的调整校正。但必须是科学的校正，例如用当时的尺度对遗址尺寸进行比较，从中发现尺度的规律，以此规律进行校正，就是一种比较可靠的方法。所谓"据"，就是旁证。有些旁证可以直接为据，例如某寺的东殿已毁西殿犹存，而东殿遗址平面与西殿一致，那么西殿就可以直接成为东殿原状之据。有些旁证却只能作为参考，只能作为多种判断的一种依据，因而得出不止一种原状的可能性结论。

　　笔者对这两处遗址推测的根据是，第一，对两处遗址反复辨认比较，确认两亭完全相同，可以据此亭的遗存补彼亭的残缺部分，据此亭的合理尺寸，校正彼亭变形的尺寸，反之亦是。同时在查核校正时，参照宋代（金代）尺度，取得合理的数值。第二，参照宋代建筑规范《营造法式》。从现存实物和文献可知，金代建筑大部分是继承宋制。海陵王迁都，主要原因之一就是钦慕中原宋人文化。海陵至章宗营造大房山陵墓之时（贞元三年至大安元年，1155～1209 年），宋《营造法式》已于崇宁二年（1103 年）颁行，其间五十余年，宋《法式》在中原和北方广为流行，金陵建筑也应当以此为主要规范，现在残存的一些石构件，与宋《法式》规定的形式也很接近。但也有一些变通（宋代建筑也不是每一部分都符合《法式》规定）。第三，参考多年来学术界对同时期木结构建筑比例法则的研究成果，如用"材"制度、柱高、开间、出檐等比例关系，再结合宋《营造法式》①②③④，进行比较判断。第四，对多种可能的方案，从文化层面进行选择，例如具体的尺寸、式样风格等。

二、功能与年代

两处遗址位于三合土路面的"神路"北端，东西对称，遗址中心间距 57 米，折合18.6 丈，是"阴"数尺寸。

两遗址中心部位均有条石铺砌的长方形基石，显然是承载重物的基础。在西遗址（t1）内发现长约 2 米、宽约 1.1 米的碑身和一件鳌腹残件，东遗址（t2）内也发现鳌首和鳌背残件，由此可以断定，二遗址为"神路"两侧对称的碑亭。由于碑身残件已无字迹，无从了解其内容。从它们所在的位置分析，一是在它们以南已无陵墓，二是形制完全相同，三是两亭之间有一段雕刻精致的踏道，两侧雕花栏板，此段踏道之上可能是皇陵的正门（牌坊或殿座），两亭一门共同成为皇陵区入口的标志。

此二碑亭的建造年代无直接文献记载，只有遗址尚存的台基砖和散水砖可以断定为金代建造。按文献记载⑤，九龙山皇陵区大体上经过三个阶段的建设。第一阶段是海陵王贞元三年（1155 年）由上京迁陵，改造云峰寺（或名龙城寺、龙衔寺、龙喊寺），建太祖睿陵、太宗恭陵和海陵父德宗顺陵三陵。第二阶段是世宗即位后，于大定二年（1162 年）削德宗庙号（仍保留"皇帝"称号），同年由上京迁其父追谥之睿宗陵枢于太祖陵之西侧，名景陵。近年考古发现，太祖睿陵之西有一通保存完整的金代"睿宗文武简肃皇帝之陵"石碑，可证此处即为睿宗景陵。但石碑位置正在德宗顺陵岩坑之正前面，按照常理，没有特殊需要，不会发生后代把石碑整体迁移的事情。而据《大金集礼》卷四记载，直至大定二十二年才把宗干（德宗）灵枢"迁出顺陵，改名为墓"，可见大定三年至二十二年间，此处仍是顺陵。两事颇为费解。笔者推测，世宗初年，天下粗安，难以动用大量物力营造豪华陵墓，大定二年在太祖睿陵西侧营造的景陵，可能规制狭小，十年以后国势中兴，同时削去宗干的帝号降封辽王，迁出顺陵，改葬睿宗于此，称为景陵，重新立了现在发现的这通墓碑。而把原来的景陵扩大规模，改造成为自己的陵墓（兴陵），并重新规划陵园，兴建了入口的碑亭和大门，也许其中一通石碑上就记载了迁陵的缘由。

第三个时期是大定末年至大安元年（1189～1209 年）金章宗营造其父追谥的显宗裕陵和他自己的道陵。经国家地震局于 2003 年使用三维电阻率观测探测，与世宗兴陵对称的东侧，地下有空穴，可能是一墓坑。笔者推测，此空穴应是裕陵，而道陵不在此处的陵区以内。金章宗是一位既讲究享受又颇有艺术修养的皇帝，他在位期间，中都内外兴建了许多豪华精美的离宫别苑，对于陵墓，自然也要别出心裁，踵事增华。据现场勘察，由兴陵、裕陵向东一线约 80 米的柳家沟，是一处林木茂盛的山坳，前面的小路上有巨大的石鸱尾和石斗拱遗物，山坳内还有未经清理过的大面积建筑遗址，这里可能就是金章宗特别为自己营造的陵园道陵，石鸱尾、斗拱所在位置是道陵的入口，石件是入口牌坊或大门的构件。在元代，"道陵苍茫"已是"燕南八景"之一，这也可以从一个侧面说明，道陵是一处幽深苍郁的独立陵园。如是，则两座碑亭也可能是章宗为结束旧陵区，开辟新陵园而营造的标志建筑。

三、形式与结构

1. 平面

二亭遗址都在台基地面以下，散水残留较多，台基只有少量残砖，但几个转角处角石的基础石大都存在，因此可以测出准确的台基轮廓尺寸。金承宋制，金尺应与宋尺一致，以 1 尺＝0.307 米折算[⑥]，经校正后的台基尺寸为，中心台基每面 13.5 米，加四面台陛通长 22.1 米，前者折合 44 尺，后者 72 尺，都是"阴"数，七十二更是"地府"之数。

东亭东台陛北面残存一段坡道，起点留有一个八角形莲瓣柱础，应是栏杆的望柱柱础。与此坡道对称的西台陛北面也有莲瓣柱础和坡道残迹。西亭与东亭相对应的位置，及北台陛两侧，都留有不规则的碎砖铺砌面，从其范围推测，应都是坡道位置。东亭北台陛坡道已毁，但也有铺砌面痕迹。由此可见，两亭的东西台陛都筑有带栏杆的慢道，由地面上至台陛，属于礼仪性的通道；而北面沿北台陛两侧有慢道上至中心台基，进入碑亭廊下，不设栏杆，可能属于次要的服务性通道。

中心台内之柱基（礤墩）已全部无存[⑦]，但四角有对称的曲尺形坚硬夯土遗存（《调查》称为"护角"），宽约1.7米，边长约3.5米，从其位置和宽度判断，应是内墙墙基，参照山东曲阜金代（或元初）碑亭形制[⑧]，此夯土墙基中线也即是内柱轴线。由此推得当心间面阔为3.94米，折合12.8尺，次间1.84米，折合6尺；外檐次间面阔是内檐之倍，为3.68米，折合12尺；所余为"下出"1.1米，折合3.6尺，都是"阴"数尺寸。内墙厚度，参照金陵其他建筑遗址，隔减（下肩）最厚的是90厘米，约3尺，只相当于宋《营造法式》规定的廊屋之类用墙。但《法式》关于墙厚的规定，都是用于外墙，内墙无规定，从使用空间来说，内墙三尺也是合理尺寸（图2、图3）。

2. 基本形式

从碑亭的平面可以判断，这是一座面阔进深各三间，副阶周匝，四出陛的殿阁类建筑。其基本形式有两点最为关键。

第一，殿阁的四出台陛上是否有建筑，即四出抱厦。宋金时期的大型建筑，往往在正面凸出一个山面向前的"不厦两头"（歇山）抱厦，称为"龟头殿"，壁画、绘画、砖雕中都有实例，实物则有河北正定隆兴寺摩尼殿，此碑亭也有可能在台陛上建有山面向前的抱厦。但是，不厦两头的屋架至少四椽，而现在台陛上如有抱厦，面阔仅12.8尺，每架椽

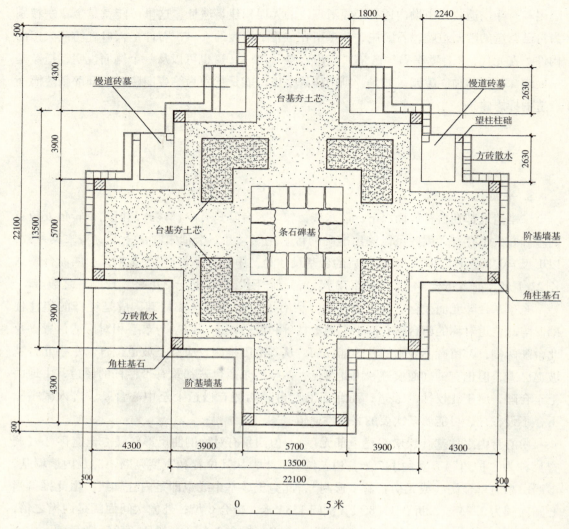

图 2　金陵碑亭基底遗址平面复原图

只有 3.2 尺，不但大大少于宋《法式》每架椽至少 5.5 尺的规定，也大大少于现存同时期的实物，而且与碑亭主体的构造尺度相差太多，结构搭交颇有难度，因此，"四出厦"的可能性不大。

第二，上檐屋顶。正方形平面的屋顶有五种可能，一是"斗尖"（攒尖）式，二是"厦两头"（悬山）式，三是"四阿"（庑殿）式，但无论绘画或实物都未见此三种形式，它们的可能性都不大。第四种是"不厦两头"（歇山）式，不但壁画中常见，还有曲阜孔庙的两座同时代的碑亭为证⑧。但也有第五种可能，即十字脊四面"不厦两头"，这种形式不但多见于宋、金绘画，而且还有山东曲阜孔庙杏坛的实物为证。杏坛建筑经明清重建，但据考证，其屋顶仍保持金代形式（原为单檐）。考虑到金代建筑追求的华丽繁琐的

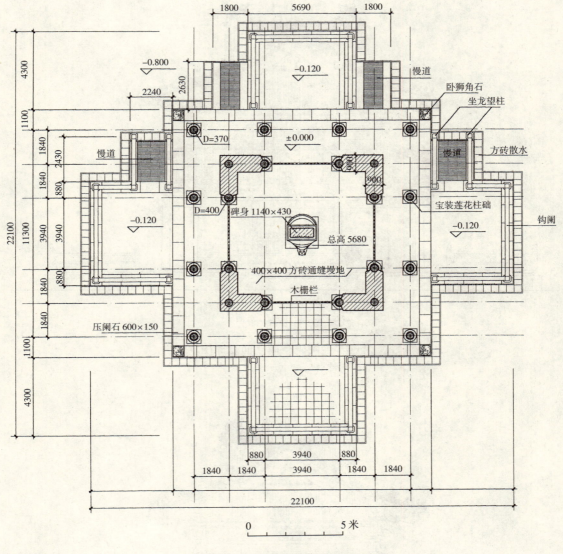

图 3　金陵碑亭平面复原图

艺术倾向，第五种十字脊的可能性更大（图 4～8）。

3. 结构

台基。砖构，内填三合土。从现存的一段慢道斜面引线至台陛，测得台陛高度为 68 厘米，折合 2.2 尺。中心台基高出一步，取"阴"数尺度 2.6 尺，折合 80 厘米。各台均有角柱石和压栏石，中心台基四角安放角石，按常规上雕卧狮，构件尺度皆按宋《法式》的规定。地面通缝铺方砖，尺寸为 40×40 厘米。台中心安放赑屃鳌座石碑，其基础为条石，现有遗存，上面再安基座。石碑尺度也取宋《法式》中的规定"自座至首高一丈八尺"，

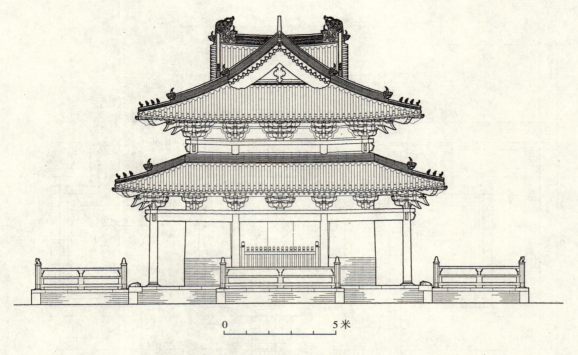

图 4　金陵碑亭南立面复原图

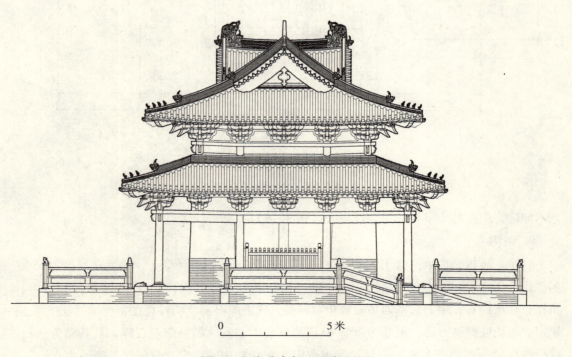

图 5　金陵碑亭侧立面复原图

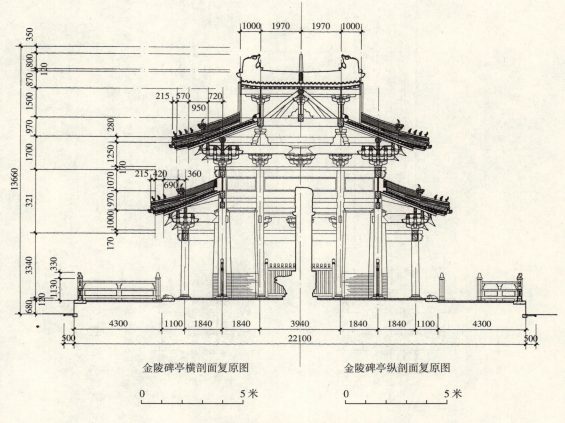

图6　金陵碑亭横剖面复原图、纵剖面复原图

折合 5. 53 米。

大木结构。首先推定材分。据现存实物统计，12 世纪中晚期中等规模的木结构，大多数用"材"接近宋《营造法式》的五等材，即单材 6×4 寸（18.4×12.3 厘米），今取整数，用 18×12 厘米，单材 15×10"分"，每"分"为 1.2 厘米。

柱高与开间有一定比例关系。宋《法式》只有檐柱之高"不逾间之广"，当心间柱高不超过面阔的原则规定。据统计，现存同时期建筑的开间与柱高之比约在 1:0.8～1:0.85 之间，此亭当心间不大，为了显示雄伟，可能用大的比例，如柱高用"阴"数一丈零八寸，折合 3.32 米，两者之比约为 1:0.84，柱径也据现存实物统计，径与高之比为 1:8 ～1:9，取"阴"数 1.2 尺，折合 36.8 厘米，两者之比约为 1:8.96。内柱加一寸，为 40 厘米。按照《法式》制度，角柱生起二寸，为 6 厘米，侧脚 0.8%，为 2.6 厘米。宋《营造法式》有"梭柱"之制，但无实例遗存，而柱头砍削收杀，则是常见的作法。

下檐出檐长度，一则受台基下出和散水宽度限制，总出檐不能大于下出 1.1 米与散水 0.5 米之和 1.6 米；再则受出檐与柱高比例的控制，据现存实物统计，大部分为 1:0.6 左

189

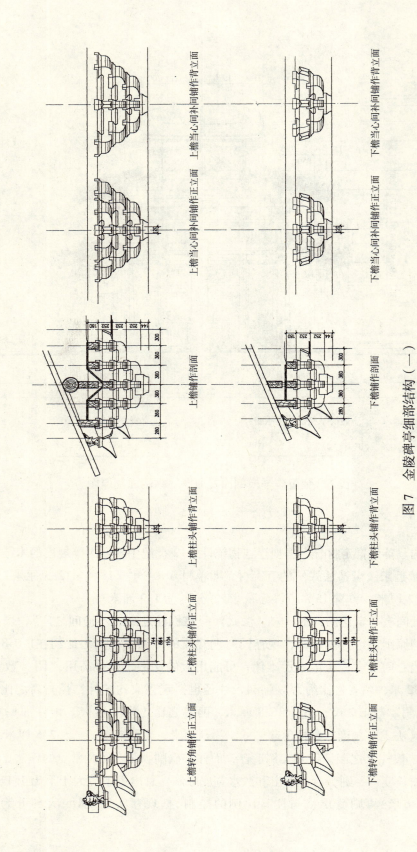

图 7　金陵碑亭细部结构（一）

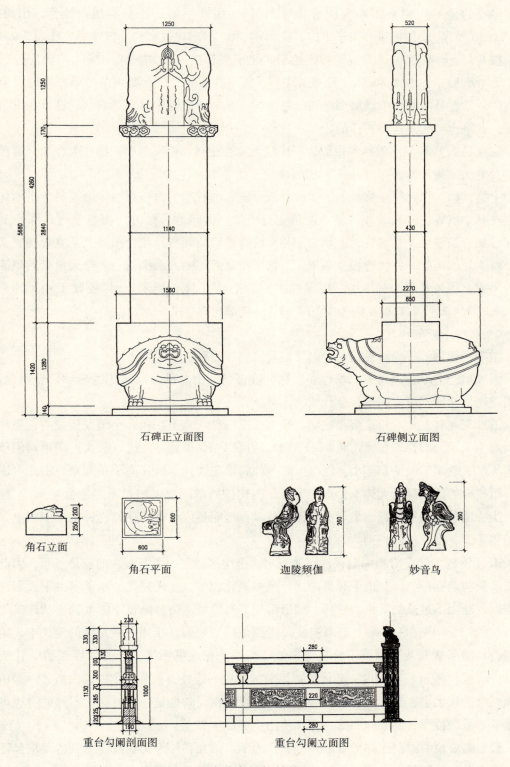

石碑正立面图

石碑侧立面图

角石立面

角石平面

迦陵频伽

妙音鸟

重台勾阑剖面图

重台勾阑立面图

图8　金陵碑亭细部结构（二）

右，最小的是 1∶0.44（山西大同善化寺山门），因此下檐斗拱只能用四铺作，出跳 30 "分"（36 厘米），加檐椽和飞子平出，共 1.47 米，檐出在散水内，与柱高之比为 1∶0.44。上檐按常规，斗拱加一跳为五铺作，檐椽、飞子平长按《法式》"小殿"的规定分别为 3.1 尺（95 厘米）和 1.85 尺（57 厘米）。下檐斗拱用单昂，上檐为单抄单昂。现存金代实物中，常在补间铺作中增加两组斜出的华拱，有的转角铺作也出斜华拱，显得斗拱华丽丰富，此亭也可能是这种式样的斗拱。

宋《法式》柱间有阑额和由额，平座柱上加普拍枋，但实例中在檐柱上也加一道普拍枋。其他大木构件均参考《法式》推测设定，此处不再详述。

上檐结构，以四抹角梁承上平槫最经济合理。可利用上檐补间铺作内拽斜华拱承抹角梁。在其中点置驼峰和大斗，再承四条花台平梁，也即是承椽枋（相当于清式踩步金）。中间再加一条平梁，立蜀柱，上承十字相交的脊槫和襻间枋。花台平梁上又立蜀柱、叉手承脊槫，外挑出际，钉博缝板及悬鱼。下檐大角梁后尾插入承椽枋，上檐大角梁后尾插入花台平梁。檐角有生起和生出，按《法式》为七寸（21.5 厘米）。椽径取 3 寸（约 9 厘米），飞子为 2.7X2.1 寸（约 7.4×6 厘米），端部均有卷杀。

4. 装修、装饰

按碑亭通例，外檐不设门窗，内檐柱间安装木栅栏。

遗址出土有绿琉璃勾头、垂兽和频伽、妙音鸟。由此推断屋顶为绿琉璃，脊用叠瓦，顶用鸱尾，其形式可参照现存金代实物。

遗址现存有三个八角莲瓣望柱础，又出土了一件八角望柱和六个蹲龙望柱头，望柱加柱础高 1.1 米，折合 3.6 尺，断面 23 厘米，折合 0.75 尺见方，比《法式》中单勾阑望柱高 3.9 尺、断面 1 尺见方都小。但出土的构件满雕花纹，等级又高于单勾阑，由此可以推断，石栏杆的比例尺度大体上是单勾阑式，但构件的华丽程度相当于"重台勾阑"。柱础已无实物遗存，遗址附近出土了一件覆盆柱础，可能是内柱础，比照栏杆的华丽程度，外柱应当是带花饰的覆盆柱础。

宋《营造法式》对彩画有很详细的规定，但中国建筑中更新最快的就是彩画，因此宋金彩画实物遗存很少。又由于彩画的式样风格变化较多，金代究竟继承了多少宋式彩画就更难以判断。不过总的看来，栏杆、柱础都用了高等级，则彩画也不能太低。从建筑等级分析，《法式》中第一等的"五彩遍装"应当使用在宫殿、坛庙等最高级的建筑中，第三等"青绿叠晕棱间装"以下不绘花饰，似嫌简单，在这里用第二等的"碾玉装"比较合乎身份。按"碾玉装"制度，总体色调以青绿为主，连柱身都是绿色。据山西繁峙岩山寺壁画所绘金代大型宫观，柱身皆为绿色，或许绿柱在当时也是一种时尚。不过柱身也可能用碾玉华或白描华，彩画中局部贴金，使建筑更加华贵。

最后需要说明，对遗址原状的推测，作为学术研究和作为文物复建图纸的要求是不同的。前者允许大胆假设，不断修正，后者则要求必须有确实根据，一般不允许有两种以上的可能，否则不应复建。本文属于学术研究，因此，如果有了新的发现和新的判断，是允许加以修正的。

文中复原图由陈欣伟工程师绘制，特致谢意。

注：

①陈明达著《中国封建社会木结构建筑技术的发展（四）隋——北宋（公元 581～1127 年）》，载中国建筑科学研究院建筑理论及历史研究所编《建筑历史研究》第二辑，建筑工程情报资料第 8285 号。

②傅熹年著《中国古代城市规划、建筑群布局及建筑设计方法研究》，中国建筑工业出版社，2001年版。

③傅熹年著《山西省繁峙县岩山寺南殿金代壁画中所绘建筑的初步分析》，载《建筑历史研究》第一辑，建筑工程情报资料第 8284 号。

④郭黛姮主编《中国古代建筑史·宋辽金西夏建筑·第十二章》，中国建筑工业出版社，2003 年版。

⑤以下所引文献，除另有注文外，均引自宋大川、夏连保、黄秀纯辑录《金代陵寝宗庙制度史料》，北京燕山出版社，2003 年版。

⑥引自吴承洛著《中国度量衡史》上编第三章，商务印书馆，1993 年版。

⑦宋《营造法式》中无造磉墩的制度，可能当时的构造是石柱础直接放在夯实之三合土上，不另作磉墩。

⑧梁思成著《曲阜孔庙之建筑及修葺计划》，该文对编号 8 和 11 的碑亭断为金代建筑，笔者认为可能是金末元初之物。《梁思成全集》第三卷，中国建筑工业出版社，2001 年版。

北京房山金陵清代遗迹考略

王世仁

金代帝后陵寝位于北京房山区西南的大房山麓，主陵区在房山镇西北约 9 公里的龙门口村。第一代金太祖睿陵北面正对三座山峰，陵址原为云峰寺，山以寺名或寺以山名，此山在清代志书中称为云峰山或三峰山。又因山峰下有多条山脊蜿蜒起伏，状如九龙，故又俗称九龙山，陵区小村也名龙门口。

从现状地形看，主陵的南端为陵区西侧排水沟出口，上架石桥，北端为睿陵前台地，总长约270米，高差约39.3米，平均纵坡约14.6％（1:0.146），这是一个既有上升态势又能舒展视野的坡度，也是便于削坎垒壁、经营建筑的地形。但是自清末以来荒废倾圮，地面遗存所剩无几，又经过20世纪70年代中期大规模的改地造田，几乎所有石建筑构件都被砸成石块用以筑坝，原有地形地貌有了很大的改变。20世纪80年代中期，文物部门曾对遗址作过调查，据说取得了一些有价值的资料，但不知何故至今未见发表。只是在2002年至2005年，北京市文物研究所在发掘太祖睿陵和进行保护工程时，才又作了较多的考古勘察，获得了较多的信息，但因为重点是金代遗迹，清代状况依然不甚清楚。笔者受文物研究所宋大川所长及考古领队黄秀纯先生之约，就现有资料对清代金陵试作考略，以为金陵考古之补充。

一、对清代文献的认识

清代关于金陵的修葺记载，重要的有以下几条。

（一）《大清会典·礼部·中祀》[①]：

"顺治二年准奏，金太祖、世宗及功臣粘没忽干里不，入（历代帝王）庙祀"；同年，"命房山县知县祭金太祖、世宗陵，于常用祭品外加太牢"。未见有修陵记载。

"顺治十四年谕礼部：尔部即遣官往房山县视金陵周围，如切近处果有毁坏，即酌量修整，其关帝庙仍留存。钦此。遵旨修葺。工竣后御制碑文勒石"。此次修整，仍保留了明天启三年（1623 年）为"厌胜"而建造的关帝庙。工竣后立碑，此碑在《日下旧闻考》中未记年代，近人有文章说是顺治三年立，但据《会典》所记，应为顺治十四年或十五年立。

（二）《日下旧闻考》卷一百三十二②，录《世祖章皇帝御制金太祖世宗陵碑文》："谕礼臣崇官省视，修其颓毁，俾规制如初"，整修以后，"庙貌既存，特景仰于往哲，封壤重焕，用昭示于来兹"。从文字来看，应当说是比较大的工程。作为陵墓的"规制"，应当是修筑了两陵的宝顶，建造了两陵的"神位碑"和碑亭，利用明代关帝庙作为享殿。同时，整理修缮了台阶、甬路和部分围墙。

（三）同上书，录《圣祖仁皇帝御制金太祖世宗陵碑文》。此碑文最大的价值是明确记载了明天启二年拆毁金陵，三年建关帝庙的事实。但碑文未记有修葺工程，《大清会典事例》也无康熙修陵的记载，此碑在《光绪顺天府志·金石志》③中有记载，为康熙二年（1663 年）立。

关于上述二碑，有一个令人费解的问题。乾隆修《日下旧闻考》时，对二碑有明确的记载，但到了光绪修《顺天府志》时，其《金石志》中只有康熙碑而未录顺治碑。在该《志》中还记录了金代韩昉写的"太祖睿德神功碑"，同时注明"未见"，"未知此碑尚存否"，对前朝之名碑尚且如此认真记录，而对本朝皇帝的御制碑绝不应当漏记，唯一的可能是经过二百多年，此碑已毁坏无存了。由此也出现了两陵前碑亭中是何石碑的问题。近人的文章都认为，太祖陵前的是顺治碑，世宗陵前的是康熙碑。但是从《日下旧闻考》记录的碑文看，这是两块记事碑，而且两碑都是"金太祖世宗陵碑"，在太祖陵前记世宗，世宗陵前又记太祖，似有悖常理。因此，两碑亭中是否就是《日下旧闻考》记录的石碑，仅靠口头传说，这就值得怀疑了。在没有发现直接证据以前，笔者在此提出一个另类的推测。从世宗陵碑亭、享殿和宝顶的关系来看，此碑亭中应当是皇帝的"神位碑"，如清代皇帝陵前镌刻着某某"皇帝之陵"的石碑。太祖陵也是这种制度。而顺治、康熙的记事碑则另有所在。据北京市文物研究所金陵考古队的勘察，在两陵以南，金代雕花台阶和碑亭遗址以北，有对称的两处条石铺砌石基（勘察报告中的 t3、t4），但周边未发现房屋遗迹，很可能就是此二碑的基座垫石，当时只立碑而未建亭④。碑的位置，西碑座（t3）正在两陵中间，应是顺治碑，则东碑座（t4）是康熙碑。再从道光二十九年完颜麟庆《鸿雪因缘图记·房山拜陵》的记述来看，在道光二十五年（1845 年）他与二子去拜陵时，当地已是"山老林深"，而且还见到虎及羚羊出没其间，可见陵区已是人迹罕至，一派荒芜，再到光绪修《顺天府志》时，石碑坍毁，甚至建筑倾圮，也就不足为奇了。至于两座神位碑和碑亭的建造年代，文献中无明确记载，但乾隆十七年修陵时，无建碑亭的项目（见后文），康熙时又无修陵记载，最大的可能是建于顺治十四年（1657 年）。神位碑不必皇帝书丹，所以一般不记入《金石录》中。

（四）《大清会典·礼部·中祀》载："乾隆十一年又谕，其令直隶总督前往相度，有应增修芟治者，即行奏闻。"又，《光绪顺天府志·地理志八》载："乾隆十六年命葺金太祖、世宗二陵享殿及缭垣，工竣，亲诣展谒。"又引《东华续录》："乾隆十七年二月，直隶总督方观承奏，遵旨相度金陵，在房山县北崇山之内。金太祖陵前地基稍宽，应增修享殿一，缭以围墙，立正门，其原有之祭台、甬路、阶砌等项并加修治。金世宗陵前地隘，应增修享殿一，并祭台、围墙、甬路等项；不能立正门，今就碑亭接连栅栏，立两角门，足符体制。"乾隆十八年（1753年），乾隆皇帝有《御制谒金太祖睿陵诗》和《御制过金世宗陵留句》，可证乾隆十七年对两陵作过较大规模的修建，明代的关帝庙应在此次工程中被拆除。至此清代金陵修缮工程完成。

据上述文献所记，本次工程，太祖陵新建了一座享殿，同时建造了围墙和正门；世宗陵新建了享殿、祭台、围墙、甬路和栅栏角门。未提到的宝顶和碑亭，应是顺治十四年修陵时的建筑。

（五）《鸿雪因缘图记·房山拜陵》图⑤。这是清代金陵唯一的形象资料，该图绘出了两陵主要建筑的对应关系。两陵的神位碑亭均为券门重檐歇山式。太祖碑亭前有石台和宽大的石阶，两侧有围墙，西墙开随墙门通至世宗陵，碑亭后为高台，上设栏杆，正面为大台阶。高台上的享殿和宝顶被云气遮掩。世宗陵绘出碑亭并显现享殿一角，宝顶掩没在树丛中。值得注意的是，图中未绘出太祖陵正门，可能当时这个牌坊式门已经坍毁（图1）。

二、对近人记述的认识

近人关于清代金陵的记述，重要的有以下几条。

（一）1918年（日本大正七年），日本学者关野贞《中国的建筑与艺术》⑥，其中"西游杂记"第三节"金陵"中有简单的描述。最有价值的资料是一幅失去屋顶的金世宗神位碑亭照片，据此可知碑亭和围墙的基本形制（图版五六，6）。

（二）《房山文史选辑》第三辑⑦载肖智《北京的金陵（二）》记述："太祖睿陵的封土较大，高约五米余，周围约三十余米，其结构下部为砖砌，上部用三合土夯成。……在坟头的南面有享殿台基遗址一区，用光平的平石砌成，殿基面宽十六米，进深十二点二〇米，高出地面五十多厘米，上有纵横排列的石柱础四行，共十六个，柱径约三十厘米。在坟头和享殿的周围，有东西约二十六米，南北约六十米的残毁围墙环绕，残墙用砖石砌成。……院墙之南有碑亭遗址一座，亭顶已毁，亭内碑文已剥蚀不清。……世宗兴陵的结构与太祖陵相同，坟头也是砖和三合土结构，但规模稍小。享殿遗迹已看不出来，陵前亦有残碑亭一座，亭内石碑即是康熙二年九月所建。"

"一九六七年，……山头前有大坟，坟底用砖砌着，上面抹得溜光，像是大蘑菇，坟头已被刨开一半，露出地面石头，由一道东倒西塌一米多高的围墙环卫着。……坟前十几米有两个（左右）像土地庙一样的小房，高约一米六左右，中间摆着一石供桌，一石香炉，

图1　房山拜陵图（影印）

四周都是农田，陵区四处散落着黄绿琉璃瓦，残砖，石条等。"

　　这篇文章有几处值得重视的记述。一是太祖陵大宝顶的基本尺寸和构造；二是太祖陵享殿台基的尺寸和柱网排列；三是享殿两侧有两座焚帛炉，即文中所说"像土地庙一样的小房"；四是建筑使用琉璃瓦；五是清代文献中的"祭台"即是石供桌。但也有值得怀疑之处，一是太祖宝顶围墙，据北京市文物研究所勘察，其遗迹都是块石残料，而此文说"残墙用砖石砌成"，似应以考古勘察为准。再是碑亭中的石碑，如果真如文中所说，世宗陵碑亭中之碑为康熙二年的"金太祖世宗陵碑文"，那么太祖陵前即为顺治十四年的"金太祖世宗陵碑文"，两碑仅相隔六年，而顺治碑已"剥蚀不清"，这种可能性很值得怀疑。如前文的推测，顺治碑在光绪时已佚失，所以两碑亭内可能还是"神位碑"，顺治、康熙碑之说，都是辗转口述，还应详加考究再作结论。

　　（三）2002年北京市文物研究所《金陵遗址调查与研究》[⑧]记述："太祖陵南的一段神

道除明代修建的关帝庙以外，清代修缮金陵时改为较宽的花岗岩石大台阶。该台阶在'文革'时亦遭到破坏。……金世宗陵在1975年以前仍保持有康熙、乾隆御制碑及碑楼、享殿、宫城等建筑群。……此次调查仅发现基础遗迹和埋没在梯田内的小宝顶和半圆形宝城。……所谓小宝顶应是清初修筑的金世宗陵，平面呈圆形，直径7米，高约2.5米，四周用大方砖转砌。宝城位于宝顶外7米处，平面半圆形，底部用大小不等的长条石垒砌，上部用砖、石混砌，残高0.5米~1米，厚0.7米，顺山势前低后高。"此文中称金世宗陵碑亭中的石碑为康熙碑，也是沿用村民口述，难以证实。小宝顶的宝城（陵墙）半圆形，实际和大宝顶一样，正中有一段是直线。

（四）2003~2005年，北京市文物研究所对金陵作了局部发掘清理，发现了比较清晰的金世宗陵碑亭基址和享殿基础，还有太祖陵前传为"棂星门"的一间基座和两个柱基石，均将在考古报告中发表。

（五）村民访谈。北京市文物研究所在勘察金陵时多次对村民访问，获得了一些重要的信息。一是太祖陵大宝顶前的平台，大约在标高325米处；二是对两陵的平面和标高作了具体的指认；三是回忆已坍毁的大宝顶尺寸与前引《北京的金陵（二）》所记基本一致。只是有人说两座碑亭中都是康熙碑，又有人说金太祖碑亭中是顺治碑，但比太宗陵前的康熙碑要小。由于被访问者大都只有五六十岁，而且文化不高，对石碑的记忆就颇值得怀疑了。

三、清代金陵原状推测

综合上述资料，参照考古遗迹，可以提出一个大体符合实际的原状。

（一）总平面及竖向关系

世宗陵已经过考古清理，其总平面与文献记载一致，可以肯定无误。据乾隆十七年直隶总督方观承所奏"金世宗陵前地隘，……不能立正门，今就碑亭接连栅栏，立两角门"。考古清理及村民访谈，都证实西墙只到碑亭北侧，墙亭之间即是栅栏、角门的位置。碑亭之前为一道直坎，高差约2米余，坎下地形西高东低，西部升高与坎上重合。

两座宝顶在2001年测量的1:1000地形图中已标明位置。大宝顶在金太祖睿陵墓穴以北偏西，小宝顶则基本上在世宗兴陵墓室之上[⑨]。但金代帝陵墓穴（室）上面有何建筑至今尚难考证，那么清代修陵时决定两宝顶的位置就是值得探讨的问题。从遗址判断，现在标高302.1米处（即考古报告中的第二台地北侧）有一处金代雕花台阶保存完整，可证清代仍在使用，同时在乾隆十七年修陵以前关帝庙仍未拆除，是否在顺治十四年修陵时，即以石阶中点至关帝庙中点连线，向北在三峰山主峰下较平坦处选定大宝顶的位置，而把关帝庙作为享殿使用；世宗小宝顶则直接建于墓室上面。至于太祖陵前的碑亭，虽位置在此轴线上，但方向则与金代地形一致。乾隆十七年修陵时，拆除了关帝庙，新建正门，其选址就在金代殿址北面慢道正中（即考古报告中 F7 的正中），同时改造金代慢道，在其上面修筑大台阶，于是正门与它北面的碑亭、南面的台阶形成一条轴线，而大宝顶和新建的享殿、祭台、坎壁、台阶，又形成另一条轴线，两轴线之间是沿山势而上的弯曲神道。这次兴建的正门为两陵共用，陵墙是一整体，但中间又有分隔（图 2）。

竖向关系方面，现存一间"棂星门"基址地面及标高约 315.5 米处的压面石，与其下标高相差约 2.5 米，应当是当初的一处坎壁。由此向北约 30 米，标高升至 320.5 米，高差近 5 米，在这块坡度约 6:1 的地段中，世宗陵的小宝顶前（南）一半底标高约为 317 米左右，后（北）一半标高约为 318.5 米左右，北部陵墙底约 320 米左右，墙身随地形斜下。碑亭前为坎壁，其压面石由"棂星门"前的压面石延续而来，标高仍为 315.5 米，坎壁高差逐渐减小至 1 米以内。"棂星门"前的台阶，按 1:0.5 坡度计，长约 5 米。

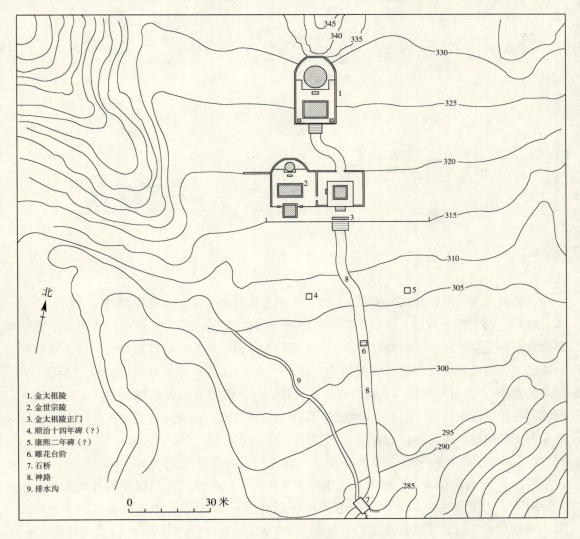

1. 金太祖陵
2. 金世宗陵
3. 金太祖陵正门
4. 顺治十四年碑（？）
5. 康熙二年碑（？）
6. 雕花台阶
7. 石桥
8. 神路
9. 排水沟

0　　　　　　　30 米

图 2　清代金陵环境总图

199

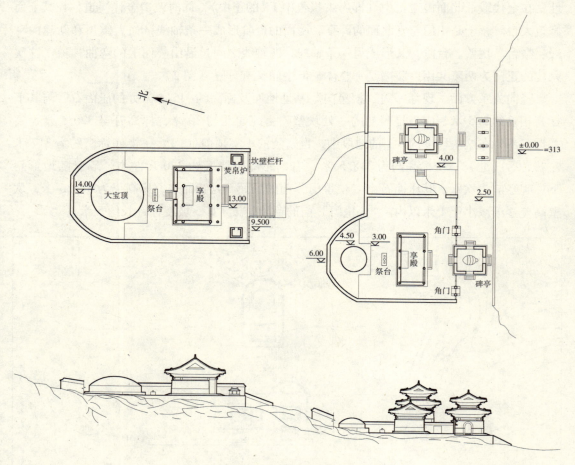

图3 清代金陵平面、侧面图

太祖陵大宝顶底标高约为326米，由此向南至明代关帝庙前距离约55米，高差约5.5米，按照《鸿雪因缘图记·房山拜陵》的图和《北京的金陵（二）》所记，有一道条石砌筑的坎壁，上置栏杆，正中为大台阶。大宝顶前为享殿，殿左右有焚帛炉。但这道坎壁和台阶已毫无痕迹，从现存地形坡度估计，高差约为3～4米。由此坎壁向南至"棂星门"距离约60米，据村民回忆，其间尚有一道横墙，与世宗陵北面弧形墙相接。此横墙与坎壁间还有两道弧形围墙，由于既无痕迹，似也无功能需要，此说尚待考究，如确有，也可能是为了调整地形而筑的拦土墙。

综上所述，二陵的竖向关系大体上是，设正门前台阶底标高为313±0.00米；正门（"棂星门"）前坎壁为+2.50米，太祖陵碑亭底为+4.00米；太祖陵前条石坎壁底约为+9.50米；大宝顶底为+13.00米，后部陵墙底约为+14.00米。世宗陵前坎壁为+2.50米，碑亭底基本与其一致；小宝顶底南面为+3.00米，北面为+4.50米，后围墙底为+

200

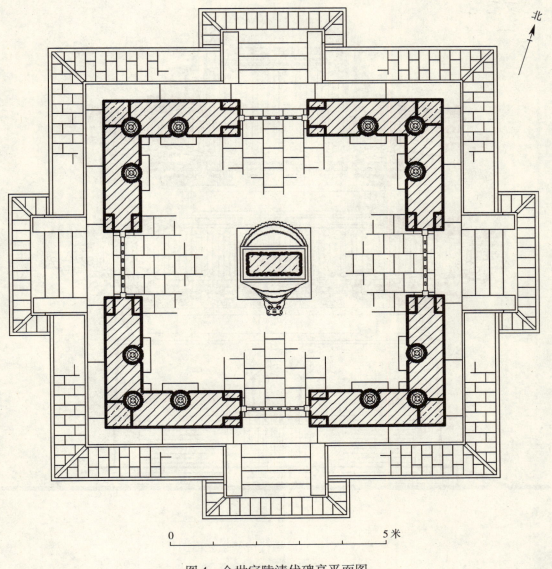

图4　金世宗陵清代碑亭平面图

6.00 米左右（图3）。

（二）建筑形式

1. 金世宗陵前碑亭。这是已知资料最可靠的一座建筑。其直接的依据，一是考古发掘出的遗址，台基为正方形，每面8.7米（折27.2尺），散水宽0.8米，四面出台阶，三步四级。二是日本《中国的建筑和艺术》中的照片，碑亭四面实墙，中辟券门，白石券脸，砖下肩，墙身抹灰，砖台基陡板，屋顶已毁，显露出蟠龙碑首。间接的依据，一是碑亭尺

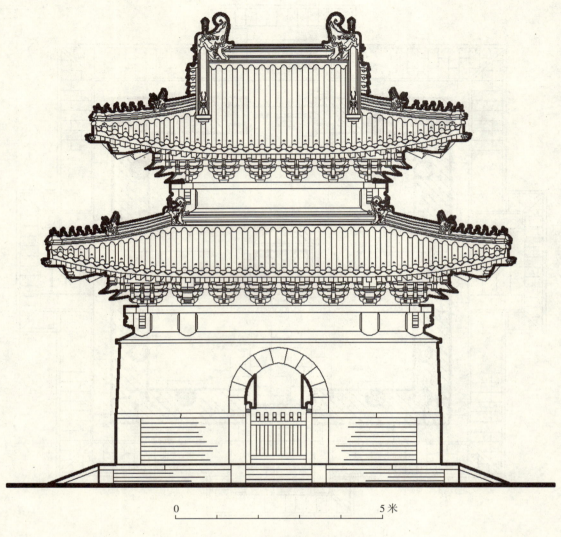

图 5　金世宗陵清代碑亭正立面图

度与清代东西陵各帝陵的神位碑亭近似，而且下部形式一致，应当也是重檐歇山式。二是据考古报告，清代散落的瓦件皆为黄琉璃瓦（绿瓦都是金代遗物），作为帝王的神位碑，也应是此种瓦。柱子的布置，此类碑亭向无金柱，屋顶重檐，进深应为七檩，每步约3.44尺（1.1米），即明间四攒斗拱五攒当之距，檐步即下檐，进深一步，由此推得明间即上檐之开间，面阔4.4米，两次间为1.1米。檐下斗拱，清东陵中孝陵（顺治陵）为上檐七踩，下檐五踩，西陵中泰陵（雍正陵）上下檐均为七踩，其他御制碑亭有的上下檐均为五踩，也有的下三上五。按照"中祀"的级别，又是神位碑亭，此碑亭上下檐均用五踩，斗口用2.5寸比较合适。墙体按清式做法，总厚2.4尺（77厘米）。台基高4步，为1.6尺

202

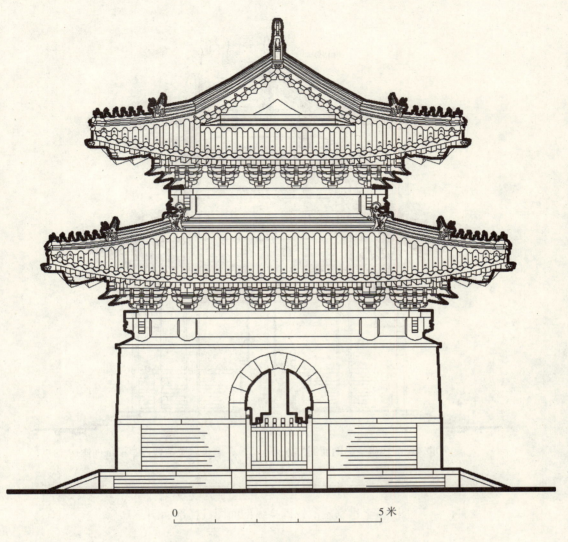

图 6　金世宗陵清代碑亭侧立面图

（51 厘米）。从照片上按比例推测，券门宽 5 尺（1.6 米），高 8 尺（2.56 米）。墙身高约 12 尺（3.84 米），下肩高 4 尺（1.28 米）。屋面用六样瓦，垂兽用五件加仙人。

碑亭东西接木栅栏，开角门。在 1918 年照片中，碑亭侧面地上有一件较长的方柱石料。据此推测，二角门可能是一间棂星门式（图 4～7）。

金太祖碑亭已无遗存，推测应与世宗碑亭一致。

2. 太祖陵正门，即遗址中的"棂星门"。清代的帝后陵，神道正对为正门，正门后为神位碑亭，正门都是牌坊式，面阔五开间，石柱上置木枋斗拱，上覆黄琉璃瓦顶。金陵为中祀礼，正门降等，应为三开间。现存遗址为一间，面阔不足 1 丈（3.1 米），显然太卑。

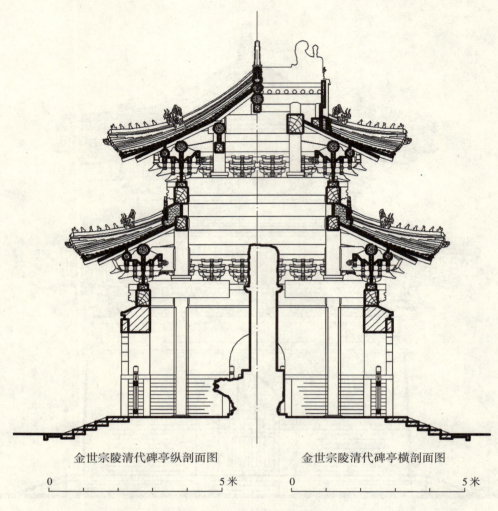

金世宗陵清代碑亭纵剖面图　　　　　金世宗陵清代碑亭横剖面图

0　　　　　　　　　　　5 米　　　　0　　　　　　　　　　　5 米

图 7　金世宗陵清代碑亭纵剖面图、横剖面图

按照前述大宝顶遗址的轴线，中心正通过金代殿址（F7）后的慢道中心，在现存"棂星门"遗址的西侧，如果此门为三开间，则正在门的正中。据此可以推测，此正门（棂星门）是一个四柱三间的牌坊，总面阔约 3.2 丈（10.2 米）。现存的两个柱础在东次间。此二柱础形状不同，看似利用旧料，台基石料也不甚规整，它们都是台基和柱子下面的垫底石。从海眼的做法分析，这座正门也有可能是木柱，四根柱子夹在石制的滚墩石中间。柱间安额枋，上覆黄琉璃悬山屋顶，斗拱三踩或五踩。

3. 宝顶。太祖陵（大宝顶）直径约 4.2 丈（13.5 米），高 16 尺（5.1 米）；世宗陵（小宝顶）直径约 2.2 丈（7 米），高 8 尺（2.5 米）。宝顶下有石台座，上面约三分之二为砖墙，三分之一为三合土外抹青灰压光。小宝顶骑在一道坎壁上，坎前有半个基座。

4. 太祖陵享殿。据前引《北京的金陵（二）》记述，台基 16×12.2 米，上有四行十

204

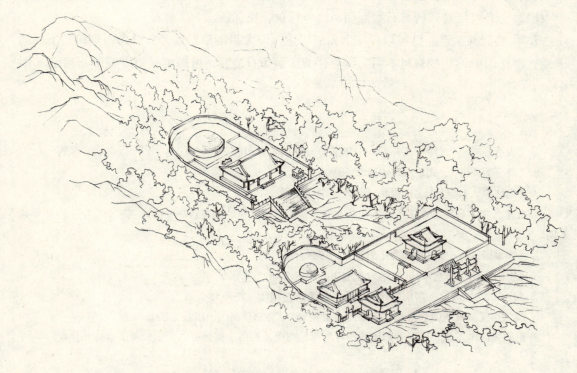

图 8　清代金陵环境复原示意图（王世仁　绘）

六个柱础，应是一座面阔三间，进深七檩，前后金柱的殿座。通面阔约为 4.4 丈（14.1 米），进深 3.2 丈（10.2 米），檐柱与金柱间为一步 5.3 尺（1.7 米）。屋顶可能是单檐歇山，檐下斗拱五踩。台基高四步。殿前左右各设一座焚帛炉，一座是供焚烧祭太祖的帛书，另一座应是供焚烧祭世宗的帛书使用。

享殿前有祭台，即石供桌，一般上面摆石"五供"，即香炉一，花瓶、烛台各二，据《北京的金陵（二）》描述，只有一件香炉，不合规制，其他四件可能已遗失。

享殿正前方为一花岗岩条石砌筑的坎壁，正面一道大台阶，在《鸿雪因缘图记·房山拜陵》图中有清楚的表现。

5. 世宗陵享殿。考古发掘出碎石三合土夯筑的殿座墙基，外轮廓约 14×7.5 米，基宽约 70 厘米。据此推测，享殿面阔三间，通面阔 38 尺（12.2 米），进深五檩，通进深 18 尺（5.8 米），每步 1.45 米（4.5 尺），不应再有金柱。此殿可能是单檐歇山式，也可能是硬山式，檐下斗拱三踩，或无斗拱。

6. 围墙。从 1918 年日本人关野贞的照片和北京市文物研究所的考古调查报告可知，世宗陵墙由不规整的石料和砖砌筑，外面抹灰，上覆瓦顶，墙身应是红色，但瓦顶材料不明。据考古调查，遗址中未发现清代绿琉璃和灰瓦，则此瓦顶也是黄琉璃。

太祖陵宝顶外围墙已基本坍塌，很难了解原貌。据考古调查，多为块石堆积，有可能是石墙，也有可能是残砖与石块混砌，墙外抹灰，覆瓦顶。

7. 坎壁。共两道。已可以肯定上面的一道，即太祖陵享殿前为方整条石砌筑。下面的一道，即正门前的坎壁材料不明。由尚存的压面条石推测，可能也是由方整条石砌筑（图8）。

注：

① 《大清会典》，光绪十五年本，中华书局，1991 年影印版。

② 《日下旧闻考》，北京古籍出版社，1981 年版。

③ 《光绪顺天府志》，北京古籍出版社，1987 年版。

④ 北京市文物研究所金陵考古工作队《北京房山区金陵遗址的调查与发掘》，载《考古》2004 年第 2 期。

⑤ 《鸿雪因缘图记》，北京古籍出版社，1984 年影印版。

⑥ 《中国的建筑与艺术》，日本岩波书店，1938 年版。

⑦ 《房山文史选辑》，房山区政协文史工作委员会编印，1990 年 2 月。

⑧ 载北京辽金城垣博物馆编《北京辽金文物研究》，北京燕山出版社，2005 年版。

⑨ 世宗兴陵未发掘，但因下雨塌方，曾暴露出墓道及墓门，据此可以大致判断出墓室的位置。

北京金陵出土铁器的金相学分析

李秀辉　　刘建华　　姚建芳　　韩汝玢

（北京科技大学冶金与材料史研究所）

北京金陵位于北京市西南郊大房山脚下，是曾称雄我国北方的女真族建立的金朝的陵墓群。金陵依山营建，绵延百二十里[①]。北京市文物研究所在对遗址墓道发掘的过程中出土了部分铁器。由于对我国封建社会后期钢铁冶金技术的研究工作进行得比较少，为了能够完整地、科学地反映中国古代钢铁冶金的成就，对金陵出土铁器的鉴定是十分有意义的。本文使用金相学方法对金陵墓道中出土的铁器进行鉴定，从而考察当时钢铁制品的制作水平。

选择6种9件生产工具：有铲、镐、凿、斧、剁斧、三齿叉；矛、枪2件兵器；锅2件；其他各类铁器8件，合计21件进行分析鉴定。铁器的分类见表1。

表1　　　　　　　　　　金陵出土铁器分类取样表

名称 \ 类别	金陵铁器						器物数量合计
生产工具	铲1	镐2	凿2	斧1	剁斧1	三齿叉2	9
兵　器	矛1	枪1					2
生活用具	锅2						2
其　他	板材3	铁过梁1	帽钉2	链1	锔1		8
器物数量总计							21

实验以常用的金相检验方法为主，将制备好的样品用4% HNO$_3$酒精溶液浸蚀，在Neophot21金相显微镜下观察并照相，铁器中的硫化物夹杂通过硫印实验进行鉴定，对部分铁器组织中的夹杂物进行了成分测定。

一、金相组织鉴定

铁器的金相组织观察结果见表2。

表2 金陵出土铁器的金相组织观察结果

器物名称及样品号	取样部位	金相组织观察结果	制作方法
2001:11 斧（JL1）	刃口处	铁素体和珠光体，质地较纯净。含碳不均匀，刃部含碳0.4%，心部含碳<0.1%，按含碳量不同分5层，夹杂物为单相夹杂。	以炒钢为原料采用夹钢工艺锻打成形
2001:14 矛（JL2）	残矛头	组织不均匀，一是粗大的魏氏组织和偶见球化渗碳体；另一是铁素体和少量珠光体及变形夹杂；含碳不均匀，含碳0.1%～0.4%，按含碳量不同分6层。存在单相和复相夹杂。	以炒钢为原料锻打
2001:16 锅（小）（JL3）	残片	亚共晶白口铁，树枝状初生奥氏体和莱氏体，存在较多的FeS夹杂。	铸造
2001:16 锅（大）（JL4）	残片	亚共晶白口铁，FeS夹杂很多。	铸造
2001:20 枪（JL5）	枪头处	铁素体和少量珠光体，含碳不均匀，中心部有高碳部分，含碳0.7%，大部分含碳0.1%～0.2%，有魏氏组织存在。夹杂物沿加工方向变形、折弯，在铁素体基体中有浮凸组织出现。	利用三块原料锻打
2001:21 凿（JL6）	凿尖端部	锈蚀严重，组织为铁素体和粗大魏氏组织，含碳不均匀，从少于0.1%～0.4%的含碳量。铁素体晶粒度2～4级。存在颗粒状氧化亚铁夹杂和长条状复相夹杂。	锻打
2001:22 镢（小）（JL7）	刃部	组织不均匀，本体是铁素体，晶粒度2级，显示有部分浮凸组织。另一是魏氏组织，含碳0.4%；两组织之间氧化铁夹皮；高碳部分的夹杂物为颗粒状的单相夹杂。	采用贴钢工艺锻打
2001:22 镢（大）（JL8）	刃部	组织分为两部，一是铁素体部分，含碳小于0.1%，晶粒度5级，且有浮凸组织出现，夹杂物有单相和复相夹杂，数量较多；二是含碳为0.6%的珠光体和少量铁素体，夹杂物量少。	采用贴钢工艺锻打
2001:23 三齿叉（大）（JL9）	柄端部	组织不均匀，一侧为铁素体和少量珠光体，含碳0.15%；另一侧珠光体和少量铁素体，含碳0.7%，夹杂物为长条状复相夹杂，多集中在样品心部。	用两块炒钢原料锻打
2001:23 三齿叉（小）（JL10）	柄端部	样品边部锈蚀，铁素体基体，含碳不均匀，含碳0.1%～0.2%，按晶粒大小分为5～6层，晶粒度2～5级。夹杂物沿加工方向变形，有大量呈颗粒状的单相夹杂，同时有长条状复相夹杂存在。	炒钢锻打
2001:24 链（JL11）	尖部	铁素体晶粒非常细小，依含碳不同（0.06%～0.1%）分为5～6层，夹杂物多为单相夹杂且呈颗粒状。有裂纹存在。	锻打
	残断处	铁素体基体，含碳0.1%，夹杂物以单相、复相及共晶夹杂的形式存在且发生变形。	锻打
2001:25 帽钉（小）（JL12）	钉尖部	铁素体和珠光体，含碳不均匀，含碳0.1%～0.5%，夹杂物多为单相夹杂且呈颗粒状。组织晶粒较细。	锻打

器物名称及样品号	取样部位	金相组织观察结果	制作方法
2001:25 帽钉（大）（JL13）	尖部	以铁素体为主，晶粒度 4~5 级，心部有魏氏组织，含碳 0.4%。夹杂物以单相夹杂为主，偶有复相夹杂，有裂纹存在。	二次锻打
2001:27 铲（JL14）	残处	以铁素体为基体，晶粒大小不均，晶粒度 2~5 级。含碳小于 0.1%。夹杂物沿加工方向排列，数量较多。圆形颗粒为氧化亚铁夹杂，长条状为复相夹杂。	锻打
2001:30 板材一（JL15）	窄端（薄）	组织不均匀，一侧为铁素体和少珠光体，含碳 0.1%，晶粒细小，夹杂物细长，沿加工方向排列。另一侧为共析钢，含碳约 0.6%，晶粒稍大。	锻打 炒钢半成品
	宽端（厚）	组织不均匀，一侧为铁素体，晶粒度 3~4 级，含碳小于 0.1%，夹杂物较细长，且数量较多。另一侧为珠光体和铁素体，含碳 0.15%，晶粒非常细小。在两种组织之间裂纹存在。	锻打 炒钢半成品
2001:30 板材二（JL16）	窄端（薄）	铁素体基体，含碳小于 0.1%，晶粒度 2~3 级。组织按晶粒大小分 6~7 层，夹杂物分层呈带状分布且数量很多，有部分低碳钢组织，含碳 0.15%。	锻打 炒钢半成品
	宽端（厚）	组织不均匀，部分为铁素体，含碳小于 0.1%，且晶粒较小，夹杂物多为长条状；部分组织为铁素体和少量珠光体，晶粒细小，含碳 0.15%，夹杂物呈颗粒状分布在铁素体晶间。组织按晶粒大小分 4 层。	锻打 炒钢半成品
2001:30 板材三（JL17）	窄端（薄）	铁素体基体，含碳小于 0.1%，晶粒很大，为 2 级晶粒度，夹杂物呈粗大长条状或枝状。铁素体局部拉长变形，折弯处存在氧化铁夹皮。	锻打 炒钢半成品
	宽端（厚）	两侧为铁素体基体上分布着长条状夹杂物，同时有少量颗粒状夹杂，晶粒度 4 级，含碳小于 0.1%，心部为魏氏组织，含碳 0.2%，有颗粒状和少量条状夹杂。	锻打 炒钢半成品
2001:31 凿（JL18）	头部	组织分为铁素体与铁素体和珠光体两类，含碳 0.06%~0.1%，在两种组织之间存在夹杂物带，沿加工方向排列；铁素体组织显示有浮凸组织存在，并在晶界有碳化物析出，磷偏析造成晶粒大小不同。	两块原料折叠锻打而成
2001:39 剁斧（JL19）	刃部	铁素体基体，含碳小于 0.1%，靠近样品边部有一高碳层，含碳 0.7%~0.8%。夹杂物量多，多层且沿加工方向排列。	采用贴钢工艺锻打
锔（JL20）	中部	组织不均匀，一侧为铁素体和少量珠光体，含碳 0.1%，晶粒度 6 级；一侧为珠光体和少量铁素体，含碳 0.5%，在两种组织之间存在一粗长的夹杂物带。	锻打
铁过梁（JL21）	中部	过共晶白口铁，FeS 夹杂很多。	铸造

由表 2 知，从器物的类型来看：

1. 2 件铁锅为亚共晶白口铁铸件，其组织有较多的先共晶奥化体，共晶莱氏体较少，并可见较多的 FeS 夹杂。

2. 2件兵器，矛（JL2）是利用炒钢原料锻打而成，组织依含碳不同分6层。枪（JL5）是利用3块原料折叠锻打在一起，含碳不均，方向无规则的折叠，操作随意，有较大的氧化夹皮，质量不好。

3. 9件生产工具中，斧（JL1）采用夹钢工艺锻制铁斧的刃口，也就是在斧的刃口处锻焊上硬度较高的钢，使刃口锋利耐久，又有韧性较好的本体钢（低碳钢）保护，使用时不崩不卷。

剁斧（JL19）和2件镐（JL7、JL8）共3件是采用贴钢工艺制成，是在器具的刃口部位贴上与本体钢不同含碳量的钢材，然后将其锻接成一件工具的。这也是利用不同材料的特性，提高器具使用性能的一种方法。

凿（JL6）金相组织不均匀，含碳0.01%~0.4%，差别较大。凿（JL18）是用2块原料锻打而成，在锻打加热过程中，凿尖渗碳，含碳达到0.6%，性能得到改善，质量好于凿（JL6）。

三齿叉（JL9、JL10）均是以炒钢为原料锻打而成，不同的是三齿叉（JL9）是以两块炒钢原料锻打而成，而三齿叉（JL10）用一块料折叠锻打而成，质量稍好。

铲（JL14）是以熟铁为原料锻打而成，含碳小于0.1%，依晶粒大小不同分层，性能软，质量差，不能满足使用需求。

4. 三块板材（JL15、JL16、JL17）是炒钢半成品，板材（JL15）是利用2块不同含碳量的材料锻打而成。板材（JL16）含碳不均，由熟铁和低碳钢构成。板材（JL17）的组织因晶粒大小不同分层，并存在氧化铁夹皮，看出折叠锻打无规律。

5. 其他器物：链（JL11）、帽钉（JL12、JL13）、镉（JL20）均是利用炒钢原料锻打而成，由于每件器物含碳不均，折叠痕明显，夹杂物多，质量欠佳。

6. 铁过梁（JL21）的样品取自过梁中段的表面凸起处，金相组织是过共晶白口铁，仍保持着原始的铸态组织，表面未见加工或使用的痕迹，对此件铁过梁的用途目前尚不能提供有用的信息。

从器物的制作工艺来看：

1. 鉴定的21件铁器中，锻造成形的19件，均为各种工具、兵器、板材等；3件器物铸造成形：2件铁锅及1件铁过梁。本遗址出土的铁器以锻造加工成型为主。

2. 所有锻件器物均是以炒钢为原料锻打加工而成，3件板材（JL15、16、17）均是炒钢半成品，可能在当地进行二次加工，用于制作工具等器物的原材料。

3. 夹钢、贴钢工艺的使用：1件斧（JL1）是采用夹钢工艺制成，1件剁斧（JL19）、2件铁镐（JL7、8）共3件是采用贴钢工艺制成。

4. 表面增碳强化：凿（JL6）尖部、三齿叉2件样品及板材（JL15、6、17）共6件样品发现有表面渗碳的现象，即从样品中心到样品外表面含碳量逐渐增加。含碳量由<0.1%增加到0.7%，依器物种类不同而不同，未见明显规律。

210

从器物样品的组织状态观察：

1. 白口铁铸造组织 3 件，亚共晶白口铁组织和过共晶白口铁组织两种，具有较多的 FeS 夹杂。

2. 熟铁组织：以铁素体为基体的组织，如铲（JL14）全部金相组织以及镐（JL7、8）、链（JL11）、板材（JL15、16、17）、凿（JL18）、剁斧（JL19）样品的金相组织中有部分为铁素体组织。

具有铁素体组织的材料强度低、硬度小、抗变形能力差，综合性能差。在 5 件样品中，枪（JL5）、镐（JL7、8）、板材（JL16）、凿（JL18）的铁素体组织中显示有浮凸组织存在。

3. 钢的组织：依含碳量不同，分为低碳钢组织，显示铁素体和珠光体；中碳的亚共析钢组织，显示珠光体和少量铁素体。如三齿叉（JL9）显示的组织：一侧为含碳约 0.15% 的低碳钢组织，一侧是含碳 0.7% 的共析钢。板材（JL15-1）样品显示的是共析钢组织（含碳 0.7%）和铁素体组织（含碳 <0.1%）。

在这批样品组织中还显示有魏氏组织存在，先共析铁素体的形态随着转变温度、时间、奥化体晶粒大小和钢的含碳量的不同而有所改变。在含碳小于 0.6% 的碳钢中，如果奥化体晶粒粗大，空冷时先析出的铁素体除一部分沿奥氏体晶界析出，还有一部分铁素体呈片状（或针状）在晶粒中间析出，形成魏氏组织[②]。矛（JL2）、镐（JL7）的组织显示有魏氏组织，魏氏组织出现，使钢的塑性及冲击韧性降低。

4. 钢组织中的夹杂物以单相硅酸盐夹杂为主，也有成串的氧化亚铁夹杂，长条状复相夹杂为数不多。不同铁器样品夹杂物多少不一。锻件中含 FeS 夹杂的数量明显比铸件少。锻件中夹杂物沿加工方向排列，有的存在明显的锻打折弯痕迹，有的是锻接时夹入氧化皮。

二、铁器中的硫

在铁器的金相组织中观察到有 FeS 夹杂，由于铁器取样限制，不能用化学方法进行硫含量的测定，所以对 21 件铁器样品进行了硫印实验[③]。硫印实验可用金相观察所制备的样品。其操作过程是：先将涂有溴化银的相纸在 5% 硫酸水溶液中浸泡 2 分钟，然后将相纸药面紧贴在试样待检验的表面上。经 5 分钟后揭下，用清水冲洗，再进行定影、冲洗和烘干。在硫印相纸上出现的棕黑色斑点即为样品中 FeS 聚集处。依斑点的数量、色泽深浅和分布的均匀性，并对照以往已知硫含量试样的硫印试验结果来评定铁器中硫含量的高低及均匀性，将硫印实验结果分成阴性和阳性两类。硫印阴性表明相纸上无棕色斑痕，说明试样中不含硫或含硫甚少，标为 S（-）。硫印阳性分为三级，S（+）指硫含量大约在 0.1%~0.3% 之间；阳性 S（++）指硫含量约 0.3%~0.6% 之间；阳性 S（+++）指硫含量在 0.6% 以上。21 件铁器样品的硫印实验结果见表 3。

表 3　　　　　　　　　　金陵遗址出土铁器样品硫印实验结果

结果	制作方法	铁器名称及样品号	样品数合计
阴性 S（−）	锻造	枪（JL5）、铲（JL14）、三齿叉（JL10）、矛（JL2）、斧（JL1）、链（JL11）	6
阳性 S（+）	锻造	凿（JL6）、三齿叉（JL9）、镐（JL8）、板材（JL16、JL16-1、JL17、JL17-1）、凿（JL18）、帽钉（JL13）	9
阳性 S（++）	锻造	链（JL11-2）、帽钉（JL12）、镐（JL7）、板材（JL15、JL15-1）、剁斧（JL19）、镐（JL20）	7
阳性 S（+++）	铸造	锅（JL3、JL4）、铁过梁（JL21）	3

由表 3 可知，在 21 件铁器的 25 个样品硫印实验中，硫印呈阳性的 19 个，占 75%。22 个锻制样品中硫印实验呈阳性的为 14 个，占样品总数的 60%。硫印实验呈 S（+++）级的全部是铸件。

三、板材材质的分析

本遗址目前出土梯形板材 10 件，选取 3 件板材进行了金相组织鉴定，为了判定本遗址出土铁器使用的原料是否是炒钢制品，对 3 件板材的 6 个样品，利用带能谱仪的扫描电子显微镜进行了夹杂物元素组成的测定。本实验所用的扫描能谱分析仪（Cambridge S-2500MK3 扫描电镜及 Link AN10000 能谱仪）中的铍（Be）窗口的吸收作用，样品中原子序数小于 11 的轻元素不能检测。板材样品中的夹杂物都是单相夹杂，随机选取其中 12 或 8 块进行微区成分测定。激发电压 20KV，扫描时间 50 秒，采用微区面扫描的方式，对夹杂物的成分进行分析，其结果见表 4。

表 4　金陵出土板材样品夹杂物的分析结果

器物名称及样品号	检测次数	夹杂物成分（%）										备注
		Fe	Mn	Ca	S	P	Si	K	Al	Ti	Mg	
2001:30 板材—（JL15）	1	3.8	3.1	11.0	0.0	2.4	60.1	9.3	7.4	0.4*	2.5	Fe 低 Si 高，且 Al、Ca、K、Mg 含量次较高
	2	24.5	3.8	8.3	0.1*	1.2	48.7	5.8	5.2	0.3*	2.1	
	3	8.7	4.5	10.2	0.0	1.3	57.2	6.9	7.4	0.6	3.5	
	4	5.2	5.5	9.8	0.0	1.4	55.3	7.3	10.1	0.7	4.9	
	5	25.5	5.2	10.2	0.4	1.7	43.0	5.3	4.9	0.6	3.2	
	6	2.0	3.4	9.7	0.2*	0.0	59.5	5.6	12.2	0.5	6.7	
	7	35.0	3.3	6.5	0.1*	0.7	38.6	4.4	7.0	0.4	3.8	
	8	35.1	4.2	6.2	0.1*	0.4*	37.5	4.1	7.3	0.3*	4.6	
	9	7.6	5.0	9.6	0.0	0.9	54.4	6.3	10.4	0.7	5.1	
	10	8.1	4.6	8.7	0.0	2.3	55.4	8.1	7.5	0.7	4.6	
	11	5.7	4.3	10.0	0.0	0.0	56.8	6.8	10.5	0.6	5.3	
	12	3.9	4.9	10.3	0.0	1.8	57.7	7.4	8.5	0.7	4.9	
2001:30 板材—（JL15）	1	4.9	6.1	2.0	0.1*	0.8*	67.1	4.0	14.3	0.8	0.0	Fe 低 Si 高，且 Al、K、Mn 含量高，Ca 含量较均匀，但比样品 JL15 低
	2	8.4	6.1	2.8	0.0	1.0*	66.5	2.4	12.3	0.5*	0.0	
	3	23.1	5.7	1.5	0.2*	1.3	51.2	1.8	14.2	0.9	0.0	
	4	21.7	5.2	2.8	0.2*	0.0	52.4	1.8	14.7	0.6*	0.7*	
	5	24.0	8.0	2.2	0.6*	0.9	50.4	1.9	11.6	0.5*	0.0	
	6	5.4	6.5	2.6	0.0	1.8	64.8	3.5	14.3	1.2	0.0	
	7	18.1	6.3	1.9	0.0	1.0	56.1	2.6	12.4	0.9	0.7*	
	8	3.2	1.8	1.3	0.0	2.5	74.2	1.1	15.0	0.9	0.0*	
	9	6.2	5.1	2.7	0.0	1.8	69.6	3.1	9.9	0.9	0.5*	
	10	8.2	6.3	2.8	0.2*	1.8*	70.3	3.0	7.3	0.2*	0.0	
	11	38.9	2.4*	7.7	1.0*	0.0	41.8	4.7	2.3*	1.1*	0.1*	
	12	29.6	0.6*	0.6*	0.7*	0.8*	66.4	0.3*	0.0	0.1*	1.0*	

器物名称及样品号	检测次数	夹杂物成分(%)										备注
		Fe	Mn	Ca	S	P	Si	K	Al	Ti	Mg	
2001:板材二 (JL16)	1	49.5	0.7	0.5	0.4	0.0	47.8	0.2*	0.2*	0.4	0.2*	部分夹杂 Si 高 Fe 低，Mn、K、Al、Mg 含量低　部分夹杂 Fe 高 Si 低，Mn、K、Al、Mg 含量低
	2	36.1	0.8	0.5	0.1*	0.2*	61.3	0.0	0.0	0.7	0.2*	
	3	57.2	0.4*	0.7	0.2*	0.2*	39.2	0.2*	0.0	1.6	0.3*	
	4	63.5	2.1	2.2	0.1*	1.7	28.5	0.2*	0.0	1.3	0.5*	
	5	15.2	1.0	0.8	0.3*	0.0	81.2	0.0	0.0	1.0	0.5*	
	6	71.6	1.4	2.0	0.4	2.0	19.1	0.5	0.3*	0.6	2.1	
	7	36.2	0.3*	0.1*	0.7	0.0	61.9	0.1*	0.0	0.4	0.3*	
	8	19.3	0.2*	0.0	0.4*	0.0	79.3	0.4*	0.0	0.4*	0.0	
2001:30 板材二 (JL16-2)	1	32.1	0.4*	17.8	28.8	0.0	13.8	0.0	2.3	0.0	4.7	夹杂物中 Fe 高 Si 低，Ca 含量波动很大，Mn、K 含量低，Al、Mg 含量波动较大
	2	75.6	0.0	12.3	7.3	0.0	2.6	0.0	0.6	0.2*	1.4*	
	3	49.8	0.9*	29.3	5.2	0.0	5.0	0.1*	0.1*	0.1*	9.3	
	4	14.0	0.3*	50.7	1.5	0.0	2.7	0.0	0.9*	0.1*	29.8*	
	5	34.0	0.2*	30.1	1.0	0.0	2.0	0.0	0.5*	0.3*	31.9*	
	6	62.1	2.1*	6.8	4.8	2.8	11.6	0.0	9.6	0.2*	0.0	
	7	63.6	0.4*	23.8	5.9	0.1*	3.2	0.0	0.5*	0.4*	2.0	
	8	80.6	0.6*	1.4	1.2	5.4	9.4	0.0	0.0	0.1*	1.4	
2001:板材二 (JL16)	1	83.1	0.8	1.1	0.1*	2.5	8.5	0.5	2.2	0.0	1.1	夹杂物 Fe 高 Si 低，Ca、Al 含量波动较大，Mn、K、Mg 含量低
	2	63.9	0.5*	3.5	0.7	2.8	24.7	2.5	0.5*	0.0	0.9*	
	3	59.8	0.9	3.0	1.2	0.0	3.4	0.0	1.3	30.3	0.1*	
	4	80.1	0.6*	7.7	2.2	0.2*	5.5	0.3*	1.4	0.4	1.6	
	5	73.1	1.3	8.0	3.5	1.8	8.6	0.0	2.1	0.3*	1.4*	
	6	58.6	0.0	16.7	4.7	0.0	8.6	0.9*	4.5	1.0*	5.1	
	7	83.5	0.0	8.2	1.7	0.4*	1.8	0.0	0.8*	0.5*	3.2	
	8	79.0	0.5	10.6	2.1	0.3*	2.4	0.4*	2.1	0.6*	2.1	

器物名称及样品号	检测次数	夹杂物成分（%）											备注
		Fe	Mn	Ca	S	P	Si	K	Al	Ti	Mg	
2001:30 板材三（JL17－2）	1	39.8	0.6	26.5	0.9	0.2*	0.9	0.0	0.0	0.1*	31.1	夹杂物 Fe 高 Si 低，Ca、K、Mn、Mg、P 含量波动较大，Al 含量低
	2	40.6	0.6	26.0	0.6	0.0	0.8	0.0	0.2*	0.0	31.2	
	3	60.4	4.3	5.2	0.5	6.6	17.1	2.9	2.5	0.4	0.2*	
	4	54.9	2.0	11.6	0.8	6.6	16.5	4.8	1.8	0.2*	0.9	
	5	41.5	1.3	28.2	0.3*	18.9	5.2	3.0	1.1	0.3*	0.3*	
	6	71.5	3.6	7.7	0.3*	3.1	10.5	0.8	1.0	0.0	1.5	
	7	51.0	2.2	16.3	0.5	11.6	13.0	3.2	1.6	0.3*	0.5*	
	8	48.3	2.1	10.9	0.9	2.1	24.5	5.5	3.6	0.0	2.1	

注：* 表示存在这种元素，但超过检测极限，数值仅供参考。

由表 4 可知，板材（JL15）样品的单相夹杂物为硅高铁低的硅酸盐夹杂，铝、钙、钾、镁含量亦较高，同一板材不同部位截取的样品（JL15-1）中的单相夹杂物也是硅高铁低，铝、钾、锰含量波动大，但钙含量较均匀，镁、钙含量低。

板材二（JL16）样品中部分单相夹杂物为硅高铁低的硅酸盐夹杂，铝、钙、钾、镁含量低；部分夹杂物为铁高硅低，锰、钾、铝、镁含量低。同一板材不同部分截取的样品 JL16-2 单相夹杂物中铁高硅低，钙、铝、镁含量波动很大，锰、钾含量低。

板材三（JL17）样品中单相夹杂物为铁高硅低的硅酸盐夹杂，钙、钾、锰、镁波动较大，铝含量低。

从以上分析可以看出三块板材样品中夹杂物所含元素种类相同，但含量多少有差别，同一板材两端的夹杂物成分含量也有区别，结合金相组织观察中显示每块板材不同部位取样的样品含碳量不同且差别大、夹杂物数量多少差别亦较大、排列加工亦无规律等因素，可以认为制作板材时使用的不是一块原料，也不是冶铁炒钢时直接形成的板坯，而是使用废旧器物加工锻制成板材再生半成品的可能性较大，利用这些板材作为再打制铁器、工具的备用原材料。这与汉代发现的板材制作方法不同。

四、讨论

1. 炒钢材质的判断

炒钢技术是古代中国生铁炼钢法的一项创造。炒钢是在半融熔状态下将生铁炒炼脱碳成钢的工艺。炒钢时，首先将生铁在空气中加热，升温至半熔融状。通过搅拌增加铁和氧气的接触表面积，使液体中的碳氧化，温度升高，奥氏体含碳量逐渐下降，铁中的硅、锰等杂质氧化后与氧化铁生成硅酸盐夹杂。如在半固态继续搅拌使碳氧化完全，则成为低碳熟铁，但也可以在不完全脱碳时，终止炒炼过程，以得到中碳钢或高碳钢，然后出炉锻打，使组织致密，挤出渣滓，便成为钢材或熟铁材。

炒钢材质的夹杂物的特点是以细长硅酸盐夹杂为主，夹杂物数量较多，细质分散，变形量较大且分布比较均匀；但可以看出夹杂物排列成行。同时也有变形量较小的氧化铁夹杂，各层含碳量较均匀。夹杂物中锰、钛、磷、硫由矿石引入，铝、镁、钾、钙等是在炒钢过程中接触耐火材料引入。

根据金相组织、夹杂物成分与形貌观察的综合分析，可以确定本遗址墓道出土 21 件铁器中的 18 件锻件，均是以炒钢为原料进行锻打加工而成的。

炒钢技术在东汉时期已经比较普及，以炒钢为原料制成的实物有山东临沂出土的东汉环首钢刀和江苏徐州出土的东汉钢剑等。在徐州狮子山楚王陵[④]、广州南越王墓[⑤]和高邮天山广陵王墓等西汉诸侯王陵墓中也发现过炒钢制品，其中徐州狮子山铁器中炒钢制品的发现，表明西汉早期（公元前 2 世纪中叶）中国已发现了炒钢技术，这批炒钢制品是迄今为止最早的炒钢制品。北票喇嘛洞墓地 32 件样品中有 14 件炒钢制品，其中兵器为 8 种，说明炒钢技术在当时已经广泛应用在兵器制作方面[⑥]。本遗址炒钢制品的发现说明在金代仍在广泛使用炒钢技术，与以往不同的是这时期部分炒钢中含有 FeS 夹杂，这与宋以后用煤炼铁有关。

2. 夹钢、贴钢工艺的应用

古代农具、兵器刃口硬化工艺主要采取夹钢或贴钢的办法。夹钢是在器物的刃口处锻焊上硬度较高的钢，使刃口锋利耐久，又有韧性较好的本体钢（低碳钢）保护，使用时刃口不崩不卷。安徽南陵出土的三国时期的铁刀是夹钢制品，江苏省镇江市博物馆藏南宋咸淳六年（1270 年）钢刀、北京元大都遗址出土的矛和钢刀也发现是采用夹钢工艺制成的[⑦]。本遗址墓道出土 2001:11 斧（JL1）采用夹钢工艺制成。夹钢材料含碳高仅存于刃口，与本体钢含碳量有明显不同，两种材料因含碳不同有明显分界限，在分界附近多有氧化亚铁夹杂，中间亦有过渡区，其工艺是将本体钢材锻一缺口，将高碳钢材夹入再锻焊成一体制成。

贴钢工艺也就是在器具的刃口部位锻焊上一块硬度较高的中碳钢或高碳钢，使刃口锋利，本体钢使用低碳钢或熟铁制成。由于本体钢质软，在锻造时容易加工变形，可锻制各种器具外形。沈括的《梦溪笔谈》一书中有较详细的记载。我国的夹钢贴钢工艺始于何时尚待研究，对出土文物的研究表明，中国不迟于汉代已经发明了贴钢工艺。吉林榆树老河深中层文化墓葬出土的贴钢制品铁矛（M96:1）制作质量较高[⑧]；北票喇嘛洞墓地出土的凿（M368:9）的含碳量是本体钢高，两部分钢材结合得比较好，表现出的技术已比较成熟[⑨]。明宋应星《天工开物·锤锻篇》记载刀、斧用"嵌钢、包钢"。直到现在，中国一些农村地区还在利用这种方法来制作一些工具、农具。本遗址墓道出土的 2001:39 刹斧（JL19）、2001:22 铁镐（JL7、JL8）采用贴钢工艺制成，均为一侧含碳 0.6%，与本体钢有明显分界，与渗碳钢为两侧含碳高、界限不明显为不同的制作工艺，3 件工具为贴钢工艺提供了新的实物证据。

3. 用煤炼铁及其影响

从硫印实验可知，25 个样品中，硫印实验呈阳性的为 19 个，占总数为 75%，说明铁器样品中普遍含有硫，这与用煤炼铁有关。

古代生铁中的硫主要有两个来源：一是来自矿石，有的磁铁矿常与黄铁矿（FeS_2）共生，在冶炼时以 FeS 形式进入生铁；二是来自燃料，使用煤取代木炭炼铁，煤中含有有机硫化物及无机硫化物，使炉料中的硫含量成倍增加，由于炉渣的脱硫能力不高，因此有较多的硫进入铁中。

文献研究和考古发掘的材料表明，汉魏以前我国冶铁使用的燃料是木炭，用木炭炼铁时，产品中的硫主要来自矿石，其含量均小于 0.1%[⑩]。王可等曾对唐宋以后的 87 件铁器做过硫印实验，其中有 53 个铁器样品硫印阳性，其中宋及宋以后的样品为 49 个，占硫印阳性样品的 92%[11]，结果同样证明了自宋开始用煤炼铁的情况。

我国煤矿储藏量丰富，中国古代较早发现和使用煤作燃料。河南郑州古荥和巩县铁生沟两个汉代冶铁遗址中均发现了煤和煤饼[12]，煤大规模地用作冶炼燃料始于宋代，是宋代当时社会经济发展的必然趋势。北宋时期封建社会经济有了进一步的发展，冶铁业、建筑业、造船业等行业的兴盛，对木材的大量消耗，使森林资源短缺。冶铁业大量燃料的消耗，引起木炭价格上涨，迫使寻找新的燃料取代木炭，也就是用煤取代木炭。北宋元丰元年（1078 年）苏轼在徐州任地方官时，在州西南的白土镇发现了煤，"以冶铁作兵，犀利胜常云"。苏轼并写有《石炭行》，描绘了当时用煤冶铁的情景。

用煤取代木炭炼铁解除了燃料短缺之忧，降低了成本，但比用木炭炼铁技术上要求高，必须强化鼓风，冶炼生铁时添加石灰熔剂，降低炉渣熔点，增加其脱硫能力，才能保证炉况顺利，因此用煤炼铁给冶铁业带来了较大的影响。首先是促进了鼓风技术的发展，使炼铁竖炉炉型和结构发生变化，以保证炉温的提高。其次自宋以后，可锻铸铁件明显减少，这是因为用煤炼铁硫含量的增加影响了石墨化过程。第三用煤炼铁后使生铁产量提高，能较好满足生产工具、兵器需要，同时出现了大型生铁铸件如铁塔、铁钟等。第四生铁炼钢技术（炒钢）的推广使用，表现为锻制铁工具数量明显增多。本次分析的 21 件器物中仅有 3 件为铸件，9 件铁工具、2 件兵器、7 件其他器物共 18 件都是锻制品。上述分析表明宋金元时期锻造铁器明显增多的变化是由于用煤炼铁后铁产量增加、成本降低、铁器使用更加广泛、简单易行的锻造作坊增多的结果。锻件中的硫含量低于铸件的硫含量，这是由于在反复加热锻打时，FeS 与硅酸盐夹杂一起被挤出；二是 FeS 与氧发生化学反应，生成二氧化硫气体逸出，使铁中的硫含量降低同时会有氧化铁夹杂进入铁器中。这与本遗址出土铁器金相观察的结果相吻合，与以往宋元时期铁器的研究结果一致。

4. 部分铁器中的浮凸组织

金相组织鉴定发现 5 件铁器的样品经 4% HNO_3 酒精溶液浸蚀后，铁素体基体上显现一种与晶界不在同一平面的浮雕状组织（ghoust structure）。5 件铁器为 2 件 2001:22 镐（JL7、JL8），2001:20 枪（JL5）、2001:30 板材二（JL16）、2001:31 凿（JL18）各 1 件。5 件铁器的铁素体基体中单相夹杂物较多，铁素体的晶粒大小不同。

在中国古代钢铁制品中已发现浮凸组织的研究结果表明[13][14][15]，浮凸组织是因铁器样品中的磷偏析引起的，磷来自矿石。铁矿石中伴生有磷灰石 $Ca_5[(F, Cl)(PO_4)_3]$，在冶炼时，磷灰石中的磷酸钙分解为 P_2O_5 及 CaO，P_2O_5 极易全部被还原为磷进入铁中，故原料中的磷保留相当一部分在熟铁制品中。在随后的脱碳退火和冷、热加工过程中都不能有效地去除磷，磷偏析引起晶粒粗大，如浮凸组织铁素体与没有浮凸的铁素体晶粒大小明显不同。对浮凸组织产生机理的研究将有另文发表。

金陵墓道出土铁器的鉴定表明，金代铁器的制作多采用锻造加工，刀、斧、镐等刃具的制作采用了夹钢和贴钢工艺，而未发现使用淬火技术。铁器中硫含量较高是采用煤炼铁

的证据。

　　由于本次鉴定的铁器均出自墓道，以各类工具为主，器物类型有限，所以鉴定的结果不能完全反映当时钢铁器物的制作技术及水平。另外由于铁器锈蚀层较厚，为了保证器物基本形貌不变，取样多在残断处，所以对每件器物的制作技术只能提供部分的信息，对金代钢铁技术的发展水平还需进行深入的系统研究。

参考文献

　① 北京市文物研究所编《北京考古四十年》，北京燕山出版社，1990 年版。

　② 宋维锡《金属学》，北京，冶金工业出版社，1980 年版。

　③ 《中国大百科全书·矿冶卷》硫印法条，北京，中国大百科全书出版社，1984 年版。

　④⑭ 北京科技大学冶金与材料史所等《江苏徐州狮子山西汉楚王陵出土铁器的金相实验研究》，《文物》，1999 年第 7 期。

　⑤ 北京科技大学冶金史研究所《西汉南越王墓出土铁器鉴定报告》，广州市文物管理委员会等《西汉南越王墓》附录四，北京，文物出版社，1991 年版。

　⑥⑨⑮ 陈建立《北票喇嘛洞鲜卑墓地出土铁器金相学相关问题研究》，北京科技大学冶金与材料史研究所博士论文，2001 年。

　⑦ 韩汝玢《古代金属兵器制作技术》，《中国军事百科全书·古代兵器》，北京，军事出版社，1991 年版。

　⑧ 韩汝玢《吉林榆树老河深鲜卑墓葬出土金属文物的研究》，《中国冶金史论文集》（2），《北京科技大学学报增刊》，1994 年版。

　⑩ 李众《中国封建社会前期钢铁冶炼技术发挥的探讨》，《考古学报》1975 年第 2 期；丘亮辉、于晓兴《郑州古荥镇冶铁遗址出土铁器的初步研究》，《中原文物》1983 特刊；河南省博物馆《河南冶铁技术初探》，《考古学报》1978 年第 1 期。

　⑪ 王可《从铁器的鉴定论宋以后用煤炼铁及煽炼法炼钢》，北京科技大学《冶金与材料史研究所硕士论文》，1988 年。

　⑫ 赵青云等《巩县铁生沟汉代冶铸遗址再探讨》，《考古学报》1985 年第 2 期；郑州市博物馆《郑州古荥镇汉代冶铁遗址发掘简报》，《文物》1978 年第 2 期。

　⑬ 王可等《元大都遗址出土铁器分析》，《中国冶金史论文集》（2），《北京科技大学学报增刊》，1994 年。

北京市房山区金陵地质雷达探测报告

中国地质大学（北京）物探系地震教研室

项目负责：曾校丰

参加人员：钱荣毅　常锁亮　邓新生

　　　　　刘洪雷　赵宏伟　王小凤

时间：2001 年 4 月

前　　言

北京市房山区金陵为金代帝王陵寝，历经数百年的变迁和人为破坏，陵园地面建筑已荡然无存，面貌全非。为了查明古墓存在与否及其位置，受北京市文物研究所委托，使用探地雷达方法对指定区域进行探测。通过探测，圈定了几处异常并确定了其具体位置。

探区概况

金陵墓区位于房山区九龙山南侧山脚坡地，陵园大部分早已变成梯田耕地，种有庄稼和果树，地表多凸凹不平，杂草荆条丛生，碎石墙、陡坎、篱笆等障碍物遍布，给现场探测造成一定的困难。

我们在陵区内设置了四个探区，首先是残存有部分清代三合土宝顶的一号探区；其西约 50 米处为二号探区；其东约 50 米和 100 米处分别为三号和四号探区。其中一号探区为重点探区。探区测线详见图 1 "金陵古墓地质雷达探测测线布置及异常分布平面示意图"。

方法原理和仪器简介

地质雷达方法是近年来发展起来的一种确定地下介质分布的电磁波探测新技术。和空中雷达探测以及地震反射波法相似，它利用一个天线向地下发射宽频带的电磁波，当电磁波传播过程中遇到电性分界面时产生反射，形成反射波传回地面，被另一接收天线所接收

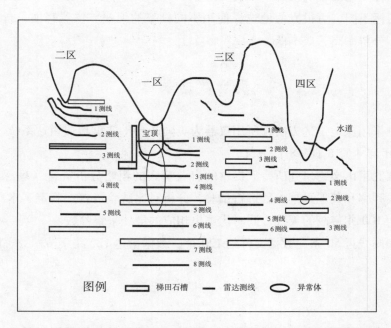

图1　金陵古墓地质雷达探测测线布置及异常分布平面示意图

并由仪器记录下来。反射波旅行时反映了近地表结构，如异常体埋深、地层倾向等；其幅度、相位、频率等特性反映了电磁波所经过介质的电性质如介电常数、电导率、磁导率的差异及地层厚度。由于岩层（地层）的电性往往存在差异，因而通过对资料进行数据处理和解释，最后可确定地下介质的形态和位置。

在雷达探测计算解释方法中，最基本的关系方程是反射系数。

根据麦克斯韦方程可得到波阻抗近似表达式：$\eta = (\mu / \varepsilon (+j\sigma / \omega))^{1/2}$，其中 μ 为磁导率，ε 为介电常数，j 为电流密数。

在电导率 σ 有限、频率 ω 较高的情况下，上式可简化为：$\eta = (\mu / \varepsilon)^{1/2}$

假设上覆介质波阻抗为 η_1，下伏介质波阻抗为 η_2，电磁波入射角为 θ_1，透射角为 θ_2，则有反射系数：$R = (\eta_2 \cos\theta_1 - \eta_1 \cos\theta_2) / (\eta_2 \cos\theta_1 + \eta_1 \cos\theta_2)$

在垂直入射反射条件下，反射系数为：$R = (\eta_2 - \eta_1) / (\eta_2 + \eta_1)$

代入波阻抗，并对非磁性物质忽略磁导率的差异，得：

$$R = (\sqrt{\varepsilon_1} - \sqrt{\varepsilon_2}) / (\sqrt{\varepsilon_1} + \sqrt{\varepsilon_2})$$

根据上述关系，反射系数主要与介质的介电常数有关。

本次使用的仪器为美国地球物理测量系统公司制造的最先进的产品 SIR-2 型探地雷达系统，它由主机、控制与显示、天线三大部分组成，系统由一台内置 486 微机控制数据采集、简单数据处理和显示。该型雷达的天线属于自耦合型，这种天线的优点是信号发射稳定，受地表条件变化的影响较少。天线主频从 16MHz–2500MHz 组成一个系列，根据探测深度及探测目标不同，可很方便地选择使用不同频率的天线。仪器轻便，自动化程度高，探测速度快，分辨率高，成本低。

现场数据采集

现场探测采用探地雷达方法，所用仪器为美国产 SIR-2 型地质雷达系统。现场数据采集工作于 2001 年 4 月 6 日 ~8 日进行。

首先根据北京市文物研究所专家提供的有关墓穴的粗略分析资料（埋深和大小），对所用仪器天线频率和其他采集参数进行试验，分析对比试验资料，确定了本次探测主要使用中心频率为 100 兆赫兹的天线，同时优选出相应的最佳采集参数。

本次实测测线近 50 条，数据文件约 120 个，数据量达 122 兆字节。

资料处理和解释

采用我们自己研制的专用地质雷达处理软件，对现场采集的数据进行计算处理后，绘制出各测线的时间剖面，供分析解释。各探区典型异常图象剖面详见附图，其中包括一区的宝顶中线（南北向、东西向），从现宝顶南沿向南的测线 1 ~7 各一条剖面；二区的测线 3、5 两条剖面；三区的测线 2、3、5 三条剖面；四区的测线 2、3 两条剖面。

分析各测区剖面，可得到如下认识：

一区内各探测剖面在宝顶中线左右有明显的异常，说明地下有异常体存在，异常体顶部深度约在 8 ~10 米，[电磁波双程走时约为 160ns（$1ns = 10^{-9}$ 秒）]；异常体东西宽度约为 4 ~8 米、南北长约 8 ~11 米，我们初步认为可能为墓穴或墓道异常。

二区由北向南各测线也存在异常，其深约在 9 ~12 米，且异常体自东向西的宽度较大，一般为 20 ~40 米，初步解释为地下岩体。

三区 6 条测线中第 2、3、5 测线也存在较明显的异常，尤其是第 2、5 两条测线，异常体埋深在 9 ~11 米，宽度约为 4 ~6 米。这两处异常体也有墓道和墓穴的可能。测线 3 处的异常为岩体的可能性较大。

四区 3 条测线中测线 1 上未发现异常，测线 2、3 上均发现了异常。其中测线 2 中的异常较小，存在墓穴的可能性不大，测线 3 的异常可解释为地下岩体。

此外，第一测区南偏西 100 米处、皋塔下方和塔南也发现了一些异常（图 2 ~4）。

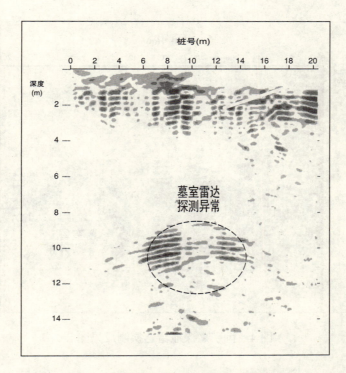

图 2 太祖墓探地雷达探测成果图 1

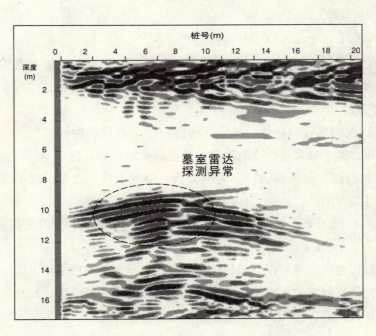

图 3 太祖墓探地雷达探测成果图 2

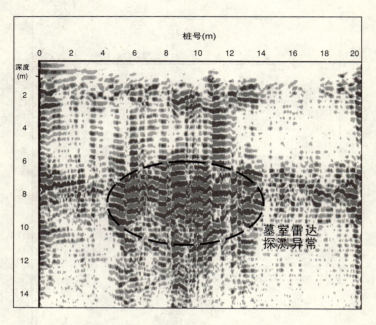

图4　世宗墓探地雷达探测成果图

结 论 与 建 议

通过本次金陵古墓雷达探测，可得到如下结论：

1. 在四个探区内发现了几处雷达异常，其中一区中的异常为墓穴或墓道异常的可能性较大；二区和四区初步定为非墓穴异常，很可能为地下岩体异常；三区中的个别异常也可能为地下洞穴或掩埋物。

2. 由于雷达探测具有多解性，又缺乏探区内地下表层的钻孔资料，异常体的埋深无法准确对照计算，对于异常体性质的确定也缺乏必要的佐证资料。

3. 由于条件所限，测区的面积不可能太大，测网不可能太密，故不排除墓穴存在于测区和测线以外的可能性。

4. 建议在一区的若干点上进行钻探取芯探查，为异常的解释和验证提供资料。

感谢北京市文物研究所对我们的信任，委托我们承担了此项工作。

北京市文物研究所宋大川所长、黄秀纯先生、傅幸女士等专家，房山区文物研究所的领导和专家，在我们的探测工作中给予多方面的指导和帮助，在此表示衷心的感谢。

北京市房山区
金陵东区地质雷达探测报告

中国地质大学（北京）物探系地震测井研究室

项目负责：曾校丰

参加人员：钱荣毅　邓新生

时间：2002 年 4 月

前　言

北京市房山区金陵为金代帝王陵寝，现已列为北京市文物保护单位。为了查明地下古墓存在与否以及其位置，受北京市文物研究所委托，我们于 2001 年 4 月使用探地雷达方法对指定区域进行探测。通过探测圈定了几处异常，经北京市文物研究所初步发掘已确定了太宗陵和世宗陵的存在和具体位置。

据北京市文物研究所领导和专家研究认为：在太祖陵和世宗陵以东的墓区可能存在睿宗陵，为探查睿宗陵墓是否迁移于该区及其具体位置，我们于 2002 年 4 月再次使用探地雷达方法在指定地区进行探测，提供了几处可能为墓穴的雷达异常和相应的位置，为文物研究所考古发掘提供依据。

探区概况

金陵墓区位于房山区九龙山南侧山脚坡地。

经 2001 年的雷达探测和文物所的初步发掘，确定了两处陵墓的位置，为此次探测提供了经验和可供试验的已知情况。

专家根据有关理论认为：睿宗陵如果存在，应在太祖陵的左下方、世宗陵的左上方，其埋深估计在 12 米以内。据此我们把探区布置在紧邻世宗陵东边的下梯田、太祖陵以东的上梯田，以及上述两梯田之间的中梯田。其中下梯田分为东西两个测段。

现场数据采集

现场探测采用探地雷达方法，所用仪器为美国产 SIR-2 型地质雷达系统。现场数据采集工作于 2002 年 4 月 19、20、21 日和 4 月 26 日分两次进行。

首先根据北京市文物研究所专家提供的有关墓穴的粗略分析资料（埋深和大小），对所用仪器天线频率和其他采集参数在世宗陵区进行试验，分析对比试验资料，确定了本次探测主要使用中心频率为 100 兆赫兹的天线，同时优选出相应的最佳采集参数。

实际测线布置情况为：

上梯田布置了南北两条测线，长度为 50 米；

中梯田分别布置了南、中、北三条测线，长度为 50 米；

下梯田西段分别布置了南、中、北、北北四条测线，长度为 44 米；

下梯田东段分别布置了南、中、北三条测线，长度为 50 米；

以上测线均呈东西走向。

资料处理和解释

采用我们自己研制的专用地质雷达处理软件，对现场采集的数据进行计算处理后，绘制出各测线的时间剖面，供分析解释。各探区典型异常图象剖面详见附图。

分析和解释各测区异常剖面，得到探测成果，见附表。

结论与建议

通过该区两次雷达探测，我们在采用地质雷达探测地下墓穴方面获得了丰富的实际经验和较深刻的理论认识，为以后此类工作的开展打下了良好的基础。

就本次金陵古墓雷达探测而言，可得到如下结论：

1. 在探区内发现了几处雷达异常，其中几处异常为墓穴或墓道异常的可能性较大；其余为非墓穴异常，很可能为地下岩体异常。

2. 由于条件所限，测区内测网不可能太密，测线不可能太多，加之垒石墙、小屋、开挖坑等障碍物的存在，有些测线无法布置。故不排除墓穴存在于测区和测线以外的可能性。

3. 和上一次相比，此次所获得的异常不如上一次明显，这说明地下真实情况更复杂。

4. 由于墓穴和地下地质条件复杂多变，以及雷达探测具有多解性，又缺乏探区内地层的钻孔资料，使得探测工作存在一定误差。

5. 建议在若干异常处进行钻探取芯，并建议将下一步的探查和研究重心放在中梯田和下梯田东段，而上梯田和下梯田西段两处次之，以便验证。

感谢北京市文物研究所对我们的信任，委托我们承担了此项古墓探测工作。

北京市文物研究所所长宋大川博士、黄秀纯先生、傅幸女士，房山区文物管理所陈亚洲先生等专家，在我们探测工作中给予多方面的指导和帮助，在此表示衷心的感谢！

金陵古墓的电成像探测

中国地震局地球物理研究所

项目负责：冯锐

参加人员：李智明　朱涛　周建国

工作时间：2003 年 7 月 4 日

报告时间：2004 年 5 月 1 日

一、简　述

　　金陵位于北京市房山区大房山麓，是中国历史上为数不多的少数民族皇陵，历经金海陵王（完颜亮）、世宗、章宗、卫绍王、宣宗五世 60 年的营建，形成面积 60 平方公里的大型皇家陵寝。主陵区在房山区周口店镇龙门口村北的九龙山，占地面积约 6.5 万平方米，整个陵区以神道为中轴线，两侧对称布局，由石桥、神道、石踏道、东西台址、东西大殿、陵墙、陵寝等组成。2002 年春，北京市文物研究所在清理发掘主陵区祭祀坑时，发现该处存在主墓坑，从中陆续出土四具石椁，其中东西向雕龙纹、凤纹的汉白玉石椁（雕凤纹石椁长 2.48、宽 1.2、高 1.52 米，椁身外四周均以松香匝敷；雕龙纹石椁毁坏严重）为国内首次发现。发掘表明，该主墓坑为一竖穴石圹墓，平面呈长方形，方向北偏西，口大底小，东西长 13、南北宽 9.2 至 9.5、深 5.2 至 3.6 米，墓坑用黄土从墓底夯筑，夯层总厚 2.5 米，以墓中埋藏的龙凤石椁顶板为准，其上平铺 200 余块巨型花岗岩石块，初步判定该墓坑为金太祖完颜阿骨打的睿陵。考古专家依当地山陵地势并根据中国古代陵寝制度，推测周围应有其余诸陵。

　　我们于 2003 年 7 月 4 日在尚未发掘的主陵区东台址实施了三维电阻率观测，相应的理论研究工作直至 2003 年底才完成，实现了对该区电性结构的三维成像。所得结果为进一步的发掘提供了参考。

二、技术方法

　　电成像（Electrical Imaging）也称电阻率层析成像（Resistivity Tomography），国内俗称

多道直流电法。其硬件系统由电极转换器、测量主机、控制软件、电极阵列（Electrode Array）和电缆系统五部分组成（图1）。电极转换器的结构方式和通道容限决定着系统的整体性能与功能，技术上主要体现在开关元器件的选用和开关阵列组电路结构的设计上，分为集中式（并联）和分布式（串联）两种基本方式。硬件系统的核心是电极阵列，其布设方式很多，可以开展测线探测、三维探测、单井方位测量、井间测量、岩石样品测量和各向异性测量等等，可采用各类观测装置如单极—单极、单极—偶极、偶极—偶极等。阵列中的电极均依次交替地作为供电电极和测量电极，等效于对每一个测点都进行了电测深探测，即完成了对电测深和电剖面二者的同时测量，所取得的信息量十分巨大。观测中采用预置合理的工作频率、低通滤波和陷波滤波，或采用多次叠加的办法来抑制自然电位、工业用电和接地不良等等因素产生的随机干扰。

数据处理上实施二维或三维反演，由实测的视电阻率值得到真电阻率的分布图像。由于电成像利用了丰富的信息量和非线性反演，所得结果的分辨率远远高于常规电法勘探。这种真电阻率的分布图像十分便于分析与解释，大大地降低了传统电法勘探中的不确定性。因电阻率是物质的一种属性。对于古墓葬来说，其周围的原生土（石）和墓室具有明显的电阻率差异，因此用电成像方法能够有效地确定主墓室的长度、宽度和深度。特别说明的是，该方法对探测的目标没有损害，可以广泛地应用于考古探测中。

三、现场观测

三维观测方式可分为地表的平面测量和钻井——地表间的测量。本次观测中，考虑到东台址位于神道东侧阶梯状台地上，台地南墙由石块堆砌而成，与下一级台地落差约4～5米，因此采用了前一种布极方式，其电极阵列成矩形网格状，即将120个电极按每行12个电极布设成的观测网格，电极距2米，其中第1个电极位于西南角，自西向东，第120

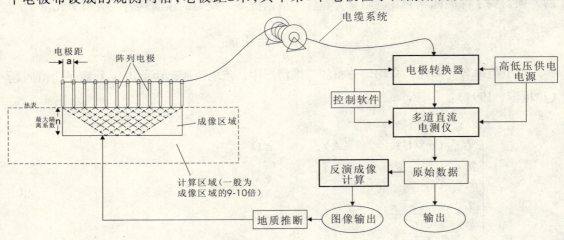

图1　电成像测量系统示意图

个电极在西北角（图2）。其中坐标 Y
=0 的第一条测线位于南墙的边缘，Y
=18 米的第 10 条测线位于平台北侧一
个已经开挖约 1 米深的浅坑的边缘；
选择了单极 – 单极观测装置以增大探
测深度，各点电位值通过扫描式的电
极切换来测得。当隔离系数为 1 时，
将供电电极、测量电极依次放在电极 1
和电极 2，电极 2 和电极 3，直至电极
119 和电极 120，然后逐次加大隔离系
数进行观测。测量中采用多路电极转
换开关自动完成电极切换，MIR – 2000
直流电测仪记录 U/I 值，按最大隔离

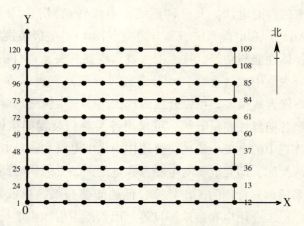

图2　电极布设平面图。其中数字表示电极编号、
　　黑圆点表示电极，观测网格原点取 1 号电极

系数 72 观测各个方向上的所有数据，历经 3 小时共得到 6012 个原始数据。可以看出，实
际的观测数据量是很大的，一般可选择 X、Y 和 45°对角线方向上的 U/I 值，转换为相应
的视电阻率数据作为反演计算用的观测数据，就可以满足成像要求。

四、计算结果及解释

　　要获得真电阻率分布图像，必须要经过反演。在反演之前，需建立一个初始模型，计
算出该模型在各个观测点上的理论电阻率值，即正演计算。然后，将实际观测的电阻率值
与正演计算值相减，获得每个观测点上的电阻率残差，最后进行反演计算，获得修改量之
后，便得到了探测区域的真电阻率分布。一般情况下，模型的正演均采用有限单元法。

1. 有限单元正演

　　在电阻率各向同性、非均匀分布的三维情形中，点电流源产生的电位 U 满足边值问题
（徐世浙，1994）：

$$
\begin{cases}
\nabla \cdot (\sigma \nabla U) = 2I\delta \ (A), & \in \Omega \\
\dfrac{\partial U}{\partial n} = 0, & \in \Gamma_s \\
\dfrac{\partial U}{\partial n} + \dfrac{\cos \ (r, \ n)}{r} U = 0, & \in \Gamma_\infty
\end{cases}
\tag{1}
$$

式中，Γ_s 和 Γ_∞ 分别为研究区域 Ω 的地表边界和地下无穷远边界，n 为地下无穷远边界的外法线方向，σ 为电导率，r 为点电流源 A 到边界的距离，I 是供电电流。由于研究区域内 Ω 部的电性差异界面满足自然边界条件，故在上述边界条件中不需考虑。电位满足的边值条件的变分问题为

$$\begin{cases} F(U) = \int_\Omega \left[\frac{1}{2}\sigma(\nabla U)^2 - 2I\delta(A)U\right]d\Omega + \frac{1}{2}\int_{\Gamma_\infty} \frac{\sigma\cos(r,n)}{r}U^2 d\Gamma \\ \delta F(U) = 0 \end{cases} \tag{2}$$

第二项在电源点上是奇异的，在用有限元法求解时，需将总电位解为奇异部分和非奇异部分（正常场和异常场），并且精细划分点电源附近的计算网格，才能减小奇异性带来的计算误差（Fox，1979）。在三维正演时，我们采用了四面体单元剖分，它比通常的平行六面体单元（或长方体单元）剖分更节省内存和提高精度（Zhou et. al，2001），对每个四面体单元，可假定介质的电导率和异常电导率均为常数，异常电位是坐标的线性函数，对无穷远边界上的四面体单元，$\cos(r,n)/r$ 视为常数。有关四面体单元离散公式的详细推导，以及总体系数矩阵、存储系数矩阵和求解技术请参见（李智明，2003）。本文仅给出求解的思路：先将研究区域分割成若干平行六面体单元，再将每个平行六面体单元划分为六个四面体单元（图6），（2）式经离散后便可将第个平行六面体中的第个四面体单元内的泛函写为

$$\begin{aligned} F_{e,k}(U) &= \frac{1}{2}\sigma\int_{\Omega_{e,k}}(\nabla U)^2 d\Omega_{e,k} - 2I\int\delta(A)Ud\Omega_{e,k} + \frac{1}{2}\frac{\sigma\cos(r,n)}{r}\int_{\Omega_{e,k}}U^2 D\Gamma_{e,k} \\ &= UK_{e,k}^1 U^T - IU_A + UK_{e,k}^3 U^T \\ &= U(K_{e,k}^2 + K_{e,k}^3)U^T - IU_A \end{aligned} \tag{3}$$

$K_{e,k}^1$，$K_{e,k}^3$ 是单元系数矩阵，与单元的电阻率、体积、几何形状有关，将之扩展为模型的整体系数矩阵进行合并，即可得到研究区域的泛函：

$$F(U) = \overline{U}(\overline{K^1} + \overline{K^3})\overline{U}^T - \overline{U}S \tag{4}$$

其中 $S = (0,0,0,\cdots,0,1,0,\cdots,0)^T$ 为电源项。对上式求导，并令其为零，得到线性方程组

$$(\overline{K^1} + \overline{K^3})\overline{U}^T = \frac{1}{2}S \tag{5}$$

231

利用预条件共轭梯度法（SSORCG）求解上述方程，直接得到各节点电位，从而得到研究区域的电位分布。

2. 点电流源的三维反演

电阻率的成像，就是由观测数据（视电阻率$\overline{\rho}_s$）来确定介质真电阻率$\overline{\rho}$的分布，可表示为

$$\overline{\rho}_s = \rho_s \left(\overline{\rho}_s \right) \tag{6}$$

式中，视电阻率$\overline{\rho}_s = (\rho_{s1}, \rho_{s2}, \cdots, \rho_{sM})^T$，为观测数据个数；$\overline{\rho}$为待求的介质真电阻率参数，是空间坐标的连续函数。在做线性反演时，可将研究区域按 $Nx \times Ny \times Nz$ 块体网格分为个 N 立方体单元，每个单元内电阻率是常数，分别为ρ_1，ρ_2，$\cdots$，ρ_N。第 i 个视电阻率ρ_{si}与电阻率的非线性关系为

$$\rho_{si} = \rho_{si}(\rho_1, \rho_2, \cdots, \rho_N) \qquad i = 1, 2, \cdots, M \tag{7}$$

给定电阻率初始模型$\overline{\rho}_{(0)} = (\rho_1^{(0)}, \rho_2^{(0)}, \cdots, \rho_N^{(0)})$后，可将上式在$\overline{\rho}_s^{(0)}$附近进行 Taylor 级数展开，令$\triangle\rho_{si} = \rho_j - \rho_j^{(0)}$为第 j 个单元的电阻率修改量，略去高阶项后可得到，

$$\triangle\rho_{si} = \sum_{j=1}^{N} \frac{\partial\rho_{si}(\rho_1, \rho_2, \cdots, \rho_N)}{\partial\rho_j} \mid_{\rho_j = \rho_j^0} \cdot \triangle\rho_j \tag{8}$$

其矩阵形式为

$$J \cdot \triangle\rho = \triangle\rho_s \tag{9}$$

式中$\triangle\rho = (\triangle\rho_1, \triangle\rho_2, \cdots, \triangle\rho_N)^T$为电阻率参数修改量，$\triangle\rho_s = (\triangle\rho_{s1}, \triangle\rho_{s2}, \cdots, \triangle\rho_{sM})^T$为视电阻率观测数据残差，$J$ 是 $M \times N$ 的偏导数矩阵，从点源三维不均匀介质的电位积分解出发，其解析形式的三维 Jacobi 矩阵元素为（底青云等，2001）

$$\frac{\partial U_k}{\partial\rho_j} = \frac{C_j}{4\pi} \frac{\rho_j^2}{r_j} I_j \tag{10}$$

利用该法可方便计算得到偏导数矩阵，效果较好。对电阻率层析成像方程（9）式，可通过迭代过程求解，利用解得的 $\triangle\rho$ 构成新的电阻率模型（$\rho = \rho^{(0)} + \triangle\rho$），重复上述过程，直到满足收敛要求为止。

经大量试验，在三维反演中的初始阶段，小电极距观测数据不宜同大电极距的观测数据混同处理，它会导致近场的影响过大、深部的修正不足、收敛过于缓慢等问题，这可能是位场数据的固有特点。我们采取了先做"逐层反演"建立初始模型，再实施"整体反演"对整个模型进行修改迭代的方案：也就是先将整个成像区域划分为若干个不重叠的深度层（某些情况下，划分的深度层也可以逐次重叠一定的深度区间），在反演每个深度层时，从观测数据中仅选取其伪投影点的深度范围适当大于（例如 1~2 倍）该层深度区间的视电阻率数据，实施单层反演，不做迭代，逐层完成后便得到初始模型。数值模拟表明，若异常形体较规则，如长方体、圆球体等，所得图像的异常体在位置和数值上相当接近于真实模型，比伪剖面法和 Zohdy 法（Barker, , 1992）等有效。良好的初始模型建立后，再实施"整体反演"——利用全部数据对所有的模型单元进行统一的反演，同时调整模型参量。试验表明，此时的修改幅度并不剧烈，迭代次数 1~2 次即可，计算量自然极其巨大。

对预处理后的 2280 个实测视电阻率进行数据处理：取视电阻率平均值 130.0Ωm 的均匀模型为起算模型，采用区间约束条件 5Ωm≤ρ≤5Ωm，采用逐层反演法建立初始模型；正演计算采用 45×45×26 节点网格；反演成像区域 13×11×7 立方体单元（边长 2 米）的块体网格，采用区间约束条件 2Ωm≤ρ≤300Ωm，整体反演过程仅迭代 1 次，从而得到该区域内的三维电阻率分布，并按东西向剖面切片和深度切片给出图像结果（图 3、图 5）以及位置关系（图 4）。

3. 垂直剖面

图 3 是三维反演得到的 9 个东西向剖面切片，各剖面东西向宽度 22 米，深度 12 米，向北依次为 Y = 1 米、3 米、5 米、7 米、9 米、11 米、13 米、15 米和 17 米。追踪、对比各东西向剖面，发现需要关注的三个异常区：　　（1）从 Y = 7 米剖面开始，往北至 Y = 13 米剖面为止，在东西向 17~22 米、深度 4~6.5 米区域内一致地存在一个明显的高阻体，且等值线形态表明该异常形状较规则，接近长方形（图中已用实线框表明该范围）。

（2）图 3 中（a）、（b）和（c）中相同区域内也出现了明显高阻体，等值线形态暗示异常体形态较规则。考虑到研究区域南侧靠近石块堆砌而成的台地南墙，所以此处高阻区应为其中夹杂的石块。

（3）从 Y = 7 米开始向北，底部均出现了结构完整的高阻区（电阻率达 300。图中标记为 A），到最北端范围达最大。考虑到研究区域位于九龙山南麓，可认为从 Y = 7 米向北

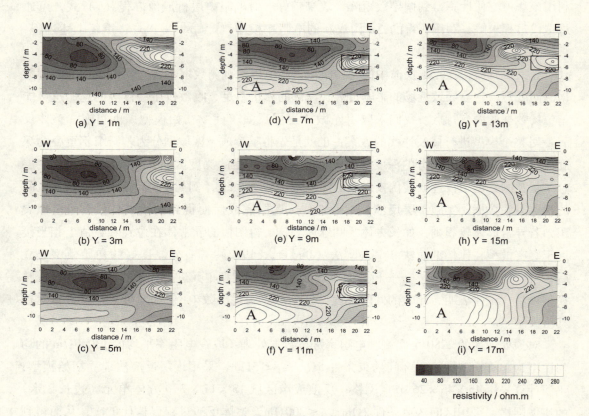

图 3　三维电阻率层析成像——东西向剖面切片
其中（a）~（i）依次为 Y=1 米，3 米，……17 米时的剖面切片

时，剖面底部开始出现结构完整的基岩。值得注意的是，在（g）Y = 13 米剖面上，实线框标明的异常区的西边缘下部，电阻率等值线近直立，表明此处地层可能存在错动，类似情况在（h）Y = 15 米剖面和（i）Y = 17 米剖面上也有反映。初步推测该处的异常存在着原生地层受过人工扰动的痕迹；而其上部的电阻率明显变低，可能同人为夯筑的盖土或杂石有关。图 4 给出了各个剖面的空间排列关系。

4. 深度剖面

图 5 给出相同深度内的电阻率图像，各深度切片东西向宽度 22 米，南北宽度 18 米，深度依次为 1 米、3 米、5 米、7 米、9 米和 11 米。可以看出，整个研究区域内，深度 5 米处出现基岩上界面，且基岩主要分布在西北部。表层土孔隙度较大，电阻率值偏低，在深度 3 ~ 5 米处的低阻区可推断为表层土；零散的局部高阻体可能是杂乱的碎石等。当深

度加大到 5 米附近时，东侧出现高阻区，范围在东西向 17～22 米，南北向 0～13 米，但当深度继续加深到 7 米附近时，该高阻区范围缩小（图 d 中实线框所示），在更深处消失。因此可推测，值得关注的目标区南北向应在 7～13 米之间（即图 c 实线框所示区域）。

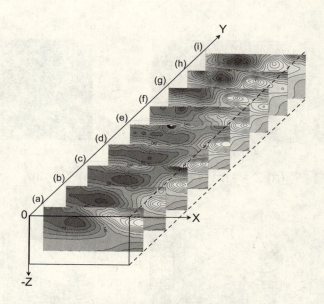

图4　三维电阻率层析成像——东西向剖面切片位置关系图。其中（a）~（i）依次为 Y=1 米，3 米，……17 米时的剖面切片（X 正方向向东，Y 正方向向北）

五、结论

初步确定需要关注的目标区应该定位在深度 4～6.5 米、东西向 17～22 米、南北向 7～13 米区域内。

考虑到 2002 年已发掘的主墓坑的特点是竖穴石圹墓，口大底小，长方体（长宽深：13×9.5×5.2 米），墓坑用黄土从墓底夯筑，夯层总厚 2.5 米，在龙凤石椁顶板以上的地层厚约 3 米，平铺 200 余块巨型花岗岩石块和杂土。相形之下，现在发现的异常区的形状较为规则，有人工活动的迹象，其长方体的几何尺寸和深度（长宽深：6×5×6.5 米）又同主墓坑的接近，故推测此处有可能是另一个由大型花岗石与杂土覆盖的石椁墓。上述推断尚待进一步挖掘证实。

工作中得到北京市文物研究所和黄秀纯先生的大力支持，谨表诚挚的谢意。

主要参考文献：

底青云、王妙月《积分法三维电阻率成像》，《地球物理学报》2001，44（6）。

底青云《电阻率层析成像方法研究》，中国科学院地球物理所博士学位论文，1998。

冯锐、李智明、李志武、周燕云《电阻率层析成像技术》，《中国地震》2004，20（1）。

冯锐、李智明、朱涛、李志武、周燕云、徐中信《三维电阻率成像的研究与应用》，《曾融生院士八十寿辰纪念文集》，2004。

李志武、周燕云等《多电极直流探测系统及其应用效果》，《物探与化探》1996，6。

李晓芹、陶裕录、冯锐《电阻率层析成像的原理与应用》，《地震地质》1998，20（3）。

李晓芹《电阻率层析成像的方法理论研究》，长春地质学院 1995 年硕士学位论文。

李智明《三维电阻率层析成像研究及应用》，中国地震局地球物理研究所 2003 年硕士学位论文。

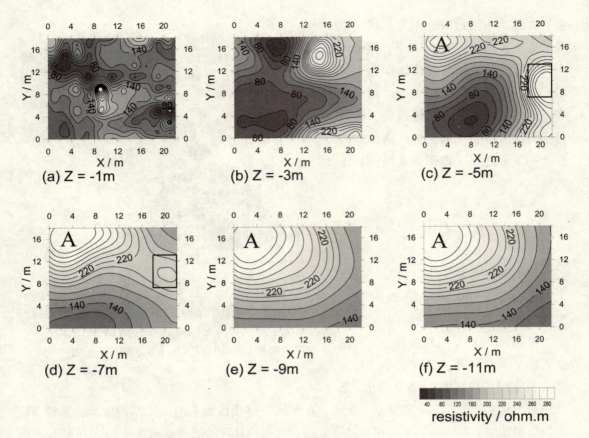

图5　三维电成像图像。
其中（a）～（f）依次为 Z=-1 米，-3 米，……-11 米时的深度切片

阮百尧、熊彬《电导率连续变化的三维电阻率测深有限元模拟》，《地球物理学报》2002，45（1）。

吴小平《利用共轭梯度方法的电阻率三维正反演研究》，中国科学技术大学 1998 年博士学位论文。

吴小平、汪彤彤《利用共轭梯度方法的电阻率三维反演若干问题研究》，《地震地质》2001，23（2）。

徐世浙《地球物理中的有限单元法》，科学出版社，1994 年版。

周熙襄、钟本善、严中琼、江玉乐《电法勘探正演数值模拟的若干结果》，《地球物理学报》，1983，26（5）。

朱涛、冯锐、徐中信《垂直线电流源的三维电阻率成像》，《CT 理论与应用研究》，2004，14（2）。

Barker R. , 1992. A simple algorithm for electrical imaging of the subsurface, First Break, 10 （2）: 53 – 62.

Fox L. , 1979. Finite differences and singularities in elliptic problems: A survey of numerical methods for partial differential equations, Oxford Univ. Press, 43 – 68.

Zhou B. , and Greenhalgh S. A. , 2001. Finite element three – dimensional direct current resistivity modeling: accuracy and efficiency considerations, Geophys. J. Int. , 145: 679 – 688.

金陵 F2 出土壁画颜料分析报告

甘肃省敦煌研究院

鉴定人：王旭东

2001 年春，北京市文物研究所对北京金代皇陵进行考古调查清理，在 T4F2 地面上发现从墙壁坍塌下来的壁画，经清理提取标本，对其标本进行颜料分析，报告如下。

分析报告

一、样品描述：

三个壁画地仗和颜料样品，取自北京兴陵享殿。1 号为地仗和红色颜料样品，2 号为地仗样品，3 号为带黑色的地仗样品。

二、分析仪器：

使用 Rigaku 公司 D/Max 2500VX 射线衍射仪，铜转靶使用 40KV，100mA，自动单色器。

三、结果：

三个样品中 1 号地仗样品为纯石灰地仗，且样品质地细腻，研磨时有滑腻感，其中可能有黏结剂（糯米浆？）。

2 号红色颜料样品显色成分为铁红（hematite），由于颜料层很薄，制样时将下部的石灰地仗也取了下来，所以谱图中有石灰地仗的谱峰。

3 号样品中也是石灰地仗，但其中黑色的成分在衍射分析中未检出。

见附图。

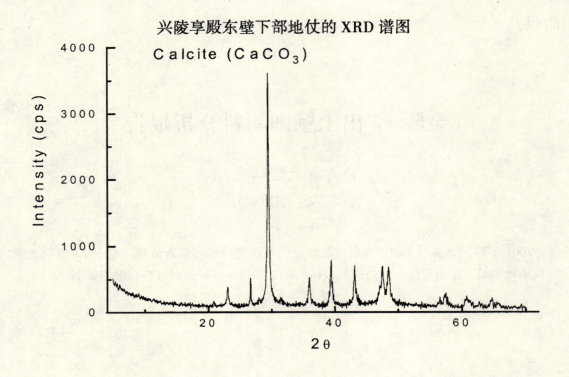

兴陵享殿东壁下部地仗的 XRD 谱图

Calcite (CaCO₃)

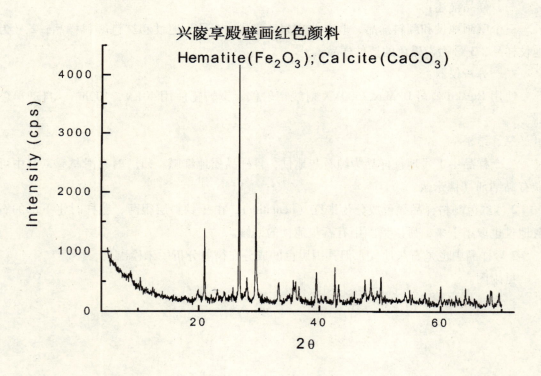

兴陵享殿壁画红色颜料

Hematite(Fe₂O₃); Calcite(CaCO₃)

金陵 M6-3 红漆木棺木材树种
及土壤鉴定报告

2002 年 11 月，北京金代皇陵金太祖阿骨打地宫中的石雕凤椁（M6-3）中出土红漆银片錾花鎏金木棺。对木棺使用的木材树种及墓坑内的土壤鉴定报告如下。

木材树种鉴定报告

送样单位	北京市文物研究所	送样人	
样品名称	燕化金陵墓 ①墓棺 ②墓盖	送样时间	2003. 3

分析结果：

木材解剖特征：生长轮明显，早材至晚材渐变。早材管胞圆形，晚材长方形。薄壁细胞多，星散及弦向带状，常含树脂。射线薄壁细胞与早材管胞间交叉场纹孔式为柏木型 2~4 个。无树脂道。

鉴定结论：

根据以上显微特征鉴定为　　圆柏
　　　　　　　　　　　　　　Sabina chinensis

见附图。

中国林业科学研究院
鉴定人：腰希申

2003 年 4 月 2 日

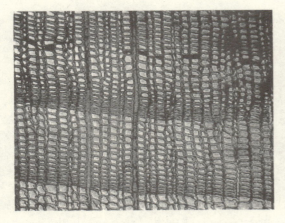

图 1　圆柏横切面

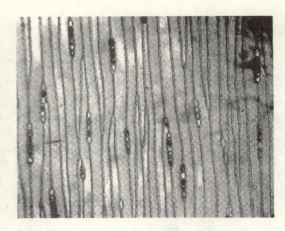

图 2　圆柏弦切面

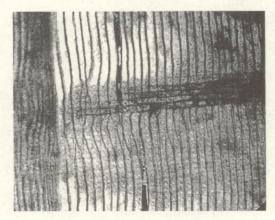

图 3　圆柏径切面

土壤鉴定报告

样品名称	分 析 项 目 及 结 果				
	钾 （K%）	铝 （Al%）	氮 （N%）	磷 （P%）	硫 （S%）
土壤 （参考值）	4.27	7.1	0.2	0.13	0.5
备　注	含量 g/100g 计				

样品名称	分 析 项 目 及 结 果						
	钠 （Na）	钙 （Ca）	镁 （Mg）	铜 （Cu）	锌 （Zn）	铁 （Fe）	锰 （Mn）
土壤 （参考值）	129	2400	349	42	187	28	1283
备　注	含量 mg/Kg 计						

样品名称	分 析 项 目 及 结 果				
	砷 （As）	铅 （Pb）	汞 （Hg）		
土壤 （参考值）	15	14	0.35		
备 注	含量 mg/Kg 计				

金陵的气候环境及水文调查报告

（2001 年 11 月）．

为了对金陵进行全面的科学了解，在调查工作伊始，首先时金陵周边气候环境及水文进行调查。

一、气象资料调查

金陵位于九龙山山脚处，属于房山地区的气象范围。根据房山区气象局提供的近六年（1996～2001 年）来的气象资料显示，该地区：

1. 年平均气温　12.4°C；
2. 极端最高气温　38.9°C；
3. 相对湿度　62%；
4. 最小相对湿度　0%；
5. 年降水量　547.4mm；
6. 日最大降水量　130.5mm；
7. 降水主要集中在　7 月下旬至 8 月上旬；
8. 无霜期　203.4 天；
9. 平均风速　1.7m/s；
10. 极大风速　22.9m/s。

二、风向频率玫瑰图

由图可知金陵主陵区所在地方位多东北——西南风。另外燕山石化紧邻金陵主陵区，受自然风向、风力的影响，燕山石化向空气中排放的气体对该地区的影响不容忽视。

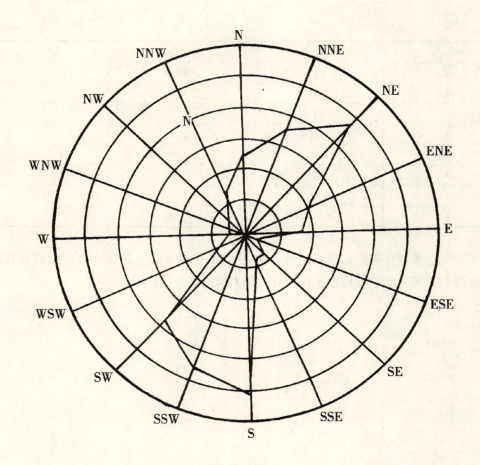

风向频率玫瑰图

房山区气象局

三、水文测试分析

2001 年 11 月，我们在水利部环境监测评估研究中心的配合下对金陵主陵区的水样进行测试分析，结果如下：

序　号	项　目	分析结果	备　注
1	Ca^{2+}	50.95	
2	Mg^{2+}	6.35	
3	Na^+	7.27	
4	总碱度	85.58	
5	Cl^-	6.01	
6	SO_4^{2-}	50.39	
7	HCO_3^-	104.36	
8	CO_3^{2-}	0.00	

　　水对石刻造成的危害是众所周知的。通过 2001 年对金陵主陵区小气候的调查我们了解到，金陵石刻风化的主要原因是降雨对石刻表面的破坏性影响。

金陵凤棺出土饰品及纺织品整理

司志文

金陵 M6-3 石椁内凤棺应是皇后用棺木，可辨识为棺木外髹朱漆，四棱及边角饰以银鎏金如意纹饰，且如意形银饰上满錾阴纹如意朵云和翔凤纹，银饰用小银钉固定于棺木之上。錾刻清晰流畅，凤翅列羽上錾刻的细微小羽排列严整，工艺精湛、造型柔美，朴素又不失华贵（图1）。因棺椁内灌入细泥沙，棺木、尸骨、衣着坍塌堆压于棺底，几乎全部朽毁，很难展开工作，饰物及衣物全貌已不可辨，仅清理出土部分饰物和织物残片，下面仅取一些标本加以介绍：

金丝编帽盛子一个。

《金史·舆服志》记载，皇后戴"花珠冠，用盛子"。此墓帽盛子为纯金编结而成，呈半球形。编结工艺是自帽顶开始，先自帽顶心编一圆环，第二圈编结如水滴形八瓣花状连结，从第三圈开始用金丝编出一个个相连的如意花瓣形，一圈一圈向下扩编，直至盛子下口沿，最后均固定在底圈粗金丝圈上（图2；彩版一四，2）。

棺内朽腐严重，金丝编帽盛子内衬丝织物和盛子外附织物及更多有机质饰品已朽毁不可考证，头部堆积中得掐丝金花二十粒保存完好，估计是花珠冠上的饰件（见图版二〇，3）。

M6-3 出土两件玉雕凤鸟纹饰件，保存完好，估计为花珠冠上的饰品（见彩版一四，3）。

完整的花珠冠及穿戴形式可参考 1988 年黑龙江省阿城市金齐国王完颜晏墓出土的一顶完整皇后花珠冠。阿城花珠冠以铁丝编制"盛子"，皂罗衬里，冠外用三层垂莲瓣纹装饰，莲瓣轮廓用珍珠钉饰，莲瓣内再用绦带盘钉成簇簇菊花，有枝有叶，填满空间，如金代流行

图1 M6-3 木棺上的鎏金银饰片

的折枝花卉。花珠冠工艺精绝，冠后有透雕白玉练鹊"纳言"，两侧垂钉金钿窠，为冠戴时左右盘穿之"款幔带"，为固定冠和作垂饰，花冠戴妥再用5.3厘米宽的印有蝴蝶的抹额环系于冠后，这也是金代受中原文化影响，效仿中原妇女流行佩戴抹额的的一个佐证（图3～5）。

图2　金丝帽盛子编结结构及细部示意图

《金史·舆服志》多处提到"款幔组带、钿窠"。"款幔带"为宋金帽系的专用语，文献记载历代首服帽系均明指"组缨、纂组"。出土实物自汉以来多是经编单式组，仅大葆台西汉墓出土一例弥足珍贵的复式冠系组带为复式经编组织，带宽1.2厘米，通体作斜格，格眼为正八边形，组带使用时随形就势变化均可平整无皱是其特质（图6～8大葆台组、马王堆单式组线图）。

图3～5　金齐国王墓出土花珠冠

《金史·舆服志》记载："其衣色多白……饰以金绣，其从春水之服则多鹘捕鹅，杂花卉之饰……"金代妇女衣着多沿袭辽代形制。阿城齐国王后服式除了头戴花珠冠，出土的长、短衫均为交领左衽窄袖大带，各种吊敦服、蔽膝、襜裙、广口裤及抱肚、大口裤（短裤）等。丝织品品种多样：绢、绮、绫、罗、锦，加工工艺华贵多变，印金、描金、织金、平绣、补绣等用各种工艺手段装点衣履甚华丽。

金代早期文献《大金国志》载太祖皇后"不好华饰。躬御缦缯而已"，衣尚多无纹饰，比较简朴。从金太祖皇后棺木朽腐堆积织物残痕可见多种规格绢、绫、罗、织金锦、

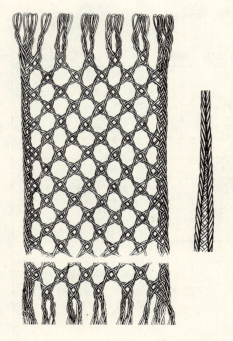

图 6　大葆台汉墓出土冠缨组带
　　　结构正、侧面图

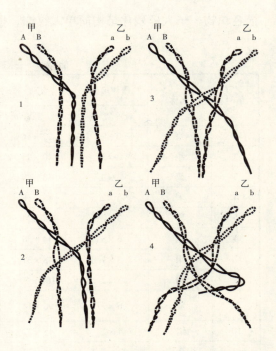

图 7　组带格眼经结示意图

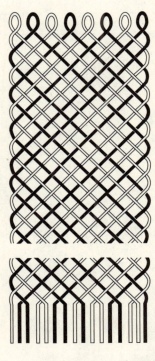

图 8　经编组带结构示意图

描金织物……大部残片结构简单无纹饰，也可证明文献的准确。

附表：金陵出土纺织品简表

编号	名称	残片尺寸	密度	经纬投影宽		备注
		长×宽 cm	经×纬/cm²	经 mm	纬 mm	
1	绢	6×7	22×16	0.4	0.35	弱捻
2	绢	2×3	40×25	0.2	0.4~0.5	无捻
3	绮	3×4	38×24	0.2	0.4	经弱捻
4	罗	5×2	38×18	0.1	0.3	经弱捻、有描金
5	罗	3×2	28×24	0.1~0.15	0.1	弱捻
6	绢	6×8	44×30	0.2~0.3	0.2	无捻
7	绢	2.3×1.8	48×32	0.2	0.3	无捻
8	绢	3×2	100×50	0.1	0.1	无捻、织造均匀
9	罗	6×7	90×14	0.1	0.3	无捻、小花罗、二绞罗与四绞罗交叉变换织造，极均匀细密
10	绢	4×2	45×22	0.25	0.2	经弱捻
11	织金锦	2×3	26×22	0.3	0.25	片金、投影宽0.4mm，挖花
12	绢	3×4.5	30×20	0.15	0.2	经弱捻
13	绢	2.8×2	40×38	0.25~0.3	0.15~0.2	无捻
14	绢	3×5	44×30	0.3~0.4	0.3	无捻
15	绢	8×2	32×30	0.1	0.1	弱捻

北京金代皇陵大事记

时　代	事　件	资料来源	备　注
金贞元三年 （1155年）	三月乙卯，（海陵）命以大房山云峰寺为山陵，建行宫其麓。 五月乙卯，命判大宗正事京等如上京，奉迁太祖、太宗梓宫。 丙寅，如大房山，营山陵。 六月乙未，命右丞相仆散师恭、大宗正丞胡拔鲁如上京，奉迁山陵及迎永寿宫皇太后。 七月辛酉，如大房山，杖提举营造官吏部尚书耶律安礼等。 乙亥，还宫。 八月壬午，如大房山。甲申，启土，赐役夫，人绢一匹。 八月甲午，遣平章政事萧玉迎祭祖宗梓宫于广宁。 九月戊申，平章政事张晖迎祭梓宫于宗州。 九月己未，如大房山。丁卯，上亲迎梓宫及皇太后于沙流河。 庚午，猎，亲射獐以荐梓宫。 十月戊寅，权奉安太庙神主于延圣寺，致奠梓宫于东郊，举哀。己卯，梓宫至中都，以大安殿为丕承殿，安置。丁酉，大房山行宫成，名曰磐宁。 十一月乙巳朔，梓宫发丕承殿。戊申，山陵礼成。	《金史》卷五 《海陵本纪》	《金史》均依据中华书局1975年版
金贞元三年 （1155年）	九月，太祖、太宗、德宗梓宫至中都。	《金史》卷七十六·宗干	
	九月，太祖、太宗、德宗梓宫至中都。尊谥慈宪皇后。海陵亲行册礼。与德宗合葬于大房山，升祔太庙。	《金史》卷六十三《后妃上》海陵母大氏	
	十一月戊申，太祖改葬于大房山，仍号睿陵。	《金史》卷二《太祖本纪》	
	十一月戊申，太宗改葬于大房山，仍号恭陵。	《金史》卷三《太宗本纪》	
	十一月，钦仁皇后与太宗迁葬大房山，合葬恭陵。	《金史》卷六十三《后妃上》	
	熙宗改葬于大房山蓼香甸，诸王同兆域。	《金史》卷四《熙宗本纪》	
	海陵迁诸陵于大房山，以挞懒尝给事太祖，命作石像，置睿陵前。	《金史》卷六十六《始祖以下诸子》挞懒	
金贞元初年	耶律安礼，本名纳合，系出遥辇氏。天德间，改吏部尚书，护大房山诸陵工作。	《金史》卷八十三·耶律安礼	

时 代	事 件	资料来源	备 注
	纳合椿年，贞元初，起上京诸猛安于中都、山东等路安置，以劳赐玉带闲厩马。奉迁山陵，还为都点检。	《金史》卷八十三·纳合椿年	
	苏保衡，字宗尹，云中天成人。天德间，改大兴少尹，督诸陵工役。	《金史》卷八十九·苏保衡	
金正隆元年（1156年）	二月庚子，谒山陵。 七月己酉，命太保昂如上京，奉迁始祖以下梓宫。 八月丁丑，如大房山行视山陵。 九月辛酉，奉迁睿宗皇帝梓宫于磐宁宫。 十月乙酉，葬始祖以下十帝于大房山。 闰月己亥朔，山陵礼成，群臣称贺。	《金史》卷五《海陵本纪》	
金正隆三年（1158年）	正月五日，矧思阿补薨。明日，追封矧思阿补为宿王，葬大房山。	《金史》卷八十二《海陵诸子》矧思阿补	
金正隆五年（1160年）	辛未，谒山陵，见田间获者，问其丰耗，以衣赐之。	《金史》卷五《海陵本纪》	
金正隆六年（1161年）	海陵行幸南京，次安肃州。光英获二兔，遣使荐于山陵。居数日，复获麇兔，从官皆称贺。赐光英名马弓矢，复遣使荐于山陵。完颜元宜军变，海陵遇害，都督府移文讹里也，杀光英于汴京，死时年十二。后与海陵俱葬于大房山诸王墓次。	《金史》卷八十二《海陵诸子》光英	
金大定二年（1162年）	正月甲戌，上谒山陵，可喜中道称疾而归。	《金史》卷六十九《太祖诸子》可喜	
	正月乙亥，（世宗）如大房山。丙子，献享山陵。 十月戊辰，如山陵，谒睿宗皇帝梓宫，哭尽哀。平章政事、右副元帅仆散忠义等还自军，上谒。戊子，葬睿宗皇帝于景陵，大赦。 十二月丁丑，腊，猎于近郊。以所获荐山陵，自是岁以为常。	《金史》卷六《世宗上》	
	（睿宗）改葬于大房山，号景陵。	《金史》卷十九《世纪补》睿宗	
	（完颜亮）降封为海陵郡王，谥曰炀。二月，世宗使小底娄室与南京官迁其灵柩于宁德宫。四月，葬于大房山鹿门谷诸王兆域。	《金史》卷五《海陵本纪》	
	上谒山陵，璋等九人会于可喜家，说万户高松，不从。	《金史》卷六十九《太祖诸子》	
	（钦慈皇后）祔葬景陵。	《金史》卷六十四《后妃下》	
	（昂）入见世宗，深慰劳之。进封汉国公，拜都元帅，太保如故，置元帅府于山东，经略边事。未几，奉迁睿宗皇帝梓宫于山陵，以昂为敕葬使。	《金史》卷八十四	
	（王竞）从太傅张浩朝京师，诏复为礼部尚书。是岁，奉迁睿宗山陵，仪注不应典礼，竞削官两阶。	《金史》卷一百二十五《文艺上》王竞	

250

时　代	事　件	资料来源	备　注
金大定三年 （1163 年）	八月乙酉，如大房山。丁亥，荐享于睿陵。戊子，还宫。	《金史》卷六 《世宗上》	
金大定四年 （1164 年）	正月丁亥朔，高丽、夏遣使来贺。辛亥，获头鹅。遣使荐山陵，自是岁以为常。 八月己卯，如大房山。辛巳，致祭于山陵。	《金史》卷六 《世宗上》	
金大定七年 （1167 年）	八月己未，如大房山。壬戌，致祭睿陵。	《金史》卷六 《世宗上》	
金大定八年 （1168 年）	十月乙未，命涿州刺史兼提点山陵，每以朔望致祭，朔则用素，望则用肉，仍以明年正月为首。	《金史》卷六 《世宗上》	
金大定十六年（1176年）	正月……有司言："山陵太祖、太宗、睿宗共一兆域，太庙世祖、太祖、太宗、睿宗亦同堂异室。今于归仁馆兴建太庙殿位，似与山陵、太庙之制不同。"诏从前议，止于衍庆宫各建殿七间、阁五间、三门五间。	《金史》卷三十三《礼六》	
金大定十七年（1177年）	（张仅言）复提点内藏，典领昭德皇后山陵，迁劝农使，领诸职如故。	《金史》卷一百三十三《叛臣》张仅言	
金大定十九年（1179年）	十一月，改葬明德皇后于坤厚陵，帝徒行挽灵车。	《金史》卷十九《世纪补》显宗	
	（世宗昭德皇后）改卜于大房山。十一月甲寅，皇后梓宫至近郊，百官奉迎。乙卯，车驾如杨村致祭。丙辰，上登车送哭之恸。戊午，奉安于磐宁宫。庚申，葬于坤厚陵，诸妃祔焉。	《金史》卷六十四《后妃下》	
	改葬明德皇后于坤厚陵，永中母元妃张氏陪葬。十一月庚申自磐宁宫发引，永中以元妃柩先发，使执黄伞者前导。俄顷皇后柩出磐宁宫，显宗徒跣。	《金史》卷八十五《世宗诸子》永中	
	（光庆）典领原庙、坤厚陵、寿安宫工役，不为苛峻，使劳逸相均。	《金史》卷七十五・左泌侄光庆	
	琇字伯玉，幼名太平……世宗即位，……召为同知宣徽院事，迁太子詹事、右宣徽使，与张仅言典领昭德皇后园陵，襄事太子赠以厩马。	《金史》卷九十七・刘玑兄琇	
金大定二十年（1180年）	熙宗既祔庙，有司奏曰："炀王之罪未正。准晋赵王伦废惠帝自立，惠帝反正，诛伦，废为庶人。炀帝罪恶过于伦，不当有王封，亦不当在诸王茔域。"乃诏降为海陵庶人，改葬于山陵西南四十里。	《金史》卷五《海陵本纪》	
金大定二十一年（1181年）	敕封山陵地大房山神为保陵公，冕八旒、服七章、圭、册、香、币，使副持节行礼，并如册长白山之仪。其册文云："皇帝若曰：古之建邦设都，必有名山大川以为形胜。我国既定鼎于燕，西顾郊圻，巍然大房，秀拔混厚，云雨之所出，万民之所瞻，祖宗陵寝于是焉依。仰惟岳镇古有秩序，皆载祀典，矧兹大房，礼可阙欤？其爵号服章俾列于侯伯之上，庶足以称。今遣某官某，备物册命神为保陵公。申敕有司，岁时奉祀。其封域之内，禁无得樵采弋猎。著为令。"是后，遣使山陵行礼毕，山陵官以一献礼致奠。	《金史》卷三十五《礼八》	

时 代	事 件	资料来源	备 注
金大定二十二年（1182年）	皇太子允恭奏："……海陵无道，弑帝自立，崇正昭穆，消其炀王，俾齿庶人之列。瘗之闲圹，不封不树"。	《金史》卷七十六·宗干	
金大定二十三年（1183年）	（爽）既薨，上悼痛，辍朝，遣官致祭、赙银千两、重彩四十端、绢四百匹。陪葬山陵，亲王、百官送葬。	《金史》卷六十九《太祖诸子》	
金大定二十四年（1184年）	三月丁酉，如山陵。己亥，还都。	《金史》卷六《世宗下》	
金大定二十五年（1185年）	六月甲寅，帝不豫。庚申，崩于承华殿。十一月甲申，灵驾发引，世宗路祭于都城之西。庚寅，葬于大房山。	《金史》卷十九《世纪补》显宗	
金大定二十六年（1186年）	十一月甲辰朔，定闵宗陵庙荐享礼。	《金史》卷六《世宗下》	
	以内外祖庙不同，定拟"太庙每岁五享，山陵朔、望、忌辰及节辰祭奠并依前代典故外，衍庆宫自来车驾行幸，遇祖宗忌辰百官行礼，并诸京祖庙节辰、忌辰、朔、望拜奠，虽无典故参酌，恐合依旧，以尽崇奉之意"。从之。	《金史》卷三十三《礼六》	
金大定二十七年（1187年）	三月丁巳，谒谢太庙及山陵。	《金史》卷九《章宗一》	
金大定二十八年（1188年）	以思陵狭小，改葬（熙宗）于峨眉谷，仍号思陵。诏中外。	《金史》卷四《熙宗本纪》	
	大定间，复熙宗帝号，加谥后为悼平皇后，祔葬思陵。	《金史》卷六十三《后妃上》	
	九月，元妃李氏与贤妃石抹氏、德妃徒单氏、柔妃大氏俱陪葬于坤厚陵。	《金史》卷六十四《后妃下》	
	十一月戊戌，以改葬熙陵，诏中外。	《金史》卷七《世宗下》	
金大定二十九年（1189年）	正月癸巳，上崩于福安殿，寿六十七。皇太孙即皇帝位。己亥，殡于大安殿。三月辛卯朔，上尊谥曰光天兴运文德武功圣明仁孝皇帝，庙号世宗。四月乙酉，葬兴陵。	《金史》卷八《世宗下》	
	（世宗昭德皇后乌林荅氏）祔葬兴陵。章宗时，有司奏太祖谥有"昭德"字，改谥明德皇后。	《金史》卷六十四《后妃下》	
	五月甲午，追谥体弘仁英文睿德光孝皇帝，庙号显宗。丁酉，祔于太庙，陵曰裕陵。	《金史》卷十九《世纪补》显宗	
	八月丁酉，如大房山。戊戌，谒奠诸陵。 九月庚申，诏增守山陵为二十丁，给地十顷。乙酉，如大房山。 冬十月丁亥朔，谒奠诸陵。 十二月乙巳，祭奠兴陵。	《金史》卷九《章宗一》	
	置万宁县以奉山陵。	《金史》卷二十四《地理上》	

时　代	事　件	资料来源	备　注
金明昌元年 （1190 年）	春正月甲子，如大房山。乙丑，奠谒兴陵、裕陵。 二月甲寅，如大房山。 三月乙卯朔，谒奠兴陵。	《金史》卷九《章宗一》	
金明昌二年 （1191 年）	正月，（显宗孝懿皇后徒单氏）崩于隆庆宫，年四十五。谥曰孝懿，祔葬裕陵。	《金史》卷六十四《后妃下》	
	四月乙酉，葬孝懿皇太后于裕陵。九月甲寅，如大房山。乙卯，谒奠裕陵。	《金史》卷九《章宗一》	
	大定二十九年置万宁县以奉山陵，明昌二年更今名。有房山、龙泉河、磐宁宫。	《金史》卷二十四《地理上》奉先	
金明昌四年 （1193 年）	夏四月丁酉朔，幸兴陵崇妃第。 九月庚午，如山陵，次奉先县。辛未，拜天于县西。壬申，致奠诸陵。	《金史》卷十《章宗二》	
金承安五年 （1200 年）	钦怀后及妃姬尝有子，或二三岁或数月辄夭。承安五年，帝以继嗣未立，祷礼太庙、山陵。	《金史》卷六十四《后妃下》	
金泰和二年 （1202 年）	八月丁酉，元妃生皇子忒邻，群臣上表称贺。宴五品以上于神龙殿，六品以下宴于东庑下。诏平章政事徒单镒报谢太庙，右丞完颜匡报谢山陵，使使亳州报谢太清宫。	《金史》卷六十四《后妃下》	
	冬十月戊寅，以皇子生，……报谢于太庙及山陵。	《金史》卷十一《章宗三》	
金泰和三年 （1203 年）	十一月丁丑，冬猎，以获兔，荐山陵。 十二月辛亥，诏诸亲王、公主每岁寒食、十月朔听朝谒兴、裕二陵，忌辰亦如之。	《金史》卷十一《章宗三》	
金大安元年 （1209 年）	二月甲申，（章宗）葬道陵。	《金史》卷十二《章宗四》	
	章宗钦怀皇后，蒲察氏，大定二十三年，章宗为金源郡王，行纳采礼。十一月，备礼亲迎。诏亲王宰执三品已上官及命妇会礼，封金源郡王夫人，后进封妃，崩。大安初，（章宗钦怀皇后）祔于道陵。	《金史》卷六十四《后妃下》	
	三月甲辰，道陵礼成，大赦。九月，如大房山，谒奠睿陵、裕陵、道陵。	《金史》卷十三《卫绍王》	
金大安四年 （1212 年）	诸陵署。大安四年同随朝。提点山陵，正五品。涿州刺史兼令，从六品。丞一员，从七品。掌守山陵。直长，正八品。	《金史》卷五十五《百官一》	
金至宁元年 （1213 年）	九月甲辰，宣宗即位。丁未，诣邸临奠，伏哭尽哀。敕以礼改葬……胡沙虎固执前议，宣宗不得已，乃降封东海郡侯，昭雪道陵元妃李氏、承御贾氏。	《金史》卷十三《卫绍王》	
金天兴元年 （1232 年）	是年本正大九年，正月改元开兴，四月又改元天兴。夏四月癸亥，明惠皇后陵被发，失柩所在，遣中官往视之，至是始得。以兵护宫女十人出迎朔门奉柩至城下，设御幄安置，是夜复葬之。	《金史》卷十七《哀宗上》	

时 代	事 件	资料来源	备 注
明天启元年（1621年）	罢金陵祭祀。	《日下旧闻考》卷一三二引清康熙《圣祖仁皇帝御制金太祖世宗陵碑文》	北京古籍出版社1981年版
明天启二年（1622年）	拆毁山陵，剷断地脉。	同上	
明天启三年（1623年）	建关帝庙于其地上，以为厌胜之术。	同上	
清天聪三年（1629年）	十二月，辛酉，遣贝勒阿巴泰、萨哈廉以太牢祀金太祖、世宗陵。	《清史稿》卷二《太宗本纪》	中华书局1977年版
清顺治二年（1645年）	春正月丙午，命房山县以太牢祭金太祖、世宗陵。三月甲申朔，始祀辽太祖、金太祖、世宗。	《清史稿》卷四《世祖本纪》	
清顺治六年（1649年）	置房山金陵户。	《清史稿》卷八十四《礼三》	
	本朝顺治初，特设守陵五十户，每岁春秋致祭享，殿前碑亭恭勒世祖章皇帝御制碑文……修其颓毁，俾规制如初。	《日下旧闻考》卷一三二	
清顺治十八年（1661年）	谒泰陵，礼毕，诣房山祭金太祖陵，赉其裔完颜氏官爵、币帛。	《清史稿》卷八十四《礼三》	中华书局1977年版
清康熙二年（1663年）	立《圣祖仁皇帝御制金太祖世宗陵碑》于金世宗陵前。	《日下旧闻考》卷一三二引清康熙二年《圣祖仁皇帝御制金太祖世宗陵碑文》	
清康熙三十七年（1692年）	正月，命皇长子胤禔、大学士桑阿祭金太祖、世宗陵。	《清史稿》卷七《圣祖本纪二》	
清乾隆十一年（1746年）	八月辛亥，命修房山县金太祖陵、世宗陵。	《清史稿》卷十一《高宗本纪二》	
清乾隆十六年（1751年）	乾隆帝命葺金太祖、世宗二陵享殿及缭垣，工竣，视诣展谒。	《日下旧闻考》卷一三二	北京古籍出版社1981年版

时　代	事　件	资料来源	备　注
清乾隆十七年（1752年）	二月辛酉，修房山县金太祖、世宗陵。	《清史稿》卷十一《高宗本纪二》	
	二月，直隶总督方观承奏，遵旨相度金陵，在房山县北重山之内。金太祖陵前地基稍宽，应增修享殿一，缭以围墙，立正门，其原有祭台、甬路、阶砌等项，并加修治。金世宗陵前地隘，应增修享殿一，并祭台、围墙、甬路等项，不能立正门，今就碑亭接连栅栏，立两角门，足符体制。并将自房山北门至金陵山路二十里一并修治。奏入报闻。	清周家楣、缪荃孙《光绪顺天府志》第二十六《地理志八·冢墓》	北京古籍出版社1987年版
清乾隆十八年（1753年）	二月丙申，上谒泰陵。丁酉，上祭金太祖、世宗陵。诣房山祭金太祖陵，赉其裔完颜官爵、币帛。	《清史稿》卷十一《高宗本纪二》卷八十四《礼三》	
清道光二十五年（1845年）	八月，完颜勉斋曾孙完颜麟庆带领二子到大房山拜谒金太祖、世宗二陵，并绘《房山拜陵图》。	麟庆《鸿雪因缘图记》	北京古籍出版社1984年版
1918 年	冯庆谰等修、高书官等撰《房山县志》收录"金帝陵"条。据农商部所调查，京西诸山在一千五百米突之间者，妙峰、大安二山外，即长沟峪之北岭，上有金章宗歇凉台。	冯庆谰等修、高书官等撰《房山县志》卷三《陵墓》同书卷八《艺文》，	民国七年（1918年）版
1918 年（日本纪年大正七年）	日本古建筑学家、工学博士关野贞前往房山金陵考察。其所见金陵尤存清代初年修葺的太祖、世宗陵碑楼建筑及陵墙等遗迹。	（日）关野贞《支那の建筑と艺术》（《中国的建筑与艺术》）	岩波书店昭和十三年（1938年）版
20 世纪 50 年代	原河北省文物管理委员会曾对金陵进行初步调查。	北京市文物研究所资料档案	
1971 年	周口店镇坟山村，现燕山石化总公司东方红炼油厂区，出土6具石棺，石棺中随葬品遗有1件鎏金面具。于杰、黄秀纯前往调查。	北京市文物研究所编《图说北京史》	北京燕山出版社1999年版
1972 年	12月，长沟峪煤矿在猫耳山断头峪基建施工中发现一组石椁墓，张先得、黄秀纯前往清理。该墓由五具石椁组成十字形，主墓正中石椁东西向，椁内有一具残柏木红漆棺，外壁用银钉嵌錾火焰云龙纹，精美华丽。棺内瘗葬11件精致的花雕玉佩，花鸟饰件。其埋葬地点属金陵兆域内。推断为坤厚陵。	张先得、黄秀纯《北京房山县发现石椁墓》	《文物》1977年第6期
1975 年	因平整土地将康熙御制《金太祖世宗陵碑》炸碎并拆毁碑楼。		
1978 年	金陵主陵区陪葬墓中出土一件"萧何月下追韩信"纹三彩琉璃枕。赵福生前往调查。	首都博物馆编《首都博物馆藏瓷选》图版26	文物出版社1991年版

时　代	事　件	资料来源	备　注
1986 年	北京市文物研究所齐心、鲁琪、喻震及陈亚洲对金陵进行考古调查，历时三年，发现大量汉白玉、青石、花岗岩等建筑构件，上面浮雕人物、行龙、走兽、牡丹、忍冬草、寿桃等纹饰；并发现一通盘龙螭首青石碑，高 2.1、宽 0.86、厚 0.25 米，单面刻"睿宗文武简肃皇帝之陵"，为双勾阴刻楷书，内填朱砂，镀金粉；在神道南端发现一处东西宽5.4、南北残长 3 米的石踏道。	齐心《近年来金中都考古的重大发现与研究》	北京市文物研究所编《北京文物与考古》（第四辑）1994年
1989 年	于杰《中都金陵》收录于《金中都》一书。	于杰、于光度《金中都》	北京出版社1989 年版
	北京市文物事业管理局向国家文物局提出申请，建议将金陵列为全国重点文物保护单位。	北京市文物研究所资料档案	
	11 月 29 日，邀请在京有关历史、考古、古建筑、博物馆界的老领导、专家学者，到房山金陵考古勘查工地参观指导，举行了学术座谈会，对所发现的金陵遗迹、遗物进行了学术鉴定和综合研讨。	同上	
1990 年	在全国政协七届三次会议委员提案第 090 号中，全国政协委员罗哲文、郑孝燮、史树青、陈高华、姜伯勤、梁从诫、孙轶青、王世襄、谢辰生、安金槐、傅熹年等联名，建议将北京房山金陵列为全国重点文物保护单位并加强保护。	同上	
1995 年	10 月，北京市政府公布金陵为北京市文物保护单位。	同上	
1999 年	杨亦武《大房山金陵考》收录于《房山历史文物研究》一书。	杨亦武《房山历史文物研究》	奥林匹克出版社 1999 年版
2001 年	3 月，北京市文物研究所对金陵主陵区进行全面考古调查，宋大川负责，黄秀纯领队。对燕山石化区二果园约 11000 平方米进行钻探，发现 6 处窑址，其包含物均为砖瓦、红烧土及木炭，故此判断为砖窑。又对龙门口村北金陵主陵区进行调查，选了四处重点，聘请北京地质大学物探系进行物理探测，探测结果上述四处均有异常，而后又用洛阳铲析证。钻探结果显示异常点处均为较大型墓葬。遗址南北长 350 米，东西宽 200 米，总面积为 65000 平方米。 4 月 6 日，宋大川、黄秀纯、陈亚洲前往十帝陵进行考古调查。 4 月，中国地质大学物探系地震教研室曾校丰、钱荣毅等应邀对金陵做地质雷达探测。	《北京文博》2001 年第 3 期	北京燕山出版社
	7 月，宿白、徐苹芳、齐心等专家前往金陵考古现场视察并指导工作。宋大川陪同。	北京市文物研究所资料档案	
2002 年	4 月，中国地质大学物探系地震教研室曾校丰、钱荣毅等应邀对金陵东区做地质雷达探测。 6 月，经国家文物局批准，北京市文物研究所对金陵主陵区进行考古勘察和试掘，宋大川负责，黄秀纯担任领队。	见本报告	

时　代	事　件	资料来源	备　注
2002 年	10 月，国家文物局局长单霁翔主持专家论证会，论证金陵发掘与保护方案。	北京市文物研究所资料档案	
	周峰《完颜亮评传》出版。		民族出版社，2002 年版
2003 年	7 月，对金陵棂星门遗址南壁断面进行解剖，发现东西向砖铺地面的房屋建筑遗迹。 中国地震局地震信息中心冯锐等应邀对金陵做考古三维电阻率观测。 北京市文物建筑保护设计所王伟负责设计《金陵神道遗存保护方案》。	见本报告	
	周峰、范军《金章宗传》出版。		中国广播电视出版社，2003 年版
	宋大川、夏连保、黄秀纯主编《金代陵寝制度史料》出版。		北京燕山出版社，2004 年版
2005 年	6 月，北京市文物古建工程公司对金陵主陵区神道进行保护修缮，王世仁任顾问。	北京市文物研究所资料档案	
2006 年	3 月 15 日，黄秀纯、夏连保、姚敏苏前往十帝陵进行考古调查。	见本报告	
	5 月，国务院公布金陵为第六批全国重点文物保护单位。	北京市文物研究所资料档案	

Summary of Archaeological Excavation Report for Jin–dynasty Imperial Mausoleum in Beijing

Jin – dynasty imperial mausoleum is located at the foot of Dafangshan mountain in southwest of Beijing City, which is about 41.7 kilometers away from Guang'an gate. It took almost sixty years, five generations which including Hailing King, Shizong Emperor, Zhangzong Emperor, Weishao King, and Xuanzong Emperor, to construct such a big scale mausoleum. The area is a-bout 60 square kilometers. It has been ranked as one of the Major Historical Monuments and Cultural Relics under Beijing City Protection. Dafangshan mountain, connecting with Taihang mountain, sits just in the main imperial costate of so – called " North Dragon of China", whose highest peak is far reaching to 1307 meters. The jointly peaks of Dafangshan mountain are situated inside semi – ring shaped terrain in northwest – southeast direction.

According to history recorders, the ten emperors before the establishment of the Jin kingdom were moved to bury in Dafangshan mountain mausoleum, and the seven emperors from TaiZu to WeiShaoWang were also buried in Dafangshan mausoleum. In addition, many imperial clansman and liege of Wanyan Family were buried in Zhuwangzhaoyu, and 23 empress and imperial concubines were buried in Kunhou mausoleum and other region. The main section of Jin mausoleum lo-cates in Jiulongshan mountain, which lies in the front mesa of North Mountain, Longmenkou village, Zhoukoudian, Fangshan District, cover 65000 square meters. It was started to build in the third year of Zhenyuan, Hailing King (1155AD), which shows the beginning of constructing the Jin imperial Mausoleum. After the completion of the mausoleum construction, Wanyan liang moved his grandfather (Taizu Emperor, Wanyan aguda)、Taizong Emperor (Wanyan wuqimai) and Dezong Emperor (Wanyan zonggan) from Shangjing Huiningfu (Acheng city of Heilongjiang Province) to Ruiling Mausoleum (M6)、Gongling Mausoleum (M7)、Shunling Mausoleum (M8). After that, Jin Shizong Emperor (Wanyan yong) reburied his father (Wanyan zongyao) to the east side of Taizu mausoleum and named it as Jingling Mausoleum. After Jin ShiZong's death, he was buried at the west side of TaiZu mausoleum as the Xingling Mausoleum. Besides the above

金陵主陵区全景鸟瞰

北京金代皇陵主陵区

five imperial mausoleums, in the third year of Zhenyuan (1155AD), Hailing King buried his uncle, LiangwangBi, in Geérgou at the west side of Jiulongshan Mountain to accompany the imperial mausoleum.

In late Ming Dynasty, the government sent soldiers to destroy the Jin mausoleum in order to avoid the " Nvzhen" imperial costate in the second year of Tianqi (1622AD). Qing Dynasty partly repaired the Jin mausoleum after they entered the middle land. After more than 300 years´ weathering under the rain and wind, especially the man－made damages and large－scale land reclamation during the Chinese Cultural Revolution, nothing of the ground constructions in mausoleums were left.

After the liberation, two large scale archaeological investigations in the Jin mausoleum were carried through. In the middle of 1980s, the Beijing Institute of Cultural Relics carried through the first investigation which took three years. A great deal of rare architecture components were discovered, which were made of white marbles, bluestones and granites, with beautiful design on the surface including figures, walking dragon, beasts, peony, honeysuckle and so on. Among them, the most important discovery was the bluestone monument with hydra－head, with the engraved Chinese characters " The mausoleum of Ruizong Wenwujianshu Emperor" in the front side. A carved white marble board and a stepping path were found at south end of the deity way.

In 2001, a complete archaeological investigation was carried out by the Beijing Institute of Cultural Relics with the instruction and authorization of Beijing Municipal Administration of Cultural Heritage. In June 2002, archaeological investigation and tentative excavation were carried out with the approval of State Administration of Cultural Heritage. By several years of field archaeological excavation, a great deal of information on underground remains´ position, form system and structure in main mausoleum region were acquired. We successively found stone bridge, deity way, stage remains site, palace site, drainage systems, location of five imperial mausoleums and so on. We excavated large numbers of architecture components, burial articles and other important cultural relics.

This report is fully explained the phase result that investigation and excavation of Jin－dynasty imperial mausoleum, and show the reader with a great number of full and actual materials. This report will have the very important meaning for study imperial mausoleum of Jin Dynasty, the social politics, economy, culture, social form and so on.

(Translated by Liu Naitao)

图　版

石桥及排水沟出口

1. 石踏道及东侧栏板

2. 雕刻缠枝花纹青石踏道

1. 汉白玉双龙纹栏板内侧

2. 汉白玉牡丹纹栏板外侧

主神道石踏道及 1、2 号台址俯视

1. 2号台址东侧小月台慢道与台基关系

2. F2墙壁残存壁画

1. F5西北侧马道式慢坡（侧面）

2. 2001FJL：L1小宝顶以西陵墙拐角

2001FJL：P2 东排水沟出口

1. 清代修筑的小宝顶

2. 清代修筑的大宝顶

1. 清代棂星门下地层情况

2. 清代棂星门遗址与金代 F7 地基叠压关系

1. 2002FJLM6 地宫全貌

2. M6 第一层回填土夯后所铺硃砂

3. 书写"定州"、"家"三字的巨石

1. M6-1石椁内漆木棺出土情况

2. M6-1出土玉雕海东青饰件

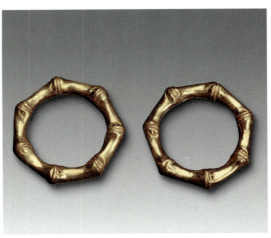

3. M6-2出土竹节状金环

1. M6-3 凤纹石椁四周匝敷松香

2. M6-3 出土金丝帽盛子

3. M6-3 出土玉雕凤鸟纹饰件（2件）

4. M6-3 出土玉雕凤鸟纹残饰件

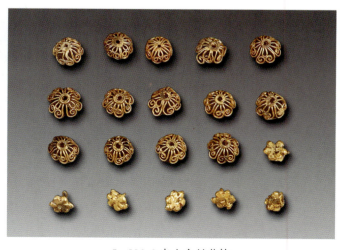

5. M6-3 出土金丝花饰

1. M6-4 龙纹石椁残存情况

2. M6-4 石椁东椁壁龙纹细部

1. 2001FJLM9 墓门左侧云龙纹石抱柱　　2. 2001FJLM9 墓门右侧云龙纹石抱柱

金睿宗墓碑

1. 铜首铁剑（2001FJLM4：1）

2. 磁州窑龙凤纹罐（2001FJLM5：1）

Ⅰ式铜坐龙（2001FJLP3：2）

1. 铜簋（2001FJLT13③：1）

2. 小铜人像（2001FJLF1：1）

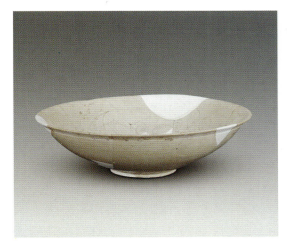 

1~2. Ⅰ式白釉碗（2001FJL：90）

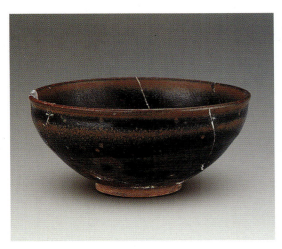 

3. 褐釉盏（2003FJL：2）　　　　　　　4. 钧窑蓝釉钵（2001FJL：95）

B 型石坐龙（2001FJL 石：22）

1. 琉璃鸱吻（2001FJL：65）

2. 绿琉璃釉迦陵频伽（2001FJLG4：48）

灰陶迦陵频伽（2001FJL：55）

1. 九龙山全景

2. 2001年金陵发掘现场

3. 土筑神道

4. 土筑神道断面踩踏路土层

1. 神道、石桥及排水沟全貌

2. 石桥近景

1. 神道柱础（东侧）

2. 神道柱础（西侧）

3. 石踏道全景

4. 石踏道前的石坐龙

1. 神道北端砖铺地基（F7）

2. 北端砖铺神道细部

3. 1号台址俯视

4. 1号台址土衬石

1. 1号台址北门地栿及柱础情况

2. 1号台址北侧出土残龟趺

3. 1号台址东门柱础及门址

1. 2号台址俯视

2. 2号台址中的土衬石

3. 2号台址出土柱础

4. 2号台址北侧小月台残迹

5. 北侧小月台东侧台基与大台基相交情况

2. 2号台址慢道前莲花柱础细部

1. 2号台址东北隅台基砖下柱础及散水

3. 3号台址全景

4. 2001FJLF1 全景

5. F1 西北角转角柱础

1. F1 当心间柱础及隔断墙

2. F1 当心间柱础及墙外透气孔

3. F1 当心间柱础内侧

4. F1 东北角柱础

1. 2001FJLF2 全景

2. F2 西墙外透气孔

3. F2 北墙东侧柱础

4. F2 北墙东侧柱础解剖情况

2. F2 室内方砖铺地白灰痕迹

1. F2 西北角柱洞解剖情况

3. F4 建筑遗址全景

4. F4K2 烟囱及炕面　　　　　　　　5. F4K1 全景

1. F5 建筑遗址全景
（由南向北）

2. F5 西北侧马道式慢坡（正面）

3. F5 出土灶坑

4. F6 建筑遗址全景（由东向西）

5. F6 西部与 F7 台基连接情况（由东向西）

2. F7 台基中部砖铺斜慢道（由上向下）

1. F7 建筑遗址全景（由东向西）

3. F7 斜坡慢道细部

4. F7 台基西部与 F8 连接情况（由西向东）

1. F8 建筑遗址（由西向东）

2. F8 台基下的台阶

3. M6 西侧陵墙 2001FJL：L3

4. 2001FJL：L1 陵墙

5. 2001FJL：L2 小宝顶以西陵墙

6. 2001FJL：L1 小宝顶以西陵墙拐角

1. 2001FJL：P2第一个入水口

2. 2001FJL：P2内部构造

3. 2001FJL：P1全景

4. 2001FJL：P1近景

5. 2001FJL：P4与P3交汇关系

6. 2001FJL：P3部分结构

1. 2001FJL：F3 关帝庙
   遗址全景

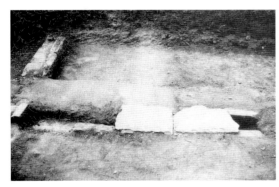

2. 2001FJL：F3 散水沟

3. 明代山体破坏遗迹

4. 清代棂星门遗址

1. 2002FJLM6 发掘前状况

2. M6 东北隅坍塌情况

4. M6 东北隅盗洞底部情况

3. M6 东北隅发现盗洞

1. M6 回填土夯筑的夯窝

2. M6 回填土中平铺巨型石块

3. M6 地宫内瘗葬四具石棺椁

4. M6-2 出土情况

1. M6-3 雕凤纹椁盖

2. M6-3 石椁外壁雕刻凤纹

1. M6-3 反印在松香上的凤纹

2. M6-3 石椁内壁描金凤纹

3. M6-3 石椁内壁东挡板
   描金绘凤纹

2. M6-3 金丝帽盛子出土情况

1. M6-3 木棺出土情况

1. M6-4 龙椁未清理情况

2. M6-4 龙椁残存情况

1. M6-4 残存雕龙纹椁盖

2. M6-4 龙椁东挡板

3. M6-4 石椁内上层填土中发现残头骨

4. M7 盗洞出土"皇"字残碑

1. 2001FJLM9 回填土中石块堆积层

3. 2001FJLM9 墓道两侧木挡板痕迹

2. M4 北壁打破 M9 墓道

4. M9 木挡板外的石挡板护墙

1. M9 仿木门楼垂脊及石雕龙头构件

2. M9 墓门上石斗拱

3. M9 墓门底部方木条封门

4. M9 墓门内木炭堆积情况

1. M9 墓道内遗留铸铁板

2. M9 墓道西侧遗存浇铸铁水的石槽

3. 石槽与墓道交接关系

4. M9 墓道内遗存浇铸铁水的石槽

5. 石槽内遗存凝固的铁锭

1. M1~M5 全景鸟瞰

2. 2001FJLM1 全景

3. 2001FJLM2 全景

4. 2001FJLM3 全景

1. 2001FJLM4 全景

2. 石枕（2001FJLM4：2）

3. 2001FJLM5 全景

4. 2001FJLM5：1 磁州窑罐内装三角形铁饰

5~6. 磁州窑碗（2001FJLM5：2）

1. Ⅱ式铜坐龙（2001FJLP3∶3）

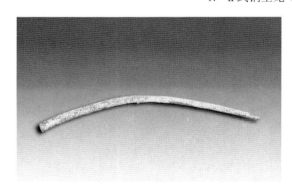

2. 铜饰件（2001FJL∶81）

3. 铜饰件把手（2001FJL∶77）

1. 火焰纹铜饰件（2001FJL：75）

2. 左、中：Ⅰ式铜门钉（2001FJL：74）
右：Ⅱ式铜门钉（2001FJL：73）

3. 鎏金铜门钹（2001FJL：79）

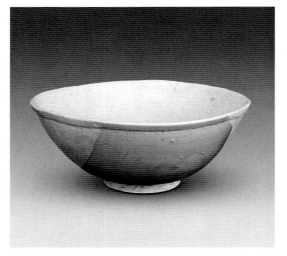

1~3. Ⅱ式白瓷碗（2001FJL：93）

4. Ⅲ式白瓷碗（2001FJL：92）

5. 吉州窑玳瑁纹碗（2001FJL：96）

1. 钧窑瓷碗（2001FJL：94）

2. 白釉褐花碗（2001FJL：98）

3~4. Ⅰ式白釉盘（2001FJL：89）

1~2. Ⅱ式白釉盘（2001FJL：91）

3. 灯碟（2001FJL：97）

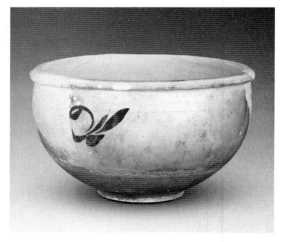

4. 白釉褐彩钵（2001FJL：99）

5. 黑釉双耳罐（2001FJL：100）

1. 石笔洗（2003FJLF6：8）

2. Ⅰ式石杵（2001FJL：26-1）

3. Ⅱ式石杵（2001FJL：26-2）

1. Ⅰ式石坐龙（2001FJL石：16）

2. Ⅱ式石坐龙（2001FJL石：3）

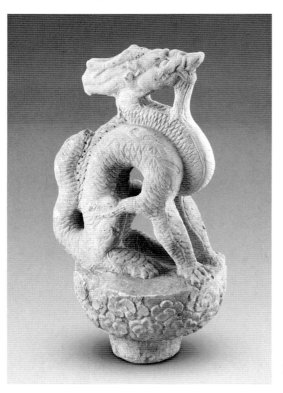

3. B型石坐龙（2001FJL石：18）

1. Ⅰ式鸱吻（2001FJL 石：1）　　　　　2. Ⅱ式鸱吻（2001FJL 石：134）

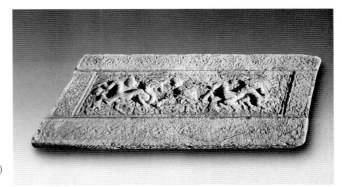

3. Ⅰ式栏板（龙纹）（2001FJL 石：112）

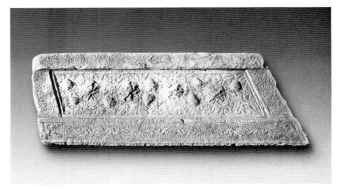

4. Ⅰ式栏板（牡丹纹）（2001FJL 石：112）

1. Ⅱ式栏板（2001FJL 石：4）

3. 小龙头兽（2001FJL 石：28）

2. 望柱（2001FJL 石：17）

1. 龙头螭首（2001FJL 石：29）

2. 栏板构件（2001FJL 石：15）

3. 栏板构件（2002FJL 石：139）

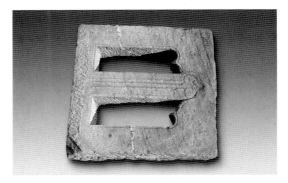

4. 水箅子（2001FJL 石：125）

1. A 型柱础（2001FJL 石：33）

2. B 型柱础（2001FJL 石：34）

3. B 型柱础（2001FJL 石：35）

4. C 型 I 式柱础（2002FJL 石：114）

5. C 型 II 式柱础（2002FJL 石：123）

6. C 型 III 式柱础（2002FJL 石：136-1）

1. D型I式柱础（2002FJL石：120）

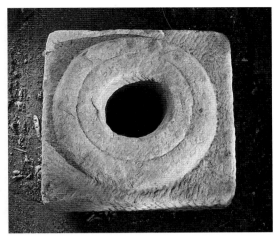

2. D型II式柱础（2002FJL石：117）

3. E型I式柱础（2002FJL石：107）

4. E型II式柱础（2002FJL石：105）

5. E型III式柱础（2002FJL石：115）

1. F型I式柱础（2002FJL石：116）

2. F型II式柱础（2002FJL石：103）

3. F型III式柱础（2002FJL石：110）

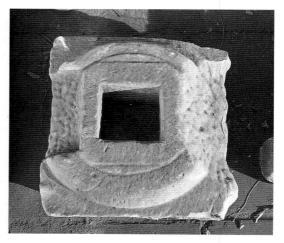

4. G型I式柱础（2002FJL石：121）

5. G型II式柱础（2002FJL石：122）

1. H型柱础（2001FJL石：27）

2. H型柱础（2001FJL石：127）

3. J型柱础（2001FJL石：134）

4. 槛垫石（2001FJL石：124）

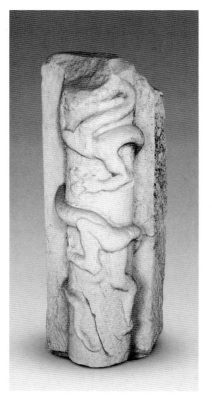

1. 青石望柱（2001FJL 石：5）

2. 台阶条石（2001FJL 石：39）

3. 石绣墩（2002FJL 石：133）

4. 雕花叶石柱（2002FJL 石：38）

1. 龟趺（2002FJL石：102）

2. 龟趺（2001FJL石：40）

3. 石斗拱（2002FJL石：40）

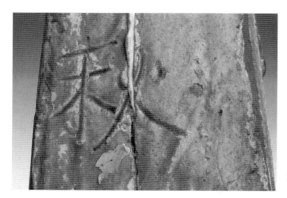

1~3. 琉璃鸱吻及细部（2001FJL：11）

4. 背兽（2001FJL：66）

5. 妙音鸟（2001FJLG4：67）

1. 筒瓦（2001FJLP4：15）

2. 护瓦（2001FJLF2：87）

3. 勾头瓦（2001FJLP4：83）

4. 瓦当（2001FJL：69）

5. 瓦当（2001FJL：51）

6. 长方形滴水（2001FJL：64）

1. 琉璃釉套兽（2002FJL：13）

2. 剑把构件（2001FJL：40）

3. 圆眼勾头瓦（2001FJL：45）

4. 斜当勾（2001FJL：46）

1. 琉璃撺头（2001FJL：62）

2. 博脊（2001FJL：47-2）

3. 博脊瓦（2001FJL：63-1）

4. 筒瓦（2001FJL：44）

1. 陶迦陵频伽头（2001FJL：54）

4. 灰陶垂脊兽（2002FJL：2）

2~3. 陶鸱吻（2002FJL：1）

5. Ⅰ式脊兽（2002FJL：9-2）

6. Ⅱ式脊兽（2002FJL：9-5）

1. Ⅰ式方砖（2002FJL：129）

2. Ⅱ式长方砖（2002FJL：130）

3. Ⅲ式长方砖（2002FJL：132）

4. 装饰砖（2002FJL：7）

5. 装饰砖（2002FJL：19）

1. A型板瓦（2001FJL：84）

2. B型筒瓦（2001FJL：68）

3. 装饰瓦件（2001FJL：58）

1. Ⅰ式瓦当（2001FJL：56-1）

2. Ⅱ式瓦当（2001FJL：56-2）

3. Ⅲ式瓦当（2001FJLF6：8）

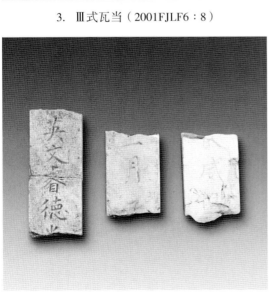

4. 武士俑（2001FJL：53）

5. 谥册（2001FJL：1，2001FJL：79，2001FJL：2）

1. 镐（2001FJL：22）

2. 耘锄（2001FJL：17）

3. 锹（2001FJL：13）

4. 斧（2001FJL：11）

5. 剁斧（2001FJL：39）

6. 锤（2001FJL：38）

1. Ⅰ式凿（2001FJL：21）

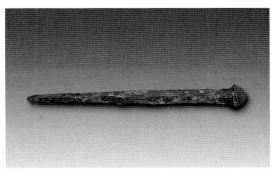

2. Ⅱ式凿（2001FJL：29）

3. Ⅲ式凿（2001FJL：20）

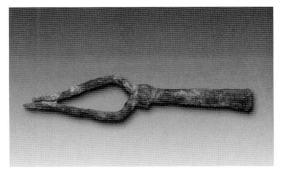

4. Ⅰ式叉（2001FJL：15）

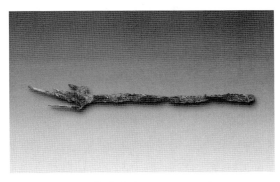

5. Ⅱ式叉（2001FJL：14）

6. Ⅲ式叉（2001FJL：23）

7. Ⅳ式叉（2001FJL：19）

1. 砍刀（2001FJL：12）

2. 铁链（2001FJL：37）

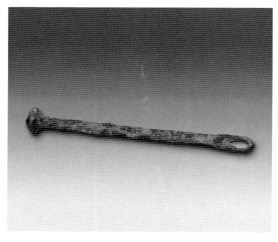

3. 门闩（2001FJL：36）

4. 帽钉（2001FJL：25）

5. 铁钉（2003FJL：3）

6. 马镫（2003FJL：10）

1. Ⅰ式矛（2001FJL：35）

2. Ⅱ式矛（2001FJL：14）

3. Ⅲ式矛（2001FJL：20）

4. 镞（2001FJL：21，2003FJL：11）

5. 匕首（2003FJL：9）

6. 铜钱出土情况

1. 石门峪石垒陵墙

6. 1918年的金世宗陵碑亭及陵墙（选自关野贞《中国的建筑与艺术》）

2. 石门峪残损的石坐龙

3. 透雕折枝花玉锁

4. 透雕折枝花玉饰（2件）

5. 透雕双鹤卷草纹玉饰

后　记

　　北京金代皇陵的考古工作，零星开始于 20 世纪 70 年代，80 年代中期进行了较大规模的调查。对主陵区的正式发掘，在 2001 年至 2002 年。这一年多，主要是对 2001FJLM6，即金太祖阿骨打睿陵进行了抢救性发掘，并对主陵区内的其他陵墓作了逐一钻探和考证，对陵区地面建筑遗迹进行了清理。本报告就是对这一年多工作的阶段性科学总结。

　　《北京金代皇陵》发掘报告的完成，是集体合作的产物，凡是参加过金陵调查、发掘的同志都尽了自己的一份力量。本课题组由北京市文物研究所所长宋大川先生负责，田野调查、钻探以及清理工作由黄秀纯担任领队并负责。宋大川所长不仅不辞劳苦地亲自参与勘察及发掘，而且对编写报告的全过程给予了关注。参加田野工作的有王丹、王鑫、程利、陈亚洲、孙勐、刘乃涛、董育刚、熊永强，北京市文物研究所相关科室的同志也倾情协助，房山区文物管理所陈亚洲同志参加了全部调查清理工作。调查期间由陕西大地探测技术研究所派员协助钻探与发掘。

　　在发掘清理期间，时任北京市委、市政府领导贾庆林、刘敬民、张茅、林文漪等同志，国家文物局单霁翔、张柏、杨志军、关强等领导，北京市文物局梅宁华、孔繁峙、舒晓峰等领导，中国社会科学院考古研究所刘庆柱，中国文物研究所吴加安，以及著名考古学家宿白先生、徐苹芳先生、齐心女士和文物保护技术专家詹长发、王亚蓉、蒋忠义等先生，都曾亲临现场指导工作。特别是梅宁华局长曾多次来工地，对遗址发掘、保护等问题及时给予关注。北京市文物局孔繁峙、舒晓峰等以及房山区党政领导，房山区文化委员会、区文物管理所，陵区所在地车厂村委员会等相关部门，对我们的工作给予了大力支持。

　　田野发掘工作结束后，2003 年 7 月，由北京市文物建筑保护设计所王伟先生负责设计《金陵神道遗存保护方案》。2005 年 6 月，北京市文物古建工程公司聘请文物保护、古建筑专家王世仁先生任顾问，项目经理张顺茹、刘长焕负责施工，对金陵神道遗存进行修复保护。

　　本报告由黄秀纯执笔撰写并任主编。其中第一章第二节地理环境部分由宋大川撰写。北京市文物研究所考古前辈于杰先生的遗作《中都金陵考》，原是 20 世纪 80 年代为配合当时的金陵考古调查所作，收录在于杰、于光度著《金中都》一书中。为了金陵考古工作的完整性，我们特将于杰先生的这篇遗作另加标题，并更正了出版时的个别错别字，收录在本报告的附录中。著名古建筑学家王世仁先生多次到发掘工地实地考察，撰写了《北京房山金陵碑亭原状推测》和《北京房山金陵清代遗迹考略》两篇文章。

北京金陵出土铁器的金相学分析由北京科技大学冶金与材料史研究所李秀辉等同志完成。金陵古墓地质雷达探测报告由中国地质大学物探系地震教研室曾校丰、钱荣毅等完成。金陵古墓的电成像探测由中国地震局地球物理研究所冯锐等完成。金世宗兴陵地面建筑2001FJLF2出土壁画颜料分析由敦煌研究院王旭东先生协助。主陵区地宫出土红漆木棺M6-3木材树种鉴定及地宫内土壤鉴定由中国林业科学研究院腰希申等完成。气象资料由北京市房山区气象局提供。水文资料由水利部环境检测评估研究中心提供。首都博物馆司志文同志就金陵出土纺织品作了整理研究。英文提要由北京市文物研究所刘乃涛翻译。夏连保先生对本书的相关文献整理、核对做了大量工作。中国考古学会理事长、中国社会科学院考古研究所研究员徐苹芳先生在百忙之中审阅了报告全文，并提出了许多有益的指导性意见，同时为本书撰写序言。金陵主陵区地理环境图、金陵遗迹分布图的测绘由中国社会科学院考古研究所高级工程师郭义孚先生负责；田野遗迹摄影为黄秀纯、王殿平；田野绘图为郭义孚；器物摄影为王殿平；器物修复和绘图为王瑞莲、张秀云；器物及石椁纹饰拓片由黄秀纯、陈亚洲完成；资料整理为熊永强、陈亚洲；《北京金代皇陵大事记》主要由熊永强编排。此外，金陵考古队聘请了郭义孚先生为技术顾问，对本报告的插图、图版编排等总体设计给予指导。

本书的出版得到了文物出版社的大力支持和帮助，责任编辑姚敏苏同志在书稿的审核、文献的核对诸方面给予了大量协助，使本书的体例更加规范。在此，对所有参加工作的同志一并表示诚挚的感谢。

编　者

2006 年 3 月

封面设计　周小玮

责任印制　陈　杰

责任编辑　姚敏苏

图书在版编目（CIP）数据

北京金代皇陵/北京市文物研究所编 . —北京：文物
出版社，2006.11

ISBN 7-5010-1967-3

Ⅰ. 北…　Ⅱ. 北…　Ⅲ. 陵墓—发掘报告—北京市
—金代　Ⅳ. K878.85

中国版本图书馆 CIP 数据核字（2006）第 125979 号

北 京 金 代 皇 陵

北京市文物研究所　编

*

文 物 出 版 社 出 版 发 行

（北京东直门内北小街 2 号楼）

http://www.wenwu.com

E-mail：web@wenwu.com

北京美通印刷有限公司印刷

新华书店经销

787×1092　1/16　印张：21.75　插页：3

2006 年 11 月第一版　2006 年 11 月第一次印刷

ISBN 7-5010-1967-3/K・1040　定价：196.00 元

封面设计　周小玮
责任印制　陈　杰
责任编辑　姚敏苏

图书在版编目（CIP）数据

北京金代皇陵/北京市文物研究所编 . —北京：文物
出版社，2006. 11
ISBN 7-5010-1967-3

Ⅰ. 北…　Ⅱ. 北…　Ⅲ. 陵墓—发掘报告—北京市
—金代　Ⅳ. K878. 85

中国版本图书馆 CIP 数据核字（2006）第 125979 号

北 京 金 代 皇 陵

北京市文物研究所　编

*

文 物 出 版 社 出 版 发 行

（北京东直门内北小街 2 号楼）

http：//www. wenwu. com

E-mail：web@ wenwu. com

北京美通印刷有限公司印刷

新华书店经销

787×1092　1/16　印张：21.75　插页：3

2006 年 11 月第一版　2006 年 11 月第一次印刷

ISBN 7-5010-1967-3/K・1040　定价：196. 00 元